©Clay Patrick McBride

作者｜尼克·薛夫 NIC SHEFF

著有兩部對抗藥癮的個人回憶錄，《無處安放》以及《*We All Fall Down: Living with Addiction*》。現居洛杉磯，加州，撰寫劇本。參與影集《漢娜的遺言》第二季的編劇。

譯者｜李建興

台南人，輔仁大學英文系畢，曾任漫畫、電玩、情色、科普、旅遊叢書等編輯，路透新聞編譯。譯有《起源》、《鏡之書》、《香檳謀殺案》系列、《地獄》、《籠子裡的愛麗絲》等作品。

無處安放

吸毒逃家的日子去了哪裡？

TWEAK

by

NIC SHEFF

尼克・薛夫

李建興 譯

獻給在紐約收容我的李和另一位朋友。
你們都是美麗、啓發人心、堅強的女性。
你們是世界上我最尊敬和欣賞的兩個人。

當我不知道自己面向何方
我要如何前進？

——約翰．藍儂

給讀者的話：

本書是回憶錄。內容是作者對過去幾年的一段回憶。某些人名、地點和辨識特徵經過修改，也有些人被簡略為一了。對話與事件根據記憶加以重新描述，而且在某些案例中被壓縮，以表達對話與事件背後的要旨。

第一部

第一天

我聽說蘿倫出事的謠言。我是說，我們根本不算熟，高中時算是一起廝混過幾次。我跟她大概睡過兩星期。我高三時她搬去舊金山，我們還是會在派對之類的場合碰到。我高中時只是呼麻而已，或者週末會嗑點迷幻藥跟蘑菇之類的。

但是我天天呼麻。當時我十七歲，被全國各地的名校大學錄取，我猜想小玩一下也不過分。我這三年半以來可是很拚的。當然我年輕點的時候有些呼麻和喝太多的問題，但那都過去了。我很聰明。我參加了游泳隊。我寫的文章被登在《新聞週刊》上。我是個好哥哥。我跟我爸和繼母相處愉快。我愛他們。他們也算是我的好朋友。所以我開始呼點大麻，反正會有什麼害處？媽的，我爸以前也抽過大麻。我家大多數人都抽。我們的朋友也是——這完全可以接受。

我的狀況比較不同。高中時我會捲菸，開車上學途中在車上抽。每天放學我開車去嗨。我們會到馬林郡的山丘上，吞迷幻藥或吃蘑菇——走過乾草地與茂盛的柏樹，竊笑著胡言亂語。我喝得越來越多，有時白天也喝。我幾乎隨時都在茫，不太記得發生過什麼事。對我的影響只是感覺這樣有點不太正常。

我十一歲時全家去太浩湖玩滑雪板，有個朋友跟我晚餐後溜進酒窖裡。我們把每一瓶都倒一點進玻璃杯，用不同顏色、香噴噴的烈酒裝到四分之三滿。我很想知道真正喝醉是什麼感覺。味道真糟糕。我朋友喝了一點就放棄，再也喝不下去。問題是，我欲罷不能。

我喝了一些之後還想再喝，直到整個杯子乾掉。我不確定為什麼。有種我說不上來也仍然不懂的力量在驅使我。有人說是基因注定。我出生之前我祖父就把自己喝掛了。我聽說我比任何人都像他——長臉，隨時像在流淚的眼睛。總之，那晚我連續一個鐘頭都在嘔吐，然後昏倒在浴室地上。

我醒來後不太記得自己做過什麼。我對滿地嘔吐物的藉口是食物中毒。老實說，我嚇到了，很久沒再像那樣喝酒。

我開始改抽大麻。十二歲時，我天天呼麻——趁放假溜到灌木叢裡。甚至延續整個高中時期。

當年蘿倫跟我完全不熟。後來我聽說她因為濫用古柯鹼跟嚴重暴食症進了戒毒中心，我一點也不意外。我們一直很糜爛，呃，而且我總是跟不太正常的女生交往。我記得我不好意思帶她回家，也不希望我父母見到她。我們很晚很晚進門，一大早就出門——低聲耳語以免吵醒我弟弟跟妹妹。或許他們是我最不希望接觸到蘿倫的人。或者，其實不是蘿倫，呃，是我即將成為的樣子。我以自己的表現為恥，但我還是沒改掉。好像身在油門踩到底的車子裡，除了抓緊什麼假裝還能夠稍微控制以外，無計可施。我很久以前就失去自制力了。

總之，我已經好一陣子沒想起蘿倫。當她走近我，起初我根本沒認出來。已經五年了。她大叫我的名字：「尼克．薛夫。」

我嚇一跳，轉身看她。

她戴著巨大的Jackie O墨鏡，染黑的頭髮往後紮起。她皮膚很蒼白，五官像精緻的小雕像。即使陽光穿透了霧色，舊金山的氣溫還是冷，她身上披了黑色長大衣。

我回想……回想，回想。然後想起來了。

「蘿、蘿倫，對吧？」

「是啊，別假裝你不記得我了。」

「沒有，我⋯⋯」

「隨便啦。你在這裡幹嘛？」

問得好。

兩天前，四月一日，我戒酒屆滿十八個月。我進步了好多。我的人生突然活過來了，你懂嗎？我在馬里布的戒毒中心有穩定的工作。我找回了失去的所有東西——汽車、公寓、跟家人的關係。感覺就像，無數次戒毒與正常生活之後，我終於打敗毒癮了。但是我不知不覺又站在海特街上，喝蘇托力伏特加把自己灌醉，嗑我從戒毒中心藥房偷來的安眠藥嗑茫了。

老實說，我對自己的行為跟別人一樣驚訝。我破戒的那天早上，並不知道自己真的會那麼做。倒不是沒有不祥的預兆啦。在十二步驟計畫[1]中他們會叫你找個支持人。我的是個叫史賓賽的人。他大約四十歲，強壯，有張方臉和直豎的頭髮。他有老婆和三歲的女兒。他花很多時間跟我談復健。他幫我養成騎自行車的習慣，陪我走過十二步驟。我們會一起沿著太平洋海岸公路騎車，直到拉提哥峽谷路，或隨便什麼地方。他會描述自己戒掉長期古柯鹼毒癮的經驗。但是我沒那麼常打給他。或許我覺得不再需要他的幫助了。我很少去聚會，就算去了，我的腦子會一直告訴自己我比其他人強多了——或差多了，看什麼日子而定。我不再那麼經常運動。也不再吃醫師給我的精神科藥物——穩定心情與抗憂鬱的混合藥。我又開始抽菸。加上還有薩爾達。

薩爾達是我自認為瘋狂愛上的女人。她比我大十四歲，呃，而且跟別人訂婚了，是個叫麥克的有錢房仲。我開始跟她上床後，試著為自己合理化。我心想這是她的決定，我沒做錯什麼，而且只是為了好玩有的沒的。基本上，我認為我可以躲過後果。我是說，我以為我不會陷進去。

但是我沒辦法。

她逐漸成為我以為會讓我人生一切完美的代表。畢竟她曾經嫁給知名演員，當過女明星，在洛杉磯長大，被也在電影圈的有名叔叔撫養長大。洛杉磯每個人似乎都認識她。她算是名流，你懂吧？跟她在一起變成我的執念。

但是，她終究不肯為了我離開她男朋友，還懷了他的孩子。我崩潰了。我是說，我就是無法接受。所以昨天我破戒，在五號公路飆車，喝掉一瓶野格利口酒。

如今我跟五年沒見到或想過的女孩蘿倫站在海特街上，就在這裡，穿著黑色長大衣，問我在幹什麼。

昨晚我從洛杉磯開車過來，睡在我的破舊馬自達汽車上，把車停在舊金山要塞（Presidio）邊緣的停車場——那是一大片森林與廢棄軍營，延伸到可以俯瞰太平洋與舊金山灣的懸崖。我有個朋友阿基拉曾經住過那邊。他在要塞邊緣租了個地下室公寓。我原本指望他還住在那裡，但我在房子周圍晃了一會兒，窺探積滿灰塵的窗戶裡面——顯然這裡已經荒廢。其實我十八歲時介紹我吸冰毒[2]的就是阿基拉。他是我朋友的朋友。他嗑很多藥，我們立刻一見如故。不知何故似乎老是發生這種事——我們毒蟲永遠找得到同類。世上一定有毒蟲雷達之類的東西。

阿基拉很像我，但當時比我更恍神。他有染紅的捲髮和烏黑的眼睛，很瘦很憔悴，五官無神，手指又細又髒。他給我第一排冰毒時，我毫不猶豫。成長過程我一直聽說，你知道的，別碰海洛因。到處都是警語，我很害怕——吸海洛因，就會上癮。沒人跟我提過冰毒。我吸過一點古柯鹼、快樂丸、有的沒的——

---

1 twelve-step program，原本是匿名酗酒者協會提出的戒酒復健計畫，隨後被許多團體廣泛運用於各種身心靈療程。

2 安非他命外觀是透明結晶體，因此吸食者常以冰毒、玻璃、水晶等代號稱呼。

我隨時可以戒掉。但那天早上，當我用藍色塑膠吸管吸到那些米白色碎屑——呃，之後我的全世界大致都變了。有這種感覺——我的天，這就是我一輩子錯過的東西。它讓我圓滿。我第一次感到完整。

我猜這四年來我大多在追逐第一次的快感。我急著想再度感受那種完整。就好像，我不確定，好像其他一切都淡出了。我的所有夢想，我的希望、野心、人際關係——在我鼻子吸入越來越多冰毒的時候都煙消雲散。大學被退學兩次，父母把我趕出家門，而且基本上，我的人生崩壞了。我闖入父母的房子——我偷開老爸的支票給自己，支付毒品。我在咖啡店工作時，也從收銀機偷了幾百元。最後我因為持有毒品被逮捕。我的弟妹看著我上手銬被車子載走。當時七歲的弟弟想要保護我，跑過來想把我從武裝警察身邊奪回，他們大喊，叫他「退後」。他弱小的身體蜷縮在柏油路上，哭得全身發抖，差點喘不過氣來。

然後是治療中心，兩個在北加州，一個在曼哈頓，一個在洛杉磯。這三年來我在十二步驟計畫進進出出。整個過程中，對毒品的潛在渴望從未真正離去。還伴隨著一個幻想，下次情況會不同——我應該能夠應付得更好。我不想要一直傷害別人。我不想要一直傷害自己。有個女朋友曾經跟我說，「我不懂，你為什麼不戒掉呢？」

我想不出答案。事實是，我戒不掉。聽起來像是逃避，但這是實話。我好像被某種永不滿足、不肯讓我停手的怪獸俘虜了。我的所有價值觀、所有信念、我在乎的一切，嗨起來的時刻都不見了。被某種瘋狂取代。我說服自己，非常堅信這一次，這一次會不一樣。我告訴自己，脫離了這麼久，這十八個月來，我可以回到偶爾吸吸。所以我走到海特街上開始跟第一個向我討菸的遊民搭訕。

原來他叫做命運。他年紀跟我差不多，二十或二十一歲，有混亂的辮子和迷人的藍眼睛。他的臉窄得像狐狸或土狼，在太大件的外套口袋裡輕率地藏著一罐啤酒。他精神渙散，我跟他講話時心不在焉。我一直努力讓他專心聽我講。最後，他同意只要我買罐啤酒給他，就介紹我認識一個賣甲安[3]的朋友。

「老兄，」他說，聲音混濁又緊張，「我就跟你直說了，兄弟，我是混幫派的。說起我朋友會讓你大吃驚，不是開玩笑。你去問任何人，附近居民，他們會告訴你，命運沒問題。大家不招惹我，因為我不招惹別人。」

他這樣子講個沒完，偶爾暫停跟路過的正妹擊掌。至於我，伏特加和安眠藥讓我在過程中能夠冷靜保持呼吸——不過盲目渴求只有冰毒能帶來的快感讓我挺焦慮的。過去有些時候，我在街上買貨會被騙。有一次在教會街上我想買點海洛因，卻買到裝了一塊黑色肥皂的氣球。

我抽菸，一根接一根，設法叫命運講重點——拿到他朋友的電話號碼。就在蘿倫打斷我之前，命運叫我等一下，他要去問朋友他「手下」的電話號碼。他走開之後蘿倫就站在那兒，問我在幹嘛。

當然，我的本能反應就是說謊。風把街上吹得空蕩無人，蘿倫摘下墨鏡，露出她清澈的綠眼睛。我說的是，「其實，我已經戒毒一年，剛從洛杉磯搬回這裡，但現在我老毛病又犯了，我正在等著買點冰毒。我聽說妳也有類似的麻煩。真的嗎？」

即使她很驚訝，也沒有顯露出來。

「是啊，」她說，聲調輕快溫柔。「你要買多少？」

「我希望有一克。妳怎麼會在這兒？」

「我本來要完成我的刺青。不過，呃，現在我想跟你去，是吧？你需要錢嗎？」

「呃，不用。」

她戴回墨鏡。「那需要車嗎？」

---

3 Speed，安非他命代稱。

「噢，好啊，我們可以用妳的車。我的車停在湖街上。」

「那好吧。」

我說不缺錢算是實話。我的存款有三千元，對我來說那可是鉅款。我確定這足以讓我在舊金山開始過邊工作邊吸毒的生活。我上班的那家馬里布戒毒中心專收有錢客戶，經常有名流。他們給的薪水不錯，而且我不沾毒就沒什麼花費。一克六十元我買得起。接下來這兩天，我會開始找工作。我是說，我全計畫好了。真的。

我們站在街上，望著穿梭在商店之間的人群。

「妳都在忙什麼？」我問，「好久不見。」

「五年。就像你說的，我有些麻煩。不過我幫我媽工作。我大概四個月沒沾了。」

「但是妳忘掉從前了。」

「媽的，我一直在等適當的人交往。」

「真的？」

「我不確定。」

「妳看起來不錯。」

「謝謝。也很高興再看到你。」

「是啊。」我伸手放到她肩上，感到她身體緊繃起來。「他來了。」

命運走在街上看起來有點招搖或跛腳。我介紹他認識蘿倫。

「太好了，」他說，「我們可以，呃，半小時後去找他。這是他的號碼。」他遞給我一張發皺的紙。

「你會買啤酒給我，對吧？」

「當然。」

「我去拿車。」蘿倫說。

我走進轉角的烈酒店，買了兩瓶四十盎司的Olde E廉價麥芽酒和一包Export牌A級菸。蘿倫靠邊停下綠色日產車讓我們上車，我坐前座，命運坐後坐。我遞給他一瓶酒，喝了一些我自己那瓶。我請蘿倫喝時她拒絕了，卻吞了幾顆克洛平安眠藥，她說若沒吃藥她會抓狂。她給我一顆，我心想我嗑過這麼多藥應該沒什麼效果，但我還是嚼碎吞下，希望能舒緩緊張之類的。

命運幫我們指路離開海特街，下海特區，沿著市場路進入田德隆區。路邊的維多利亞式住宅變成企業大樓然後是舊金山貧民區粗糙扭曲的街景——廉價月租旅館、乞丐、小咖妓女、藥頭和毒蟲。白天沒開的霓虹招牌宣傳著脫衣舞夜店和偷窺秀。天空已變成全藍，但陽光被傾頹的建築物遮住，一切都好冷，被風吹得好像要脫皮了。

我們把車停在瓊斯街和艾利斯街轉角，看著倒楣的行屍走肉們在街上晃來晃去。有個光頭但鬍鬚很多的白人瘦子站在自動提款機前。他不時抬頭看天上，大喊「拜託！拜託！」然後回來看提款機。什麼也沒吐出來。

「他們來了，」命運拿著酒瓶下車說，「多謝了，兩位。」

「不客氣，兄弟，謝謝。」

「玩開心點。」他說，意有所指地往蘿倫歪頭。她或許稍微臉紅了。

有個年輕人跟命運打招呼，跳進蘿倫的後座。他還帶了一個高大瘦削的白人，白髮下的臉孔看起來像一堆麵團。年輕人很瘦但是強壯，圓鼻鳳眼，頭上綁著黑色頭帶，衣服破舊寬鬆。

「唷，你們好嗎？我是蓋克。」他說。

胖男子沒說話。

「嗨，我是尼克。這是蘿倫。」

「酷，酷。你們要一克，對吧？」

他發出的聲音像迅速沙啞的爆炸。我點點頭。

「沒問題，」他說，「唷，這是我爸，麥克。」

麥克愚蠢地揮揮手。

「總之，」蓋克繼續說，「你要給我錢，我再去拿你的貨來。我爸會在這裡等。」

「老兄，門都沒有。我不會讓你拿著我的錢走掉。」

「別這樣，唷，沒別的辦法了。我爸會留在這兒，而且你看，這是我的手機，跟我的皮夾，我還會留下我的滑板。只要等兩分鐘，ＯＫ？」

我看看蘿倫。她搖頭，但是我說，「幹，好吧。」

我給他六十元之後他走開。我心裡有點預期再也看不到他，但十分鐘後他拿著我們的東西回來。他看起來氣喘吁吁。

「唷，我給你這麼多。」他說，交給我一袋不怎麼多的白色結晶體。

「老兄，」我說，「這也差太多了吧。」

「不可能，老兄。」

我拿出一顆結晶放進嘴裡。苦澀的化學酸味讓我打個冷顫，但是味道很熟悉。「好吧，沒事。」我說。

「沒問題。」

「你有針筒嗎？」蘿倫問。

我真以她為榮。我根本沒想到要拿針筒，她直接說出來了。

「呃，有啊。你們別亂來，啊？」

「不會。」我們異口同聲說。

蓋克從口袋裡拿出一包用橡皮筋綑綁的，大約五支針筒。

「這些乾淨嗎？」我問。

「當然。」

「好吧，」我說，「我們拿走這些，不足的部分就算了。」

「老兄，這包一點不少。」

「隨便啦。」

「好吧，呃，還需要的話再打來。」

「我們會的。」我說。

就這樣，蓋克跟他爸下車，蘿倫跟我帶著新針筒和大約一克水晶安非他命駕車離開。

∞

我還記得我們高中交往時，蘿倫她爸的房子；但我記得更小的時候我就看過。那是濱海懸崖區的一棟歐式豪宅。五六層樓高，像是盒狀，有裝了褪色綠百葉窗的凸窗臺。灰白的牆上爬滿藤蔓，斜坡臺階兩旁種滿白玫瑰。可以眺望海洋——洶湧強勁的無情海洋。頂樓是座充滿陽光的明亮閣樓，曾經是我的麻吉兼哥兒們米夏的遊戲室。

呃，離婚的過程是這樣的：我爸跟一個叫芙莉卡的女人外遇，然後為了她拋棄我媽。米夏是她兒子。

我五歲時我們都搬家住一塊。米夏跟我同齡，白金色長髮、藍眼，父親是著名演員。他脾氣不好會咬我，但我們也很親近。他父親就是現在住在蘿倫父親房子的人。以前我會去找米夏一起玩電動，或用樂高積木做太空船，或畫圖，有的沒的。

我的背包塞滿毒品、醉得腳步踉蹌跟蘿倫走進門，我不禁感覺腸胃緊繃，回想起我小時候的樣子。我記得跟我父親散步去碉堡角，那是延伸到金門大橋底下的一塊突出地。我記得在日裔區吃壽司和天婦羅，去停在海德街邊的船上玩，騎腳踏車穿過金門公園，被帶去舊卡斯楚戲院，每場開演前有個人演奏管風琴。我記得在索薩利托的小聯盟冠軍隊，在舊金山動物園的生日派對，去逛藝廊和博物館。當時我小到我爸會把我藏在他毛衣裡面免得受凍。我們的頭一起從撐開的羊毛頸線裡伸出來。我記得他的氣味——無法形容的父親氣息。他總是在我身邊，尤其在我媽搬去南方以後。住在洛杉磯不沾毒的期間，我幾乎每天跟他通電話。我們無話不談——從電影到藝術、女孩、瞎扯。我不知道要過多久才會有電話進來——他多久才會知道我搬出來，故態復萌，拋棄了那一切。

蘿倫的房間在地下室，基本上只有四柱大床跟電視機，沒什麼其他多餘的。書本、衣服和雜物丟得到處都是。窗戶全被窗簾遮住，蘿倫在牆上的櫃子上方掛了一條聖誕燈飾。她把一片CD放進音響，是我沒聽過的歌。

「來吧，我們趕快，」她說，「我父母快回來了，我希望在他們進來之前離開。」

「沒問題。妳知道嗎，我父母在雷耶斯角的週末小屋今晚沒人。我們可以去那邊住。」

「我明天早上得工作。」蘿倫說。

「沒關係。我會送妳回來。」

「今晚我要是沒回家，我父母會嚇壞的。」

「編個藉口囉。」

「是喔，幹，好吧。」

「我可以用這個嗎？」我拿起一個吹玻璃罐問，大概一吋高吧，上面有白色跟綠色的漩渦紋。

「好啊，隨便。」

「妳有棉花棒嗎？」

「幹，有啊，但是快點。」

「好啦，冷靜。」

她到處翻找，把棉花棒給我。我撕掉一端的棉花。我去浴室用罐子從洗臉槽裝了一層薄薄的水。接著倒入一撮結晶，從口袋掏出塑膠打火機用背面壓碎。我把火焰湊近罐底直到液體開始冒煙冒泡。再丟入棉花把它塞進兩支針筒裡。我遞給蘿倫量較少的那一支，右手準備握拳，看著血管輕鬆膨脹。我的身體好乾淨，好強壯——過了一年多戒毒生活，我的血管立刻浮出來。我回想以前注射有多麼困難——當時血管都開始崩潰，躲在皮膚底下。但現在血管馬上跳出來。我拉開活塞，看著血液衝進混合液裡，然後把它全打回去。

我咳嗽起來。

化學物質抵達你心臟，或大腦，或隨便什麼地方時釋出的氣體會衝上你的喉嚨，讓你嗆到。

我咳嗽，就這樣嗆到。

我開始流淚——我的頭脹痛到好像快昏迷，呼吸變好快。

「該死，該死。」我說，光線感覺變昏暗，而且我說真的，這種快感無與倫比。最完美的亢奮。

我轉頭看到蘿倫退開，藥效發作時我沒說什麼就吻她，她回吻，一切感覺毫不費力，不像清醒時被擔憂、恐懼與壓抑淹沒。我更用力吻她，但她推開我，說「走吧，我們去海灘。」

我們迅速離開現場，走在陽光下，走回蘿倫的車。那是個不同的世界，天啊，強化又刺激。我點了根菸，手指不斷發抖，我開始講話，講個不停。藥效的波浪不斷沖刷過我全身，我掌心出汗，咬緊牙根。我告訴蘿倫我寫過的書和我想要在一家洛杉磯雜誌社找的工作，突然間似乎不再是遙不可及的夢想。我感覺這些都能實現——我的書會出版，我能得到想要的工作，我會帶著蘿倫邁向我的新生活。絕對，我說真的，沒有什麼能夠阻擋我。

「你知道嗎，」蘿倫說，「我父母下星期要出城，你可以住我家，除非你有別的地方住。」

「沒有，沒有，」我說，在我的世界、在我的腦中、在命運裡，還有宿命等等有的沒的，一切都完美地湊在一起。「那太好了。」

「他們要離開兩星期。」

我大笑。

貝克海灘多半時候沒人。我們停在停車場，眺望海浪拍打岸邊，捲起褐色的粗砂礫，在光滑起伏的岩石上撞成碎屑。金門大橋聳立在右方，海峽對面就是馬林岬，茂密、翠綠、起伏的山丘點綴著尤加利樹和橡樹，紅土懸崖正下方就是海水的漩渦。我們下車，我牽起蘿倫冰冷柔軟的小手。我們沿著沙丘走去，風把沙子颳到我臉上，我突然停下腳步，脫到剩下四角褲跑了起來，一路狂奔，衝進海浪。我聽到蘿倫在背後竊笑，然後只剩海洋的怒吼和好冷、好冷。

海流很強，我立刻跟它搏鬥起來，躲避大浪，感受把我扯出海灣口的拉力。但我很會游泳。我轉向經過岩石開始划進浪中，看它在沙灘上崩解。我從小就在這段海岸線衝浪。我跟朋友有時會在海裡待上五六個小時。我變得很習慣在水中，能夠衝海灘外或聖塔克魯茲的大浪。我看過塘鵝乘著海面的上升氣流，或海獺吃螃蟹，仰泳漂浮。我會早起，在日出前出發去買咖啡。但隨著我的毒癮越來越重，衝浪板放在車庫架子上很久沒碰了。我失去興趣。這有點傷感，我盡量不去想這回事。

我是說，我又來了，在貝克海灘的碎浪上徒手衝浪，在冰冷的水中感受我的呼吸調節。雙臂和胸腔的肌肉記憶還在。我回頭看蘿倫，她脫了衣服躺在溫暖的沙地上。我用另一道波浪游上岸，跑向她，吻她的小腹聆聽她的笑聲和顫抖。然後我繼續跑，沿著沙灘進出水中。快速，寒冷，但其實沒太大的感覺。我看著一切，樹木、貝殼、高大的海藻，全都顯得好新奇又刺激。我妹妹黛西在我們一起散步時，向來能夠指出精緻花朵或奇形怪狀的石頭。她好專心又充滿驚奇感。冰毒給了我那種童稚的豐富感。讓我能夠看見，真正看見。世界顯得好神奇，我笑著跑過沙灘直到喘不過氣來——然後回到蘿倫身邊。

她向我微笑，我又吻她。

那晚我開她的車子經過蜿蜒的回程，抵達我們在雷耶斯角的房子。車程好熟悉。我認得每個彎。那是以前我每天下午放學的回家路線。我們經過聖安塞爾莫和費爾法克斯兩個小鎮，鑽過山繆．泰勒州立公園的紅木森林底下。接著來到外面籠罩在黑暗與霧氣中的青草地。轉上我們家那條街，好陡，好陡，兩旁都是濃密的樹林。車子有點吃力，但是開上去了——帶我回到家。

我父母的房子並不大，倒是名建築師設計的。有點日本味和極簡主義風格，到處都是鏡子和窗戶。或許可以眺望半英畝的庭院——糾結的野生藤蔓、樹籬、橡樹、楊樹。春夏兩季到處開花的雜木林有一條蜿蜒的碎石小徑。

看到車道沒車、燈光沒開之後，我悄悄溜過不同的門窗與雜物。全都上鎖了。我爬過褪色的木頭外門，晃到後門找到一處門栓沒栓好。我扯開它，弄壞固定在地板上的門檻。沒開燈，穿過屋內到前門去放蘿倫進來。

「天啊，」她說，「我記得這些畫。」

我繼母是畫家。我們家牆上掛滿巨大紛亂的畫布。油畫圖像陰暗但生動——不斷重複的眼睛、器官、枝葉、幾何形狀。

「很漂亮，」我說，「又嚇人，對吧？」

「是啊。」

我們走到客廳，我用音響放音樂——之前我在家留下的電子音樂之類的。我打開在櫃子裡找到的清酒，倒了一杯。蘿倫在看書架上的藝術書跟擺飾。我則在看窗臺上我弟弟妹妹的照片。有一張傑斯柏穿曲棍球制服在微笑。也有只比傑斯柏小兩歲的黛西打扮成精靈，戴著假鬍鬚把雜亂的捲髮往後挽。還有全家福照，我繼母、她的父母、她弟弟妹妹，我爸、我的姑姑和叔叔、我弟弟妹妹、表兄弟姊妹，以及在最右邊的我。走過屋裡，我感覺自己好髒——好像沾過什麼都會污染的煤灰污漬。我根本無法盯著這些該死的照片——太心痛了。我把清酒喝掉。

「我們去洗澡吧。」我說。

「好啊。你想要再打一針嗎？」

「當然。」

我們衝上樓去洗澡。我們在我的舊床上做愛，直到我膝蓋磨得發痛。之後，我邊抽菸，邊四處翻。我拿了一把吉他和兩件外套，僅此而已。喔，我也需要筆記簿，我拿了本黑色、封面有飛天小女警貼紙。原來那是我妹的日記。

第四天

當晚我們待在隆巴德郊外某家裝飾藝術風格的俗陋汽車旅館，外牆全是色彩鮮豔的馬賽克拼貼。蘿倫其實沒待到午夜。她父母很擔心她跑哪去了。我聽著她跟她爸講電話。她聲音發抖——很想要裝得……嗯，無辜？大概吧。當然，我也有做這種事的時候——謊稱沒有吸毒，設法隱瞞我破戒了。蘿倫能夠說服她父母——至少暫時啦。我猜他們相信她，因為他們想要相信。我父母也是這樣。

我十八歲時被丟進第一家治療中心。當時我只吸了六個月左右的冰毒，但我的人生已經開始崩壞。我大學輟學，還淪落到精神崩潰——在街上亂逛，跟不存在的人講話。直到有輛警車停在身邊，我才真的清醒過來。警察威脅要逮捕我，但最後放我走了。

五天後我爸把我送進戒毒中心——費爾路和史坦納路交叉口一棟破敗的維多利亞風格大豪宅。我還記得走進那裡的第一天。有破舊的紅地毯，腐朽到軋軋作響的樓梯，變形彎曲的長走廊通往一間又一間病房，無數的床位。我們那棟屋裡大概有五十個人——全是男性。我們整天有小組活動教育我們關於濫用藥物、十二步驟戒毒和如何過無毒的生活。我走過那些綠漆的木門，全身發抖，感覺像要嘔吐似的。我爸就在我身邊，穿著跟小時候用來罩住我的同樣舊毛衣。他的頭髮剪短，黑白斑駁。方形眼鏡模糊了他差點哭出來的紅眼睛。或許他也在發抖。

「爸，拜託，」我懇求他，「我會戒掉，我保證。拜託，我不必待在這裡。」

「你不能回家，尼克。」

「可是爸，這裡不適合我。」

我錯了。我加入第一個小組時就發現。病患之一強尼，滿臉雜亂鬍碴、染黑色印地安戰士髮型的矮胖子，說出他的經歷。他談到如何落入快克／古柯鹼成癮。我想到的不是他的故事細節，而是他形容的感覺。他談到在開始吸毒之前，他總感覺像個外星人，跟別人格格不入。我想他說的是，「我感覺別人好像都有一本解釋人生的操作手冊，但我不知怎地就沒拿到。他們似乎都很清楚自己在幹什麼，而我毫無頭緒。直到我發現毒品和酒。我的世界好像突然從黑白變彩色。」

當然我的經驗也是這樣，但並不表示我願意改變我的行為。我愛毒品。我愛它的藥效。它幫我解除無時不在的可怕孤立感。它給我強尼所形容的人生手冊。我沒辦法，就是**戒不掉**。

但我父母懷抱希望，而且如果你合作，諮詢師會給你比較多特權，所以我留下了。我說他們要我說的話。我分享我彌補自己所造成傷害的承諾。我大談願意採用十二步驟方法中規劃的精神原則。我猜我有一部分是真心的。我不想變成像歐霍夫復健之家的其他人，白髮、牙齒掉光、一無所有。我還是感覺我不可能那麼慘。拜託，我高中學科成績可是4.0呢。我寫的文章被刊登過。我出身好家庭。況且，我還年輕不可能真的上癮。我只是實驗一下，對吧？

三十天後他們釋放我，我搬進城裡的中途之家。維持三天清醒。然後，某天晚上，我說去參加聚會，但是開車買毒品去了。車子宛如自動駕駛越過通往奧克蘭的橋。那晚我沒有回去。我父母發現之後，我被迫在納帕加入另一次三十天戒毒計畫。結束後我成功維持一個多月，但我去麻州的安赫斯特上大學之後，很快就故態復萌。不過這次，我瞞過我父母。當我的行為越來越反常（偷信用卡，偷開支票給自己）、謊話越來越離譜（我只是想買禮物給傑斯柏和黛西），我爸仍然忽視發生的事——我在他面前逐漸糜爛。

等到我念完大學第一年，毒癮已經發展到我再也瞞不住的地步。起初只是喝酒、抽大麻和一點迷幻藥，但後來我開始到處探聽買冰毒。因為在麻州西部我找不到冰毒，就開始吸海洛因。我會開著女友的車到葵花戒毒中心附近的貧民窟走來走去，等到有人來兜售。白人小子在那邊街上亂晃想幹什麼沒啥好懷疑的。但是毒品很貴，用鼻子吸掉白粉末太浪費了。

那是我開始用針筒注射的藉口。把藥直接打進血管裡讓我能夠享受久一點。我從科學化驗室偷針筒。我看網路上的圖解自學打針。那是個邋遢的過程。我會錯過血管把藥打進肌肉裡，灼痛得要命。我不曉得血管就在表皮底下，所以我會鑽得太深。不久，我的手臂就布滿針孔，而且我瘦了很多。

暑假回家時，我第一次體驗到戒斷症狀。就像電影裡演的——我嘔吐、顫抖、盜汗、好像有白蟻在體內爬似的，猛抓癢。

最初我試著騙我父母，說我有腸胃病之類的。我一有機會脫身，就跑去找市區的朋友弄來冰毒。我一旦開始靜脈注射毒品，呃，差不多就注定完蛋了。戒冰毒戒了這麼久，我的承受力已經趨近於零。注射的效果很強大，我立刻陷入大約一週的昏迷，直到今天，我都不曉得我做錯了什麼。

我在父母的家裡從這段昏迷中醒來。我聽見客廳傳來哭聲。我弟的聲音聽起來哭哭啼啼。

「在哪裡？在哪裡？」

我腹中又感到孰悉的作嘔。

「你確定在裡面嗎？」我爸問道。

「對，」傑斯柏嗚咽說，「我在裡面藏了五塊錢。黛西，是妳拿的。」

「**不，我沒有！**」她哭著大叫。

我下床努力集中精神。我不記得拿過那個錢，但我知道我拿了。

我沒地方去，真的，但我不能留下來。我把行李塞到拿得動的極限，扛到肩上，眼睛看著地面，走出房間。

外頭客廳裡，我爸跟繼母站著擋住我的去路——他們臉色脹紅又扭曲。

「你要去哪裡？」我爸問，幾乎是用吼的。

「我走了。」

「尼克，我們知道你又吸毒了。」

「是啊，」我低著頭說，「我不會回來了。」

「這太扯了，」我繼母暴怒，大聲走出客廳在某處猛力甩上房門。

「你不能一走了之，」我爸說，這時泛著眼淚。

「我非走不可。」

「我們會幫你求助。」

「不用。我必須這麼做。」

「尼克，不要，別說了。」他伸出手來想要攔住我。我猛推他。

「你這是幹什麼？」我大叫，「天啊，你們這些人讓我窒息。」

事實是，我不想戒掉。我並不是喜歡偷竊或傷害我爸。我是說，我討厭這樣。但我好怕離開毒品。這就像個可怕的惡性循環。我越吸毒，就做出越多我很羞恥的事，必須吸更多來逃避面對這一切。我吸毒到一個程度之後，似乎已經沒有回頭路。接受責任，承認罪過，恢復原狀，可惡，光是說我很抱歉——都已經變得太可怕。我只能繼續沉溺，盡力忘掉過去。我大步走出家門到炎熱的夏日戶外。我搭便車到公車站，再設法到達阿基拉的家。

事後我父母真的不再相信我說的任何話。但蘿倫顯然沒有搞到像我這麼慘。她父母對她似乎仍願意盡量往好處想。所以她丟下我獨自待在汽車旅館房間，我寫字畫圖了一會兒，聽CD，睡了幾個鐘頭。醒來時，我餓了，而冰毒幾乎沒了。我打給蓋克，他同意十二點半在田德隆區跟我碰面。我開車到北灘去買早餐。

∞

小時候，或許六七歲吧，老爸跟我住在加利福尼亞街最前端。那是一棟可以眺望纜車和慈恩堂哥德式尖塔的高聳公寓。對街的小公園裡有沙盆、鞦韆和木造的遊戲攀爬架。我爸早上會帶我去那邊玩，然後我們一起走到舊金山的義大利移民區——北灘。我們會去格蘭特路轉角的一家樸素咖啡店，崔斯堤咖啡。我會牽著他長繭的手觀看鴿子和人行道上的裂痕。在店裡，我爸會點熱巧克力和木莓糕餅圈給我。我們會坐在角落的桌子——我畫圖，我爸在筆記簿裡寫字。他會喝卡布奇諾。有時候我們完全不畫圖寫字；我們只是聊天。我會用手摸著馬賽克桌面聞咖啡香味，問我爸有的沒的問題。他會跟我說笑話講故事。點唱機會播放歌劇。

早餐之後我們或許會走去城市之光書店——潮濕、有泥土味的印刷廠兼書店。我們會經過色情秀店和脫衣舞酒吧。天黑之後，穿緊身皮衣的女人會在店門口廝混，誘惑路過的男人。我記得誤以為她們是超級英雄——神力女超人、貓女、女超人。我會跟她們聊天，她們都知道我的名字。

今早開車經過北灘時，我眺望我童年的街道。我停下車子，走到崔斯堤咖啡店。男男女女站在店外聊天抽菸。天色晴朗蔚藍——海灣外的風不斷吹來。我走進去點了咖啡和三明治，坐到同樣的老位子。喇叭播放著同樣的老音樂。我在店內的廁所裡打完剩餘的毒品。這裡狹小又光線不足。有人一直敲門，因為我花了好久才找到血管。命中之後，我注入混合液，但手發抖，往手臂的肌肉裡打了很多。痛得要命，我不禁呻吟。我整條右臂又麻又痛。我大聲咒罵，才連忙去見蓋克。我走出店外時，滿手都是血。

蓋克跟我約在他跟他老爸住的旅館外頭碰面。旅館以某個聖人命名，但看起來活像地獄，盡是鐵窗，油漆剝落到幾乎不剩，破爛不堪。他賣了我十六分之一盎司。我問他想不想當場跟我打一針，因為上次我差不多是昏迷的。他同意，我們進屋裡去。

經營旅館的女人是印度人，穿著傳統的紗麗、額頭上點了硃砂等等。上樓之前她要求我給她看駕照。她頭髮往後紮著，在過大的厚眼鏡後面皺眉。

「你只能待一小時。否則就要付錢。」

我跟著蓋克爬上腐爛、污穢、鋪地毯的樓梯，到三樓去。魂不守舍的男女在走廊上踱步、抽菸，跟我們搭訕兜售我們能買到的各種無用玩意。

「嘿，小子們，」一個頭禿得發亮、神情萎靡的黑人說，「我得賣掉這個鍵盤。你們要買嗎？」他舉起一臺電子小鋼琴給我們看。

「還能用嗎？」蓋克問。

「是啊，兄弟，好得很。你要試試嗎？」

「當然。尼克，你有時間嗎？」

「有啊，有啊，好，隨便啦。」

我們跟著男子回他的房間。裡面看起來，唉，很髒亂。床上既沒有床單，也沒任何東西，看起來布滿乾掉的血漬。地板全是菸灰、包裝紙、色情雜誌、啤酒罐、錫箔紙和錄影帶。男子自我介紹叫做吉姆。他跟我們握手，從床上清掉一些衣物。然後，插上鋼琴的插頭，打開電源，彈了一段簡單的和絃進程，唱了一首R&B情歌。他的聲音低沉又感人。

「沒問題。多少錢？」蓋克問。

「二十塊。」

「二十塊？」

「好吧，十塊。呃，老弟，我只想嗨一下，如此而已。十塊錢能幫我撐過一夜。」

「好吧，十塊。」

蓋克給他錢。不知怎地他能夠從口袋裡撈出剛好十塊錢，沒有露出其餘的鈔票。男子迅速收下錢塞進他的牛仔褲裡。「好，好。」

我們回走廊，再進入蓋克的房間。

「這太棒了。」蓋克舉起鍵盤說。

「是啊，一定很好玩。」

「不，兄弟，你不懂。這是個起點，實現我夢想的第一步。我要開始做音樂。」

我聽了不知該說什麼。

蓋克的房間比吉姆的更髒亂。同志色情片、菸蒂、撕破的紙、包裝紙、鞋子、花生醬罐子、餅乾盒在地板和床上到處亂丟。角落的洗碗水槽堆著碗盤。梳妝臺上有一臺用不搭配零件拼裝的電腦。頭頂上嗡嗡作響的日光燈太亮了。蓋克開始清出空間要試用電子鋼琴。

「嘿，兄弟，」我說，「你還有針管嗎？」

「有啊。那邊的袋子裡有些乾淨的。」他指指床頭櫃上的一個棕色紙袋。

我伸手過去找到針筒，開始為我們兩人準備兩大針。蓋克問我需不需要他幫我打。我伸出手臂，他毫不費力又有效率地插入針頭，正中我的血管。感覺有點膽寒又性感。他把藥打進來，我咳嗽感受藥效，真是太美妙了，我是說，不騙你。

蓋克給自己一針之後，我說，「欸，你想要跟我去到處走走嗎？」

「到處走走？」

「是啊，老兄，我已經離開這個城市，呃，兩年多了。」

「好吧，沒問題。」

我們走樓梯下樓。我向印度女人拿回我的證件，然後我們走到街上，迅速往海邊移動。

「前幾天那個人真的是你爸嗎？」我問，只是找點話說。

蓋克把雙手插進口袋裡，手臂忍不住抽搐。「是啊，老兄。」

「你們一起住？」

「呃，對。我一年前才認識他。我大概，嗯，兩歲左右就被領養了。」

「真詭異，兄弟。那你們怎麼相認的？」

「我猜他突然決定想見我，所以跑到我養父母家來找我。」

「然後你就過來跟他住了？」

「是啊。他挺酷的。有時候他會帶些人回房間，那有點糟糕。」

「一些人？」

「嗯哼。他是同性戀。」

我們繼續走。頭上的雲飄得很快，我不斷抽菸，也分菸給蓋克。蓋克對各種事情講了很多莫名其妙的話——他計劃未來，諸如此類的。我不確定是怎麼想到要蓋克幫我的。突然間我完全信任他，而且說出來了，接著走過市場路，前往海灣大橋的陰影下方。

「好吧，老兄，」我說，「我就直說了——所以耐心聽我說完。我還有大概兩千五百元，對。我戒毒了十八個月，上班，存到這些。現在，有我這種習慣，除非我能想出辦法賺點錢，不然我會很快燒光。所以我是這麼想的。我跟你不熟，對吧？你也不瞭解我，但你至今對我還不錯，我是這麼感覺啦。」

「你也感覺到了，嗯？」他說，停下來撿起人行道上一個發皺袋子。他看看裡面，發現沒東西，又把它扔回去。

「是啊。」我說。

「我早就知道我們會變成朋友。」

「什麼？」

「對，第一天我看到你的時候。」

「或許我也是。呃，你知道嗎，我真的很尊重你，我只是在想我們可以買，比方說，某個大量的冰毒，然後拆散來一起賣。」

「好啊。我們應該摻水。」

「摻水？」

「是啊，兄弟。我們買一批夠純的好貨，然後用，嗯，浴鹽之類的東西稀釋。我一定會賣得很快，兄弟，而且我們還能免費用，或許找個地方住。我可以，呃，為你工作。我們可以創立我們自己的集團，兄弟。我們弄個對講機之類的玩意。」

「考慮看看，兄弟。」

「好啊。」

「你認識誰能讓我們便宜大量進貨的嗎？」

「我想有，先讓我打幾通電話。你要馬上開始嗎？」

「呃，這個，好吧，當然。還有，欸，你知道我能上哪裡弄點海洛因嗎？」

「那還用說。你要我先做哪一項？」

「先弄貨吧，我想。」

「行，兄弟。給我看你的電話。子彈應該可以幫我們。」

「子彈？」

「是啊。我來呼叫他。」

「好。」

「再給我一根菸。」

我給他兩根。

∞

子彈是個遊民。他又高又瘦，很瘦，臉上坑坑疤疤，油膩的頭髮往後梳。他的鼻子有點扭曲變形。從臉上到喉結有一條白色傷疤誇張地浮出來。他反戴著一頂棒球帽，穿垮褲和軍靴，身上有汗臭和尿騷味。他腳步笨拙，雙腿細長，一直搖頭晃腦。

「蓋克，兄弟，你怎麼從不打電話給我？」他一開口就抱怨。

「老兄，我在忙。」

「但是你們想要弄點貨，嗯？」

「是啊。」我說。

「呃，我有很多——或許在我脫手之前我們可以談個交易什麼的。」

蓋克跟我開車去教堂路和市場路交叉口的喜互惠（Safeway）超市去見子彈。那是出名的遊童與逃亡者聚集地。例如，你不用太麻煩就可以進喜互惠去試吃水果乾和堅果。加上還有隱密、自動清洗的廁所很適合在裡面打針。天色已經快黑了，雙子峰上的燈光不斷閃閃爍爍。

「什麼交易？」

「你給我打一針交換我的人脈。」

「沒問題。」

「那個女生名叫坎蒂。這是電話號碼，別弄丟了。」他寫在我從妹妹那偷來的日記扉頁上。頁面畫了個紮辮子的女孩指著牆上的方形污點。下方，黛西寫了：「我們跟尼克在洛杉磯。我們去了一家博物館。我們看到拿破崙的東西。」那是今年一月的事，才兩個月前。我家人開車來看我，全家一起去威尼斯大道的侏儸紀科技博物館。黛西接著描述博物館和她吃的午餐。然後她寫了見到我和我顯得很憂鬱。她說讓她感覺肚子「忐忑不安」。

讀了我才知道她的感受。我也覺得忐忑不安。我不知道有沒有辦法把日記還給她。這是我最不想要拿走她的東西，但是，唉，我拿了。我老是發生這種事，不是嗎？

總之，我打給坎蒂。她的聲音小到我幾乎聽不到，但我成功說服她在轉角的影片租售店跟我碰面。她開著黃色凱迪拉克出現，身穿破爛的皮草大衣，染黑的頭髮在髮根處變白了。她在受傷的皮膚上化了大濃妝。她可能三十幾歲吧。

「你要兩公克，對吧？」

「對。」

她交給我用彩色蠟紙包住的四顆小球。我給她八十元。

「太好了，」她說，「你總是一次買這麼多嗎？」

「我想是吧。」

「好，隨時打給我。」

我回車上之後，子彈和蓋克在聊天，嘻嘻哈哈地互相嘲笑。

「蓋克把你的計畫告訴我了，」子彈說，「你們要成立自己的賣藥小集團，嗯？」

「算是吧。」

「那麼，」他說，「沒有我幫忙你們永遠辦不到。」

「為什麼？」

「因為每個犯罪集團都需要打手。」說完，他不知從哪裡掏出一大把獵刀，在空中揮舞。

我嚇得倒抽一大口氣。

「你買到貨了？」他問到。

「是啊。」

「呃，那我們走吧。」他收起刀子，我們開車穿過幾條小巷去打針。

蓋克不想要吸海洛因，但還是坐在我們旁邊。我從蘿倫家拿的罐子裡有半公克甜香的黑色焦油，我把它溶解。我們用兩支針管吸起褐色糖漿狀液體，全打進身上。我等著：一，二，三，四。我的頭開始抽痛，我感到一波波冷靜的脈動流過我全身。我身體放鬆，轉頭看看子彈。他笑得好開心。我神遊天外了一會兒。一切彷彿充滿了這種溫暖與舒適。我發笑。「這玩意不錯。」

「當然。」

「對了，蓋克，」我說，「我們要讓子彈加入嗎？」

「當然要，兄弟，他是個好孩子。」

「你想要加入嗎，子彈？」

「隨時效勞。」

「好極了。」

「我們最好想個化名之類的，」蓋克說，「我們會創立舊金山第二大的街頭幫派。不久，就會有一堆小朋友為我們工作。」

我們癱坐著繼續聊天。我的意識斷斷續續，一點也不在乎任何屁事——我很有把握地相信，一定會成功。

第五天

我們大約凌晨兩點放子彈下車。他必須去見一些人談偷竊機車的事。基本上他們只是拿著螺絲剪子到處亂走，破壞車鎖，把機車搬上一輛舊廂型車。風險很高，但是子彈缺錢，而且他強壯又敏捷。

蓋克跟我沒地方去，我問他要不要跟我開車去雷耶斯角。我們又嗑了一點安非他命，幫我去除海洛因的恍惚，我感到真正的平衡。我開心地駛過狹窄蜿蜒的轉折，穿越紅木森林。我們聽著震耳欲聾的日本龐克搖滾樂，或許蓋克不喜歡，但我不在乎。

蓋克有半根大麻菸，我們輪流抽，大麻最能夠讓我順利茫掉。路上看起來全是綠色和粉紅色的曳光軌跡。低垂的枝葉變成扭動糾結的藤蔓——蜘蛛網變成了爬滿昆蟲的天空。每當有車子迎面開來，我就被炫目的強光吞沒。我開得歪歪扭扭，但是撐住了。

我們大聲談笑著停進車道上，這時我看到我父母的車子。屋內很暗，但他們一定在裡面。

「幹。」

「你不是說他們不會在嗎？」

「大概是我弟弟妹妹明天不用上學吧。」

我猜想他們會不會發現我來過——是否注意到失蹤的吉他等物品，或被我撞壞的後門。我呆坐著想了一會兒，感覺腹中作嘔。我想像他們走進去，看看四周——那懷疑與驚覺的瞬間。

「你把毛巾丟在那裏嗎？」

「那瓶酒是你喝的嗎？」

「你進過尼克的房間嗎？」

「這是誰的鞋子？」

「天啊，有人進過屋裡。」

我趕緊倒車離開，感到一陣愧疚與恥辱。不過我盡力甩掉這些念頭，說，「沒關係，我知道我們可以去哪裡。」

我們一路更深入岬角，經過因佛尼斯鎮。積了鹽漬的建築物幾乎腐朽解體。鐵鏽色的老舊因佛尼斯商店位於鎮上唯一街區的中心，他們從雜貨、衣物到錄影帶什麼都賣。我記得放學後跟我爸去光顧，興高采烈，在他們唯一的電玩機臺玩好久。我們在那玩意花掉了好多銅板。我想要向蓋克介紹沿路景物，但他已經睡著了，我繼續開。

維吉妮亞和亞當的房子裡沒人。他們跟我父母一樣，在城裡和海岸邊都有週末住所。看到車道上沒車，從逃離我父母家之後，才真的鬆口氣。我突然覺得好累，只想睡個覺。蓋克跟我下車走到軋軋作響的木屋後方，設法找地方侵入。

維吉妮亞和亞當是我父母的好友，或者，至少他們很親近吧。我猜我跟他們也相當親近。他們有兩個小孩。年長的男孩傑西有漂亮的金髮、好奇的長臉、牙齒縫隙很大，跟我弟弟同齡，在學校也是同班同學。他弟弟崔佛同樣是金髮，跟我妹妹同齡。我們兩家會一起去海邊，在沙灘上升起營火，烤熱狗之類的。我會講故事給所有小孩聽。我老是在說故事。

我們會在沙灘上玩捉迷藏，一起在冷死人的海裡游泳。孩子們會圍攻我，我必須擊退他們——但是手下留情。我記得真心期待一起玩的那些夜晚。我們會一起回我家放臉部特寫樂團之類的音樂，然後跳舞跳個沒完沒了。

亞當大約四十出頭，是個聰明的圖像設計師。維吉妮亞是作家，人很好。我們會聊電影、書籍、藝術諸如此類。我看著他們非常關心他們小孩的生活。我看著他們為了兩個孩子自我奉獻。他們付出了好多，你知道嗎？

「欸，」蓋克說，「從這邊進來。」他不知怎地進了屋內，打開後門緊張地東張西望，似乎怕人看到。我進去，我們開了幾盞燈。房子很小——整片鋪木地板，破舊的小地毯，磨損的皮革家具。簡樸但是高雅——極簡。我們吃了些櫃子裡的麥片，癱在兩張沙發上。我們聊了一會兒，沒說什麼重要的事。最後我睡著了。我沒有作夢，只有一片漆黑。

「尼克，快點，起來。」蓋克用力搖晃我。

「啊？」

「有人來了。」

朦朧的晨間光線溫柔地照亮客廳，我窺探外面——被結霜的露水沾濕的濃密荊棘叢。不明處有些鳥兒發出尖叫聲，接著我聽到了——廚房裡的沉重腳步聲。我立刻站起來，我們躡手躡腳走向門口。腎上腺素和恐懼讓我既難過又興奮。我聽到後方傳來急促的腳步聲，接著一個濃厚西裔腔的男性大聲說。

「喂，你，小子們，站住。」

我們沒有停下，奔向我的車子跳進去，發動引擎時那個人嚷嚷著追過來。有一群建築工人站在房子前方，在我們開走時盯著我們，帶著明顯譴責——或者是憐憫的眼神？無論如何，我笑不出來，蓋克也是。我們不發一語繼續開車，仍然氣喘吁吁。外面冷得令我發抖，我把暖氣開到最強。灰色的托馬雷斯灣出現在我們前方，太陽正從遠處象山的綠色山頂緩緩升起。天上布滿厚重的白雲。我抽了根菸，不等蓋克開口也給了他一根。我把車停到雷耶斯角小鎮的野牛麵包店旁。蓋克翻翻白眼。「拜託，老兄，我們回市區吧。我不太適應這種鄉村玩意兒。」

「我只是想買咖啡。你要喝嗎？」

「咖啡，兄弟，我不喝那種東西。會讓你的胃爛掉。」

我一笑置之走進店裡。我買了熱巧克力給蓋克，他似乎挺感激的。這家店是以前我每天早晨搭共乘汽車上學的地方。我喜歡這裡的可頌，溫熱新鮮還有巧克力餡，會沾得到處都是。我們每天早上在七點十五分集合。住在雷耶斯角的學生父母們會輪流開車進城。路程很遠，我們有時候會聽有聲書，或玩猜謎之類的。我弟出生後，上學車程也會帶著他，他經常一路哭哭啼啼。其他小孩跟我，我們會輪流想出分散他注意力的方法——讓他安靜，逗他笑，或讓他睜大眼睛專心盯著你。我們會唱一些歌給他聽。大家都很有耐心。他成為共乘汽車的吉祥物。我想他不在的日子我們都想念他。

我繼母經常負責開車。我不確定詳情是怎麼回事，但是某天她發明了稱作「抱怨遊戲」的遊戲。基本上有點像心理治療。我們有五分鐘可以抱怨心裡煩惱的事。我們根據發言誠實度、洞察度和細節度，以零到十分互相評分。哭出來的人無條件得十分。大家都挺常哭的。

共乘車上有三個女生跟我，全部是六年級。我們一開始玩抱怨遊戲會談論在生日派對上感覺被排擠，或老師派太多家庭作業。但是最後，越來越私密，每個人都掏心掏肺談自己家人的困難之類的。有個叫泰瑞莎的女生——她老是很安靜又害羞——開始說到她父母離婚，有多麼辛苦，她母親喝太多酒等等。我們都哭了起來，她被封為史上最強的「抱怨遊戲」冠軍。

當然，我們到學校之後，沒人會透露任何事。我跟我朋友玩，女生們也去找她們的朋友玩。我們不會交談。有時候我看到其中一人被欺負，我不會出手阻止。要是我朋友圈裡有人對他們不好，我會當作沒看到。女孩們也這麼做。但是在車上，我繼母開車時，我們會變身——掏心掏肺，毫不保留。

所以蓋克和我帶著咖啡、可頌和熱巧克力從麵包店前方開出來——我差點撞到一輛對向過來的藍色富豪旅行車。我急煞車跟對方眼神接觸。她黑髮遮面，但我認得出來。是我繼母。她看到我，我也看到她，我連忙倒車離開。她狂按喇叭加速追上來。我在路上狂飆，但她還是緊跟在後——追逐我。

「這是搞什麼鬼？」

「老兄，那是我繼母。」

「呃，她幹嘛跟著我們？」

「我知道才怪咧。」

「或許你最好停車跟她談談。」

「休想，兄弟。」

我從照後鏡看到她的表情。怪異的茫然——好像放棄之類的。我拚命避開她的眼神，心想她對我一定很失望。我爸和凱倫在我八歲時結婚。他們在前一年認識。我向來很尊重凱倫——無論是為人、當我的父母或繪畫方面。我記得我爸不在家時，我跟她一起看過《波麗安娜》（Pollyanna）卡通。那是我們初次相處，我跟她，獨處。我想我們都認為那部片挺蠢的，事後好幾個月我們會模仿女星海莉．米爾斯互逗對方發笑。凱倫跟朋友去馬林郡健行時會帶著我。她會帶我上畫廊、外出晚餐。她陪我看床邊故事，買漫畫書給我。我尊敬她而且，呃，我一直想要她的尊重，你知道嗎，非常想要。我一直希望她喜歡我，主要因為我很喜歡她。但這下凱倫怎麼可能尊重我呢？我以自己為恥，有一瞬間，我根本不記得我為何這麼做。有什麼意義？我猜是冰毒的緣故。我是說，那向來是重點，不是嗎？那對我是終極王牌，比任何東西都強大。

開往史汀海灘的路上，我看到外面路邊尤加利樹和橡樹整齊排列。一號高速公路邊的野草雜亂生長。我猛催油門，車子尖叫著過彎，但凱倫跟得很緊。我們經過蝙蝠屋——一棟位於原野中央，門窗都用木板封死的白色小屋。他們無法拆除是因為被一些全世界稀有物種的蝙蝠占領了。太陽升起，雲都沒了，我們腳下的道路迅速乾燥。我在下一個彎道口太快過彎。後輪打滑，差點翻車。

「這下不妙，」蓋克說，「真他媽的不妙。」

「放輕鬆。」我說，但我一點也不輕鬆。

車子的變速箱摩擦作響，我開始嗅到橡膠燒焦味道。引擎熱度表飆到最高。我們經過狗鎮[4]，經過馬蹄鐵丘路交流道。海濱小鎮波里納斯就在東北方遠處。那是我學會衝浪的地方。那裡的海浪會輕柔地湧入潟湖——最適合初學者。我們會衝浪出去到岬角，然後去波里納斯麵包店吃披薩。我弟妹妹夠大之後，我們會帶他們下水，用又舊又重的長型板推他們進岸邊細浪。我們會在海灘上玩捉鬼——你會在沙地上留下足跡，必須照著軌跡走。如果你脫離軌跡就出局。

如今凱倫和我卻在殘破顛簸的公路上玩公路抓鬼。我的車引擎蓋冒出煙。我繞過一個彎道，暫時甩開追兵，轉到一條樹木茂密的車道上。我把車子掉頭讓它怠速。我們等待。

「我需要打一針。」蓋克說。

「是啊。」我的上衣被汗水浸濕。頭髮也濕掉，黏黏的。

「我們最好等一下吧？」我問。

「好啊。」

---

4 Dogtown，加州威尼斯市貧困社區。

我看到我繼母的車駛過——很慢，很慢。她沒看到我們。她繼續移動。我關掉引擎。它發出很響亮的嘶聲。

蓋克在罐裡溶掉很多結晶。他給自己注射完之後，我又加了一點海洛因。我讓蓋克幫我打針。他很擅長幫別人打。毒品進入我的血流之後一切都好多了。我根本不確定飛車追逐是作夢還是現實，但我冒煙的車子回答了這個疑問。

這下每個人都知道我破戒了。

∞

我在田德隆區放蓋克下車，我們計畫好過一兩天再碰面。他說他會開始找人設法賣掉一些貨。我打開手機，有二十七通留言。每通我只聽了前兩秒左右就刪除。我的心情低到谷底，後頸還有冰冷刺痛感。我想到史賓賽、我媽、我爸、我的工作和我遺棄的朋友。我不知道我是否無法回頭了。對，我猜我回不去了。況且，情況沒那麼糟。我又不欠他們什麼。這是我的人生——無論要死要活。不是嗎？我再次告訴自己就是這樣。

我唯一聽完的留言是蘿倫留的。她要我等她跟父母吃過晚餐後過去。她說我可以從後門溜進去，或許沒人會看到我。我還有一點時間，所以我又開到貝克海灘，到海裡游泳。我帶了盥洗用具皮包去男廁。我穿著短褲在外面洗澡，然後走進布滿沙子的廁所，在有污漬的洗手臺上放好我的刮鬍工具。

我有歐舒丹名牌的好刮鬍刀和鬃毛刷。我有放刮鬍皂的銀盤。我刮掉鬍鬚之後抹上乳液，噴上除臭劑。我抹了一點古龍水，再抹些定型髮膠。我修剪好手腳的指甲。每隔一陣子會有表情驚訝的沙灘遊客進來，盯著我，然後快步走掉。不過，等到我走出來，看起來勉強可以見人了。

關於外表有件事向來對我很重要。我總認為我很醜。我是說，我真的這麼想。我記得小時候住在洛杉磯我媽家裡，會盯著鏡子看好久。像是，如果我看得夠久，或許我會變帥。從來沒有效。我只有越來越醜。我似乎沒有什麼夠好的特長。我心裡有股哀傷——有種絕望。專注在肢體外表至少比處理內心該死的缺陷輕鬆。我無法控制外表——至少，只能到某個程度。我可以買不同的衣服、剪頭髮之類的。我內心破掉的大洞可怕到根本不敢直視。但我可以買雙新鞋，而在此時，我可以確定我的鬍子刮乾淨、皮膚也變漂亮了。

我了解這很膚淺又可笑，我真的知道，但我無力改變。我是說，我不知道怎麼改變。我只能注射更多該死的毒品。

我決定或許我該嘗試在咖啡店之類的應徵個兼職工作。

我開車到克萊蒙街——經過進口商品店跟腥臭的魚市場，人行道上的港式點心攤和中式糕餅店。人群擠在一起，大聲交談，匆匆走過。我走進慈善義賣店買了套四十元的Brooks Brothers西裝和一雙無牌黑皮鞋。接著我過馬路到里奇蒙圖書分館登記借用電腦。大概等了兩小時。這裡又髒又擠，連書籍和牆壁本身都有汗臭味。有個光鮮搶眼、穿很多層衣服的男遊民睡在門口。幾個白髮老太太用俄語爭吵。懷孕的媽媽推著在藍色方格圖案嬰兒車上熟睡的嬰兒——來來回回，沒完沒了。

我邊等邊抽菸，在記事簿裡亂寫。我想要寫履歷以便輪到我的時候輸入電腦。問題是，我沒什麼推薦人可寫。我的工作史很單純，一開始總是很棒，但很快就惡化成為壞結局。通常我會某天直接曠職。馬里布的戒毒中心就是這樣。之前的六份工作也一樣。其實，我從未從頭到尾做完任何差事——即使戒毒期間也沒有。我總是陷入想把一切做得完美的執念。我不全力投入就無法做任何工作。我必須是最佳員工、最佳同事、最佳有的沒的。我需要大家喜歡我，我會竭盡全力做到這些。讓人對我生氣是我最大的恐懼，我無法忍受。我瘋狂地害怕被任何人拒絕——即使是我不太在乎的人。先離開他們，切斷所有關係，直接消失總是比較好。那樣他們就無法傷害我——沒人可以。因此我沒有推薦人。但是當然了，我可以指望我的新雇主不會看這個部分。

印出大概二十份履歷表後，我開車繞去幾個不同的商業區。我在所有經過的咖啡店和餐廳留下履歷。似乎沒人真的感興趣。只有兩家店跟我約了面談的時間。

我穿過金融區，繼續駛向碼頭。我停下車子，眺望惡魔島上蒼白破爛的燈塔。隨著太陽落到海平線後，天空迅速褪為橘色，一陣強風從海灣外吹來。我穿上外套坐在車上畫了一會兒圖，直到天色完全變暗。我盡量蜷縮身子在前座上睡覺。我一直睡到電話響起，聽到蘿倫的聲音。

「過來吧，後門開著。」

我一路聽著吵鬧音樂開到海崖區，把車子藏在離她家幾個街區外，因為我突然偏執起來。當我想推開高大的圍籬木門時，有塊磚頭卡住門。我用力推，終於推開，但我猜想噪音大概吵醒了整個社區。不過我還是抵達沒上鎖的後門，摸進蘿倫的房間沒被她父母發現。我們熱烈地長吻，輕聲低語。她癮頭發作了，所以我製作兩人份的注射液。

「妳吸過海洛因嗎？」我問。

她搖搖頭。

「妳想試試嗎？」

她點頭。我又在溶液裡加了些白粉。

蘿倫仔細看著我。我用棉花球全部吸飽，然後吸一些進入兩支針筒裡。我有點擔心給她太過量，畢竟這是她的第一次。我遞給她一支針筒，她拿著在手臂上戳來戳去一會兒，終於命中血管。

她吸出了一點血進入混合液，然後全部打進手臂裡。我看著她的藥效發作。她才算是放鬆下來——呼吸變急促。她白皙的小手放在白皙的額頭上往後靠，差點跌倒。她及時停住，站直身子——然後又差點跌倒。我看著她，哈哈大笑。

我替自己注射，我們一起躺到床上。到處都是枕頭和絨毛被。房間裡很暗，只有聖誕燈，我傾聽蘿倫短促喘息般的呼吸聲。她的瞳孔前所未見——縮得好小。看起來一片蔚藍，我好嗨、好嗨、好嗨。

「我們得安靜。」她說。聲音模糊又低沉。

我親她的嘴，我好像整個人嵌進她體內——或好像把她吸收到我體內。她的舌頭就是我的舌頭，她的唇就是我的唇，她的鼻息就是我的鼻息。她呻吟，我低聲說，「噓。」

我們就這樣接吻，接著我快速脫掉她和我的衣服，張嘴含住她的乳尖，粗魯地吮吻她的乳房。我們開始做愛，感覺就像兩人之間最完美、激烈、悸動、原始的運動。我們既投入又不投入——漂流在色彩與心跳的感官之上，汗如雨下。

持續好長一段時間，汗濡濕了整張床——整灘汗。我們緊密交纏，纏綣熱吻。幾乎喘不過氣，但不盡然。每種感官都被強化。我握著她的手感到活著、動情——還有炙熱。床在搖晃，牆在搖晃，地面和櫥櫃和檯燈，還有我們周圍的一切都在搖晃，只是我們不在乎——就是不甩。我想要永遠保持這樣——跟蘿倫在這裡，吸了冰毒和海洛因嗨翻天。我似乎達到生平存在的頂點，我不希望現狀停止。

三個半小時過去。我拔出來看到自己身上到處是血。我的皮膚被磨破了。不過，我還是沒有任何感覺。

蘿倫點了根菸。我們來回輪流抽。我想要再打一針，站起來摸索，卻暈頭轉向得快昏倒。我一低頭看到自己身上，很驚訝自己瘦這麼多。我的雙腿開始自行萎縮，我的臀部誇張地突出。我搖搖晃晃走到浴室小便，再到處找棉花球裡剩下的海洛因跟冰毒。這時我聽到敲門聲。

有人在敲蘿倫的臥室門，我感到強烈的恐慌。我把自己鎖在浴室裡憋住呼吸。外面有講話聲，我心想，幹，兄弟，完蛋了。我看到裝棉花的罐子和一支用過的針筒。反正我們被逮到了，我決定把剩下的用掉，趁被趕出去或丟進牢裡之前打一針。我坐在馬桶座上，保持安靜，尋找血管。注入。有個短暫的片刻感覺好像，「喔幹，」我向前仆倒，撞到淋浴間堅硬的玻璃門。我反彈回來，撞到地面，然後昏迷了一陣子。

第六天

醒來之後，強光淹沒浴室，我躺在磁磚地上顫抖。我站起來感覺腸胃抽搐，嘔吐在馬桶裡。然後又吐一陣。我被噎到而且喉嚨灼痛，眼淚鼻涕像擰抹布般狂瀉。浴室外沒有聲音，我喝了些自來水之後，打開門鎖爬進蘿倫的房間。沒人在。燈全關了，陽光照射進來。

我穿上衣服想要從進來的原路溜走。手一伸到口袋就發現有張紙條。字跡倉卒潦草——像黃色的線條紙上狂亂的小符號。

尼克，如果你他媽的死在裡面，我會宰了你。醒來之後**立刻**打給我。我父母明天大約一點鐘離開，之後你可以把你的東西搬進來。幹，希望你沒死。**記得打給我**。

蘿倫

∞

我等到遠離房子後才打給她。她的聲音很微弱，像是不方便講電話的樣子。天色好藍好藍，但是舊金山的強風把頭髮颳過來遮住了我的眼睛。

「尼克？」

「是啊。」

「天啊，昨晚你到底在搞什麼鬼？」

「沒事。妳知道的，我聽到妳爸在敲門，就躲在浴室裡。我猜是打太多藥之類的，因為我暈倒了。我跌倒時你們沒聽到嗎？」

「你在胡說什麼？」

「你爸下樓來的時候啊。」

「尼克，沒那回事。」

「可是我聽到了。我聽到你們在講話。」

「呃，沒有，你幻聽。」

「幹。」

「尼克，不能再這樣了，好嗎？」

「好啊，很抱歉。」

「你今晚會過來嗎？」

「當然。」

「你還有沒有那個……你懂的？」

「有啊。」

「好吧，晚點打給我。」

我掛斷。

蓋克大約五點半的時候打給我。我花了大半天在馬路上走來走去，找可以撿的東西——錢、香菸之類可能掉在地上的東西。有一次我撿到一個黑皮包，裡面有全套理髮工具，還有五張支票和將近兩百元現金。我撿過幾包香菸、幾袋剩菜，偶爾還有幾包大麻或古柯鹼什麼的。但是今天，我只撿到一臺我不需要的Aiwa音響。其實，我看到某戶門口有個頂端綁死的塑膠袋。我很餓，那看起來或許是外帶餐。我快步走過，繞回來，抓了袋子跑掉。繞過轉角後我打開看，希望是中國菜或泰國麵。袋裡裝滿狗屎——好多狗屎。我丟掉袋子，腸胃因為臭味而抽筋。

但是，我說過，蓋克五點半打來說他好像幫我們找到貨源了。他說在電話中不能講細節，我們約好八點左右在田德隆區會合。他說帶三百元去。

「三百？」我說，「就這樣？」

「目前，對。」

我從帳戶裡領錢出來。我還有兩千出頭，但不多。我走了整天腳好痛，低頭一看Jack Purcell[5]球鞋鞋跟，左邊鞋底有個洞已經快磨穿。我還是繼續走，我知道只要再打一針，就不會覺得痛。我的喉嚨也一樣。藥效逐漸退去，才感覺到自己病了。我喉嚨痠痛、鼻子積滿鼻涕。我一定是不知在哪裡感冒了。但是冰毒會解決這一切。

天色開始變暗。天空發出蒼白的黃光——被市區燈光沖淡了。入夜的田德隆區簡直是現實版恐怖片。每隔三呎就有人搭訕索討施捨，或想要販毒、性交易。大街小巷遊走的男女都有嚇人、強烈的需求。掠奪者想掠奪，販賣者想販賣——都想要滿足永無止境的渴望。而今晚我是他們的一員。

---

5 加拿大著名羽球明星，西元一九三五年設計現今所孰知的開口笑鞋款。

蓋克在一家卡樂星餐廳門口抽菸。他戴著耳機聽音樂，跟平常穿一樣的衣服。他目光往四處打量。

「老兄，還好嗎？」他說，跟我做了個花俏的繁複握手。

「那還用說。」

他開始快步走，我跟上。

「好吧，有個叫老喬的人，懂吧？老喬剛出獄，他要搬家去，呃，很南方不知到哪裡——喬治亞州什麼鬼的。老喬認識很多人，他說他會用他的門路幫我們接上頭，讓我們開始直接跟他們進貨。他就像是傳遞聖火的人，好嗎？」

「酷。」

「所以我們就試試這個貨源。我們買價值三百元的上等好貨，稀釋後再賣掉——或許留下一半供私人使用。」

「你相信這個人嗎？」

「是啊，當然。我認識他很多年了。」

「好吧，兄弟，那就交給你決定。」

「沒問題。」

我沒有真的注意聽，但不知怎地最後我們來到只有頭頂上一盞閃滅孤燈的小巷子裡。我們停在一棟公寓大樓前的生鏽鐵門外。蓋克按了個鈕說，「唷，我是蓋克。」門打開讓我們進去。

走道很狹窄，有尿臭和發霉味。地毯光禿禿的，有污漬和燒灼痕跡。牆面凹凸不平，整個地方有種搖晃船隻的感覺。我靠骯髒的棕色扶手穩住身子。

大約十碼外一扇門打開。有個看似波斯人之類的長髮男人，眉毛又黑又濃，走到走道上。

「他在裡面。」他說。

我們跟著他進去一個小型廚房大小的房間。裡面有張床，電視在播色情片，沒別的東西了。一個大概五十五歲、頭上半禿的胖子用長玻璃管在抽安非他命。他大聲吐氣抬頭看我們，移到床上最遠的角落，背靠著牆壁。

「蓋克，好久不見。」

「是啊，歡迎回來。這是尼克。」

老喬伸手跟我握手。他的灰眼睛很呆滯，雜亂的鬍鬚遮住他肥胖的臉頰。嘴唇又濕又厚。他遞給我菸管，我接過後沒有擦拭就吸了一口，儘管我考慮那麼做。

「呃，尼克，」他說，聲音因為藥效有點顫抖。「你想要加入賣這鬼玩意，嗯？」

我點頭，坐在波斯人旁邊的地上。蓋克在床上跟老喬一起倚著牆。

「蓋克跟我要一起合作。」我說。

「好吧，兄弟，但我會小心。總之，我們談正事吧。你有沒有電話可以借我？」

我把手機給他，他打了幾通電話。我心不在焉地聽著他的對話，同時蓋克跟我輪流抽那根菸管。波斯人還是沒說話。我把菸管還他之後他沒抽。

「半小時後有人會過來，」老喬說，「這些人肯定是你想要交的朋友。蓋克，注意點，兄弟。」

蓋克正在玩弄手提音響——用綜合工具鑰匙圈之類的東西把它拆開。他只抬頭看了一下。

「我先跟你們把話說清楚了。如果要我把門路給你們，你們得先了解幾件事。蓋克，你一向很誠實，尼克，好吧，如果蓋克為你擔保，那我就沒意見。」

他連續講了二十分鐘吧——暢談你絕對不能讓別人占你便宜。重點是一切都為了錢。絕不相信任何人。絕不做任何出於善意的事。公事公辦。絕不能多愁善感。絕不跟任何人交心。一開始賣小包，等他們依賴性變大，包裝分量越減越少。身上隨時要帶武器，最好是滑板或鼓棒之類看似無害的東西。蓋克跟他爭論了一下，說他向來認為長期而言，誠實可以讓你更順利。老喬徹底駁斥。他闡述了冷酷嗜血的好處。我不時點頭努力討他喜歡，彷彿我真的聽懂了。

門鈴響起，我們按鈕讓兩名大漢進入大樓。一個白人，另一個看起來像西班牙裔。這時房間擠滿了人，我都流汗了。介紹很簡短。老喬介紹蓋克是他的接班人，他們握手，遞來一個電話號碼，就這樣。我給他們三百元買了一塊高爾夫球大小的硬結晶。看起來很純。他們離開後只剩我、老喬、蓋克和那個波斯人，他還是沒說出超過該死的三個半字。

我把貨跟兩支乾淨針筒交給蓋克，叫他給我們兩個打一針試用。蓋克在準備時，老喬開始問我問題。我告訴他我的經歷，或許太老實了點——說我還有一大筆錢準備投資。我講話時他直接盯住我的眼睛，我只好一直看著地板。

他等到蓋克幫我注射完之後才說話。藥效發作時我劇烈咳嗽，耳鳴個不停。我以為藥效強到或許要嘔吐什麼的——但我很喜歡這個強度。我全身癱瘓了一會兒。我呼了好長的一口氣，點根菸，大笑。蓋克的反應跟我差不多。這玩意很純，正如我所料。

「你喜歡，嗯？」老喬問。

我點頭。

「你知道嗎，我可以幫你弄到更讚的玻璃[6]。」

「真的？」

「幹，是啊。我今晚就可以。你能弄到多少錢？」

「我不確定。我想，頂多兩百元吧。」

「嗯，那很夠了。」

「好吧。」

我看看蓋克，設法解讀他的表情，但他沒注意聽。他又繼續玩該死的ＣＤ音響。波斯人倚著牆壁睡著了。後方窄小粗糙的電視螢幕上有人正在操一個女的。

「電話再借我一下。」

我遞過去，老喬從床上起身。他看起來比坐著更胖了，他的肚皮垂下來遮住一半腰帶。他腳步沉重地走出房間，穿過走道，我等著。蓋克沒說話。我從袋子裡掏出筆記簿開始畫圖——臉孔從臉孔裡冒出來加上很多粗糙線條。老喬從門外走回來。

「都搞定了。我們去提款機吧。」

「酷。」

「這條街上就有一臺。」

我們走路去。

注射和吸入這麼多冰毒之後站立和走動，讓一切事物都像尖叫的超現實幻境。隨著我的血液開始加速循環，藥效鑽過我身體的不同通路。我的神經失常。我感覺到腳趾在鞋子裡不由自主地亂動。

三友烈酒店內後方廉價洋芋片旁邊有一臺提款機。我拿出卡片時，老喬湊過來仔細看。

---

6 安非他命的別稱之一。

「美國銀行，嗯？以前我幫他們工作過一陣子。他們還在用同樣的序號嗎？看來沒錯，我對數字很在行。」

「我不行，」我說，「我的數字概念很糟糕。」我插入卡片，輸入密碼。老喬幾乎站在我背後，我聞得到他黑色帽T上的汗臭味。兩百元吐出來了。

我們沿原路走回公寓，老喬講了很多話。他又講到要在喬治亞州，或類似的地方展開的新生活。他要放棄這一切現狀——混幫派、賣冰毒——金盆洗手，重新開始。

我鼓勵他。我猛點頭。

他一隻手放在我肩上。「你知道嗎，小子，」他說，「你還不錯。你一定能幹得很好。要記住，在這場遊戲裡，不能相信任何人。聽懂沒有？」

「懂啊。」我說。

「尤其在該死的田德隆區。」

∞

我們進去，老喬又要求借我的手機。我交出來。

「接下來的門路簡直棒透了，」他說，「你一定不敢相信他的貨有多讚。」

他叫我把錢準備好。「放在這邊的梳妝臺上。」

我照做。

蓋克突然抬頭看。波斯人還在睡覺。「老喬，這是在幹什麼？」

「沒事，蓋克，我只是安排你的兄弟多買點安非他命。」

「跟誰買？」

「老弟，安啦。等一下，我得再打個電話。」他走出房間。

「有點不對勁，」蓋克說，「你有多少錢？」

「兩百。」

「在哪裡？」

「那邊，梳妝臺上。」

「哪有？」

我轉頭看。果然不見了。

「幹，在這兒等著。」蓋克大叫。

他跑出去。

被丟下的我傻眼了。一股彆扭感鑽進我五臟六腑。如果這都是設局，我懷疑會不會再看到蓋克。我的手機沒了——那很貴。我不知該如何是好。我開始準備一大坨黑焦油狀的海洛因。波斯人突然醒過來。

「怎麼回事？」

「那個叫老喬的……」

「嗯。」

「你跟他很熟嗎？」

「算是吧。」

「他剛坑了我的錢。」

「喔。」

「蓋克出去找他了——或許吧，我不確定。你介意我在這裡打一點海洛因嗎？」

「不會，不會，請便。這太慘了，兄弟。他拿走多少？」

我告訴他。

「幹。對了，我是阿里。」

「尼克。」

他躺回去彷彿又想倚著牆睡覺。我把所有海洛因打進血管裡。或許能紓解等待的壓力。我專心看著天花板聚焦又失焦，三十分鐘很快過去。

「好吧，」我說，「阿里，老兄，我要走了。這太扯了。」

「是啊，」他說，半夢半醒地睜開眼睛，「你得更小心點，兄弟。」

我收拾我的背包，甩到肩膀上，打算走出門外。阿里跟我握手。我感到眼睛裡發熱——或許會哭出來的刺痛。我周圍的走道不斷膨脹與變形。我體內被掏空的感覺無比強烈。這時蓋克大聲叫我，就在樓梯口的大門外。

「蓋克，兄弟，幹。」

「尼克，我很抱歉。」

「你不是他們一夥？」

「不可能，兄弟。我他媽的發誓。呃，事情是這樣子——老喬跑掉了。我剛回家去，我爸認為他也去過我家。他偷了我們的電腦——我爸嚇壞了。他已經躲起來，兄弟。沒人知道他在哪裡。」

「他什麼時候偷走電腦？」

「剛才，兄弟，他有我家房間的鑰匙。」

「蓋克，這真的很不酷。」

「我知道，老兄。但是聽好——我跟我爸談過了。我們會解決這事。他給我他的手機。我們已經有人等著要買貨。我們得把那塊結晶打散再賣掉，很快就會把你的錢賺回來。」

「然後呢？」

「賺到的錢交給我爸保管，好嗎？」

「我不確定，兄弟。或許我該認賠退出。」

「不可能。這一定行得通。」

我點了根菸，沒有再給蓋克。我們仍然倚著阿里家斑剝的大樓白牆。

「蓋克，兄弟，老實說，我不確定自己還能相信你。」

他沉默了一會兒。「是喔，我了解。真的。但你必須相信我，我跟那件事沒關係。我從小就認識老喬。我跟你說，兄弟，他有我們家的鑰匙。我們都信任他，他今晚卻惡搞一堆人。每個人都在找他。他沒地方逃。我敢說天亮前就會找到他——不是開玩笑。」

「你不曉得他打算坑我錢嗎？」

他又沉默了。「是這樣的，在某個時間我，呃，察覺到……不太對勁。」他把雙手插進口袋裡。「但是我該說什麼呢？你一直悶頭往前衝。你很誠實又善良，大家自然會把你生吞活剝。他們很敏銳，兄弟。他們就靠這個吃飯。如果想做這行，你還有很多要學。」

這下輪到我沉默了。「你說得對。」我說。

「是啊，兄弟，你得保持謙卑，然後看我怎麼做——你得專心注意。看我做了什麼，如何行動。我一直閉嘴，兄弟，而且絕不透露非必要的事情。例如我要是有包香菸，我絕不整包拿出來。我會拿出一根而且非常隱密。要是有人問起，我就說是討來的，即使我不介意給他們一根。你絕對不能透露你擁有的比別人多，懂嗎？」

我點頭。蓋克真的伸手放在我肩上。「來吧，兄弟，我們走。」

於是我們離開。

∞

我們去的第一站是市場路南邊一棟廉價公寓大樓。街燈都燒壞了，我們開進一條暗巷，幾乎陷入完全黑暗中。

有個穿帽T的人影倚著一座波浪鐵皮車庫的門邊。香菸吸到剩菸蒂的暗橘褐色光點，照亮了他有疤痕的臉。

「抱歉，呃，你們可以給我一點零錢嗎？」我們走過時，他開口問。

「子彈？」蓋克說。

「幹，蓋克，尼克，還好嗎？」

「老兄。」

子彈從地上站起來，把冒煙的濾嘴彈到地上。他身上好臭，好像一星期沒換衣服。他的眼睛周圍都是皺紋——沉重的灰色。我們問他在這裡幹嘛，他坦承只是想找個地方睡覺。

「我好累，兄弟。你們有什麼提神的東西可以給我嗎？」

我很想說有，他要安非他命還是什麼東西都給他，但我只搖搖頭。

「我們手上的東西必須賣掉。」

蓋克告訴他老喬坑我們錢的經過。子彈似乎並不驚訝，真的。

「嘿，你看我可以睡你車上嗎？」他問我，「我發誓，我不會亂動任何東西。我會乖乖待在裡面，兄弟。」

我同意了，但我不想給他鑰匙。我陪他走回停車處放他上車。他在後座躺下抓了件我的毛衣，立刻睡著。車裡瀰漫著他的臭味。

「我們遇到他挺詭異的。」我向蓋克說，往公寓走回去。

「不詭異，」他說，「原本就是這麼安排的，你還沒想通嗎？」

我想或許他說得對。

蓋克用他爸的手機打到樓上，幾分鐘後有個男人下來開門。我們已經打散原本應該是一公克的貨，但顯然被減掉很多，放進我菸盒裡的塑膠袋。對方應該要給我們八十元。他看起來好像很久沒出門。他的皮膚蒼白鬆垮，臉上骨骼突出，一頭雜亂的黑髮，還有喝醉似的紅色酒糟鼻。他肚子很鼓，看起來像懷孕。他的語氣簡短強勢，偏高音，像在抱怨。我們互相自我介紹，但我不記得他的名字。他帶我們穿過牆上都是鏽蝕信箱的破爛大廳，進入一臺零件碰撞大聲作響、有凹損的電梯裡。

電梯門打開，我們走進去。空間很狹窄，我聞得到他蒼白的皮膚上有爽身粉之類的東西。他用肥厚的手抓抓邋遢的頭髮，再伸出手在二三樓之間停住電梯。頭上的燈傳來令人不安的低鳴。他額頭上的汗珠沿著兩側耳朵流下。我呼吸加速，等著發生什麼事。

「老兄，怎麼了？」蓋克問。

「拿出來看看。」男子說。

蓋克掏出袋子，緊抓在他的手上。

「看起來好小。」男子說。

「胡說，這很飽。」

男子盯著蓋克。蓋克也盯著他混濁的綠眼睛。男子移開目光。他遞給蓋克一疊鈔票。

「拿著，尼克。」

我照做，把錢塞進口袋。

蓋克交出袋子，男子轉身啟動電梯。電梯緩緩上升，猛然震動，我們終於到四樓。

「晚安再見，小子們。」男子說。

他走到走廊上，我們搭電梯下樓。我們快走出大門時，我才把錢拿出來數。

「蓋克，兄弟，他少給二十元。」

「什麼？」

我給他看三張二十元鈔票。

「幹。」

「我們怎麼辦？」

「稍等一下。」

他撥對方的號碼。沒人接。我蹲下來在腳跟上搖晃——把膝蓋抱在胸前。

「去找子彈，」他說，「給他打一針，好嗎？我在這裡等，想辦法讓我爸接電話。」

我走到外面的黑夜中，豎起外套的領子阻擋侵蝕一切的濕氣。我耳朵裡的血流好大聲，雙手發抖。我想起子彈的大獵刀和那個爽身粉氣味的胖子。

我敲敲車窗，子彈驚醒。

「怎麼了？」

「欸，開門。」

我溜進前座，立刻開始泡製兩針的藥。我在兩支針管裡放了點海洛因，向子彈說明剛才的狀況。他大聲歡呼。

「好耶，老兄，放馬過來。我們會痛扁那個傢伙。」

我忍住喉嚨裡的話沒說。

「你有帶什麼武器嗎？」他問我。

我大笑。「子彈，別鬧了兄弟，我從來沒打過人。」

他怎麼也不相信。

我們打完針，點菸，作好準備。

他從後褲袋裡掏出一支螺絲起子給我。

「拿著，」他說，「但如果你必須用來揮舞，先用握柄那一頭，知道嗎？我們並不想真的殺他。」

我想全世界的海洛因也無法阻止我的腸胃抽搐，但我還是順利帶著子彈回到那棟公寓。蓋克還在跟他爸講電話，我們敲門後他掛斷，讓我們進去。我們三個在大廳踱步交談。子彈吸了海洛因之後，音調大概低了三個八度。

「我爸說這可能是誤會。」

「你爸知道他住哪一戶公寓嗎？」我問。

蓋克搖搖頭。

子彈認為那個人肯定是想坑我們。他一直說他要怎麼修裡那傢伙。蓋克跟我基本上暫時都不理他。我們決定上去四樓看看，或許會聽到什麼動靜。蓋克繼續撥對方的電話，一直沒人接。

電梯載著我們緩緩上升。我們踏到電梯外有黑色污點的地毯上，低聲交談。走道上盆栽排列。門牌歪七扭八地釘在薄弱的門上——401、402、403。我們依序聆聽每一戶。三人都屏住呼吸。一片鴉雀無聲。

我最先聽到敲擊聲。很微弱又規律——來自窗戶與火災逃生梯旁的最後一戶。

「在那邊。」

鑰匙孔傳出一聲呻吟。子彈拔出刀子。

我們豎耳聆聽。

另一聲呻吟之後，傳出胖子的聲音——好像是說，「別動，別動。」他一直重複這句。

蓋克點點頭，子彈用拳頭敲門。全世界短暫寂靜。我退後，蓋克一手搭在我肩上。他向我低語，「沒問題的。」

接著胖子的聲音出現在門口。

「什麼事？」

「唷，我是蓋克，麥克的兒子。」

「你要幹什麼？」

門稍微打開一條縫，子彈突然使盡全力踹門。

胖子往後跌倒在地上。他只穿著白色內衣褲，全身皮膚鬆弛下垂。他跌倒時頭往後仰，猛力撞到光亮的硬木地板。他說，「我操，我操，我操。」

他一直說這句。

我們全都進去，我關上背後的門。我的目光從蜷縮在地上的男子身上移開。

「你少給我們二十元，」蓋克說，「是一克八十元，我說過了。」

「我發誓，我給你們八十。」

「尼克？」

我拿出三張二十元鈔票。子彈從我手裡搶走——揉成一團，丟向胖子。

「你數數。」

男子像條大蛞蝓拚命蠕動。

「對不起。我發誓，這是意外。我去拿錢。」

「這才像話。」子彈說。

突然間，我們聽到後面房間有動靜。好像咕噥的聲音。

「那是什麼鬼？」

子彈拿著刀子擺好架式，我還來不及想清楚，已經拔出螺絲起子緊緊抓在手上。我們走過公寓，到後面的臥室。子彈才推開門，地上的男子立刻大叫，「不要。」

房裡有個毛茸茸的裸體男人被翻身俯臥、張開手腳綁在床上。他戴著眼罩還被塞住嘴巴，似乎有點噎到的樣子，他喉嚨裡發出奇怪的聲音。子彈說，「唉唷，幹。」然後笑個不停。

「你沒有權利嘲笑別人。」胖子說，低頭走進乾淨的小廚房。他的褲子披在一把高背椅上。他手伸到前面的褲袋，掏出一張發皺的二十元鈔票，丟在地上跟其他鈔票一起。蓋克收起來。他向我們略微歪頭，我們趕緊離開。

我聽到男子在我們背後咒罵，我好想洗手。

我們一到戶外，蓋克就打給他爸。我們下一個顧客就在三條街外。他爸告訴他按照大家的猜想，老喬會在早上某個時間從巴士站搭灰狗巴士出城。我們決定再送幾批貨，就去監視巴士站。對這個構想顯得最積極的是子彈。他的忠誠度很棒，只是方式不太對勁。總之，他不斷描述最佳攻擊計畫，有的沒的，這時我才想到我的提款卡。

霧氣濃到我們連頭上的路燈都看不到，只有一個昏暗朦朧的光點。不知何故我腦中無法擺脫老喬在烈酒店站在我背後的景象。他盯著我——在看什麼？當然是我的提款卡密碼。

「喔糟了，」我說，「喂，蓋克，手機借我一下。」

我掏出卡片撥了背面的客服電話，心裡拚命指望還沒有太遲。似乎經過永恆那麼久，我終於找到客服人員。他聽起來對我慌亂地請求凍結我的帳戶似乎無動於衷。

「先生，」他一直說，「即使您的卡被偷了，沒有密碼誰也無法存取您的帳戶。」

「對，但是我想那傢伙看到我輸入密碼。」

「什麼時候的事？」

「我不確定，一兩個鐘頭前吧。只要，呃，聽著，你必須取消那張卡，好嗎？」

「是，當然，先生。」

我把卡片折成兩半丟進垃圾桶。我想到報應，或許是吧。我想到以前我偷父母信用卡那些時候。我想到學校裡有個女孩的雪弗龍卡被我盜用大概一個月，他們才終於發現卡片遺失。我在麻州念大學，會在宿舍走廊上亂晃，尋找沒關的房門，迅速衝進去偷走被我發現隨手亂扔的錢或香菸。我會每隔幾天去游泳池和健身房搜索所有寄物櫃。我向來找不到多少現金，但足以讓我負擔穩定供給的海洛因。

我偷女朋友的。

我偷我祖父母的。

我偷姨媽、叔伯、朋友的。

我偷竊之後找藉口，然後繼續偷。

我淪為受害者立場的感覺很不好。我感到不安、被侵犯、無法控制。就像那次在阿姆斯特丹半夜三點我被一個黑人揍。即使吸毒恍神走在街上，我總覺得我受到某種保護，不會遭遇壞事——好像永遠不會發生在我身上。走過荷蘭的蜿蜒鵝卵石街道，嗑快樂丸和蘑菇之後茫掉，我很驚訝那傢伙真的打我。為什麼呢？他問了個問題我沒回答，如此而已。發生得好快、好突然。

我一直保有的純真在那一刻喪失了。今晚遇到老喬，我又有同樣感受。這是個骯髒的世界、骯髒的人生。每個人都想惡整你。我的幻覺已迅速粉碎。你知道的，我只覺得挫折。

但是蓋克的看法不同。「這正是我們需要的，」他說，「動機。」

我們走得很快，忙著送貨。我們途中發現市場路南邊，有個傢伙賣的安非他命很便宜。品質並不優，但我們買了一大批，改賣這種貨。我們已經賺回大約兩百元。感覺不費吹灰之力。大多數時候我只是跟著蓋克——別說太多，看著就好。

如果賣藥這麼輕鬆又好賺，我看不出會有什麼問題。我絕對不要掉回以前的生活——吃垃圾桶裡的東西、向同志酒吧的人乞討、在卡斯楚街和十八街交叉口站壁，那邊會有人開著高檔跑車遊街。前幾次真是痛死了。我以為我要吐了——只能禱告趕快完事，要他快點。他們會帶我回他們的公寓——或接近雙子峰的房子。當然，也會有粗魯的人——愛用暴力、皮衣、不同的綁帶和道具的人。你只能盡量忍耐——盡量吃飽一點。但我決心不再做那種勾當。光想起來就有一股噁心感橫掃全身上下。我非靠賣藥成功不可，沒有退路。當時發生了奇蹟才讓我脫離困境。我不能指望那種事再發生一次。

是這樣的，我淪落到偷弟弟的錢被趕出家門之後，我不知道該怎麼辦。我跑去我朋友阿基拉在要塞區附近的公寓。他同意讓我借住一陣子。我還剩一點錢，我一直打冰毒和海洛因，在市區到處找工作。最後我被卡斯楚街附近一家咖啡店雇用。我告訴外型體面、渾身健美男同志氣息的三十幾歲經理說，嚴厲的老爸發現我跟男生上床，把我掃出家門。經理很同情我，讓我留下來工作，但是每週只能輪幾班而已。我癮頭越來越大，非常缺錢。阿基拉住在他老媽家樓下的地下室公寓。他媽一向很討厭我。你知道的，當時我並不知情。我以為她只是冷酷又拘謹。現在，我當然看得出她怕我，擔心我帶壞她兒子。

總之，有一天我趁她上班溜上樓，發現她藏在床頭櫃裡的支票簿。我開了一百塊給自己，再到費爾摩區的錢莊商店兌現。立刻把錢花在毒品上，但是錢莊打電話給阿基拉的媽媽，她猜出是我偷了錢。阿基拉很不高興地說我必須離開。事後我們的友誼再也不一樣了，我對自己的行為感到萬分懊惱。

我在青年旅館待過一陣子，到我負擔不起後，就睡公園。這時候我第一次開始花招百出，真的。我並沒有大賺特賺什麼的，只是足夠嗨一下，免於挨餓而已。我僅剩的少數朋友一直不知道我靠什麼賺錢。我每天或許只吃一根巧克力棒，通常是士力架。我體重變輕。我整天走路，整晚走路，但是無處可去。

有一天我看到一位家族老朋友在卡斯楚電影院舉辦作品回顧展。他是個相當出名的導演。他兒子JT是演員，父子都預定出席開幕招待會。我拖著身子到現場，衣服又破又臭。我想要進去，但是門口有守衛。不過謝天謝地，JT看到我，走出來。他擁抱我，壯碩體型差點把我壓扁。他給了我一根菸。

「你怎麼會變這樣？」JT問道，語氣柔和——很溫柔。他摘下眼鏡，揉揉細長的黑眼睛。

「你怎麼了？」這比較像是意見而非疑問，「我記得你小時候，你算是，天之驕子。你好快樂……好……輕快。我經常陪你玩，你從來不哭鬧。你還記得嗎？」

「大概吧。」

「那時你還小。即使在當年，你還是很開放。看著你長大，我一直以你為榮。」

「我也很敬仰你。我聽的所有音樂，我讀的所有書，都是受你的啟發。」

「所以是怎麼回事？上次我見到你是，嗯，三年前吧？你在查看曼哈頓的大學。你很興奮要去上學——學寫作。」

「是啊。吸冰毒的緣故，老兄。真希望我從來沒試過這鬼玩意，我發誓。」

「你想要戒掉嗎？」

「我不確定。我必須戒。」

「呃，是這樣的，我剛跟女朋友分手，要搬回家住一兩個月。不如你來我們的公寓一起住吧？我們會幫你找醫生，幫你找藥——你可以在我家戒毒再想想下一步，兄弟。我們在紐約州北部有個你沒去過的房子。我們就去那邊，幫你矯正過來。我們會請我爸的按摩師治療你。幫你安排公寓，找好工作。一定沒問題的。」

我答應隔天在四季飯店跟他碰面。我去了我的藥頭在奧克蘭的家。我的錢大半花在安非他命跟藥丸上，接著我回到梅森堡的公園。我撐好久沒睡，只靠注射毒品。我把裝滿衣服的背包搬出青年旅館的置物櫃。我有兩個背包，後來我有個好主意，把背包割開縫在一起變成一個超巨大背包。但是等到割完後，我累得昏迷了。醒來之後，我的超級背包（或普通背包）全不見了。我只好把所有家當放在偷來的洗衣推車上，從公園沿著哥倫布路推到市場路上的四季飯店。有兩個戴耳機拿對講機的高大門房。他們不會讓我進去的，我衣服破舊、推著裝滿衣服和一把電吉他的洗衣推車，滿腦子海洛因和冰毒害我幾乎說不出話來。當他們問我要找的「客人」名字時，我只能大笑。

「欸，你一定不會相信。你可以打電話上去問有沒有人在等我。我聽說我的名字會交代給，嗯，櫃檯或隨便什麼名稱的。我是尼克．薛夫。」

結果行不通。他們得知道我要找誰，最後我還是說了。丟出我朋友的名字後我被大罵最好趕快滾。他們揚言會報警。我拒絕離開，並堅持他們打電話去確認，總算同意了。後來他們道歉了，嗯，一百次吧，還拿香檳和水果籃來給我們。

我們搭當晚的紅眼班機飛去紐約。我只記得大半時間都在跟一個空姐聊天，坐在她準備餐點等東西的機尾地板上。我必須在四季飯店的廁所把剩餘的安非他命吸完，大約一次一克，所以接下來一週大致都在恍神狀態。我成功沒碰硬性毒品兩個月，但後來我破戒，情況比以前更糟糕。

蓋克、子彈和我走回車子途中，真的經過這家四季飯店。我們辦完所有送貨差事之後，賺了大約三百元——而且還剩一堆品質很好的貨。上午陷入灰濛濛的寒冷。頭頂上的街燈逐一熄滅。風速加強，讓我們都有點發抖。空氣中瀰漫濕氣，把我們沾濕——還流過我們的血管。我們抽菸，但沒什麼暖身效果。我們開去巴士站時，我打開暖氣。我下巴緊繃到在開闔嘴時發出啪啪聲。

即使吸了毒品什麼的，我還是想睡。我腦中有個敲擊聲——像血液正在流出。

我用公共電話打給蘿倫，把我的遭遇告訴她。她答應不鎖側門，讓我在找到老喬拿回我的錢之後能進去。因為我沒過去，她聽起來有點不爽，但我不在乎。什麼都不甩——那不是世界上最棒的事嗎？我感覺好慶幸。我戒毒的時候就不懂這一點。

巴士站被帳篷與紙箱屋的虛擬貧民窟包圍。跟我同時進戒毒中心的一個女生被送進去之前就住在那兒。她跟三個男人住在帳篷裡，其中一個是她未婚夫。條子每隔幾個月會突襲這些遊民聚落。他們會逮捕一些人，然後放任他們重建或自生自滅。現在整個地方顯得相當擁擠——穿破衣留刺蝟頭的年輕龐克族看起來憤怒又絕望，為了香菸、毯子和罐裝啤酒互相爭鬥。

蓋克、子彈和我決定分頭去監視不同的入口。有四條路可以進站，所以子彈說他會在大廳巡邏。老實說，我不確定如果看到老喬我會怎麼做。我不太能想像跟他正面衝突揍他一頓什麼的。不過我還是盡量給自己壯膽——但每當有人走進電動門時我都心臟狂跳。

站內幾乎沒人。幾個腳步聲迴盪在磁磚走道上。有幾個破爛的黑色座椅被穿著厚重破爛衣服睡覺的男女占據。有兩個警員正在骯髒的禮車接送區叫醒一個潛入者。他皮膚很光滑，或許抹了油，長髮都黏在一起編成僵硬的辮子。他的鬍鬚好長好長。理平頭、方下巴的男性員警俯身看他，搖他的肩膀。兩人都戴著乳膠手套。我去小便回來之後，三個人都不見了。老喬也還沒出現。我窩在角落等待。

我打盹了一兩次。粉紅和綠色的幾何圖形浮現在白牆上。宛如閃爍三角形有機物的高塔從地面上自行冒出來。我就是甩不掉。其實我也沒那麼困擾啦。我習慣了比這糟糕得多的幻覺。巴士站發出低鳴，以脈動般的光線閃爍。我只能專心盯著門口。我站起來走過去找蓋克。他在崗位上睡著了。我輕推他。

「呃，抱歉兄弟。」

「算了，老兄，我們走吧。」

「你確定？」

我點頭。「反正他會有報應的，」我說，「這太扯了。如果他這麼需要錢，就給他吧。我得去睡覺了。」

「是啊，」蓋克附和，「老喬一定會倒大楣。」

子彈還在像小籠子裡的動物到處踱步。哄騙了一番才讓他罷手。我們回到車上，我決定買早餐請他們吃。

「去卡拉超市一塊錢可以買到四個全壘打派。」子彈說。

「隨你們要吃什麼都行。」

我在田德隆放他們下車，再開到蘿倫家。我們約好晚點碰頭。子彈沒地方住，但蓋克和我都拿不出辦法。我想幫他，真的，但我連自己都顧不好。我們讓他遊蕩，約好稍後再會面。我在蘿倫的潔白床上抽菸，等自己睡著。

第九天

從蘿倫的父母離開，這三天來我們幾乎窩在她家。原來她爸有個很棒的酒窖可以讓我們（其實是我）試喝。加上我的廚藝還不錯，所以我一直從她家的食品庫挖出各種東西。早上我用法國機器煮咖啡，準備麵食、沙拉和煎蛋——暢飲薄酒萊、波爾多、黑皮諾和香提葡萄酒。

我其實挺懂食物和葡萄酒。那是我高三前的暑假，十六歲參加去巴黎的遊學計畫，只限暑期，而且規劃得相當好。你得跟其他高中的學生住在旅館，白天去上法語課，然後應該要一起吃飯，晚上一起去參加「遠足」活動。他們會登上艾菲爾鐵塔頂端或打保齡球之類的。如果喝酒會立刻被開除。

我抵達的第一晚，就認識這個叫卡普欣的女孩，她父母是我繼母的朋友。她比我大幾歲，同意帶我遊覽市區。她就住在巴黎郊外的聖克勞區。那晚我們去一家酒吧喝得大醉——至少我是。我們在蒙馬特區亂走——爬上階梯去聖心大教堂。跟這女孩和她朋友俯瞰市區，我感覺自己好老——好成熟——好酷。我很喜歡像《斷了氣》、《賭徒鮑伯》、《四百擊》、《死刑臺與電梯》那些法國新浪潮電影，走在市區，嘴上隨時叼著一根吉坦香菸，我彷彿成了楊波．貝蒙、亞蘭．德倫，或那些高不可攀、冷酷的巨星。當晚我根本沒回旅館。我跟卡普欣一起睡。不久我就開始在上午喝酒。我們去法國南部看她的家人，在聖特羅佩的葡萄園喝玫瑰酒。我一醒來就會倒杯葡萄酒，有時候是伏特加，配著咖啡一起喝。我帶了我爸的信用卡，在Chevignon和Agnès B精品店給自己買新衣服。我決定永遠不回美國。

老樣子，外表煥然一新後，我的內心或許就不會那麼黑暗。

四個月後，信用卡全部被取消，我終於不得不回家念完高中。回到灣區坐在課堂上，看著鼓舞聚會之類的事，呃，實在有點怪。原本我在蒙佩利耶喝茴香酒、騎機車到處跑——接著我突然要面對宵禁和游泳隊。我不想再當小孩了。我一直認為我一旦成年，或許獨立了，這些無助絕望感就會消失。我可以像那些電影角色一樣。毒品和酒精給了我那種感覺。只要嗑茫了，我就像再次跟卡普欣走在海灘上，向她承諾未來而且自認是真心誠意。

回來跟蘿倫在一起，我想到這多多少少算是同一回事。如今的我，老成卻又好年輕。受困，懸在成人與小孩的幻想之間。我把這些統統藏在心裡，注射越來越多的海洛因和安非他命。

我丟下蘿倫去見了蓋克幾次。我把車停在教堂街和市場路口的喜互惠超市。我們就站在街上說些「水晶，水晶，」或「你想要熬夜不累嗎？」之類的愚蠢叫賣臺詞。

經過的路人不是忽視，就是有興趣，我們跟著他們躲到暗處賣給他們一包。就這麼容易。

從來沒人抱怨我們賣的貨太小包。

我們肯定沒賺多少錢，但起碼可以想吸就吸。蓋克一直慫恿我買對講機，我認為沒必要。我猜他只是覺得那樣很酷。

我跟蓋克瓜分利潤，盡量帶錢回家給蘿倫。海洛因真的很適合她。她有吸太多冰毒就會抓狂的傾向。若是我們正在做愛，她會突然叫我安靜，認定屋裡樓上有人。當然，大多數時候聽起來確實像樓上有人。到處有敲擊聲、疑似腳步聲或關門聲。結果沒有一次是真的。我總是這麼說，「寶貝，聽好，我知道聽起來像樓上有人。永遠像樓上有人。但是我們最好假設上面沒人，否則會把我們搞瘋。萬一真的有人呢？我們又能怎樣？繼續告訴自己都是心理作用吧。因為就是這樣，妳知道嗎？」

我挺擅長那樣說服自己，但她比較堅持自己的偏執。海洛因能有效讓她冷靜。所以我們斷貨時，她會催我打給坎蒂。這時大約八點半，外面天黑了。坎蒂要兩小時才能跟我們碰面，我便提議一起散步去碉堡角。碉堡大門鎖住，我們把蘿倫的車停在懸崖上，走下磨損軋軋作響的木頭階梯。還牽著手呢。

聽蘿倫說話，我已經能夠拼湊出她高中畢業後的大半經歷。基本上跟我挺像的。她從未真的墮落到我的程度，但她還有時間。至少我是這麼想啦。她一出高中就第一次進戒毒中心，雙重診斷治療中心——能同時處理毒癮和貪食症。之後她做過幾個工作，在市區的法律事務所當臨時工，但仍然在不同的設施和戒毒計畫進進出出。顯然都沒什麼用。

碉堡角延伸到金門大橋的橋墩底下。岩石突出部分的海浪拍岸又快又猛。風從海灣開口吹進來，我們走路時海水翻騰潑濺到我們身上。馬林郡的燈火倒映在海峽和木板封死、布滿塗鴉的廢棄軍營上——被鹹味海風吹得扭曲搖晃。我牽著蘿倫的手，我們聊到一切多麼美麗，終究沒有城市真正比得上舊金山。忽然有輛看似政府的卡車開過來，我們一回頭差點被車頭燈閃瞎。蘿倫有點驚慌。

「我們該逃跑嗎？」她問。

「絕對不行。」

卡車沒找我們麻煩就開過去了。我的心跳或許有點加速。

「嚇死我了，」她抱怨說，「或許我們該回去了。」

「沒事的。」

「你一點也不擔心，是吧？」

我大笑。「妳現在才知道。」

她問起我對未來的計劃。

「我不曉得。我是說，還有什麼能做的？大家可能說我在浪費我的人生，但一切都是相對的。如果我當過律師，我會去上該死的法學院——但我不是。我是個毒蟲所以我能做什麼？吸毒，對吧？一直吸到車輪脫落[7]。我們會過得去的，蘿倫。」

我拉她過來吻她。「人生還有什麼比這更好？」我問，「自由地走在我們喜愛的城市裡——聽海的聲音——互相親吻——不時嗨一下。妳和我，我們真正活著。」

這時她笑了。「等我父母回家之後——到時怎麼辦？我們沒地方去。」

「我會找個地方。」

「給我們一起待。」

「當然。」

「所以我們算男女朋友囉？」

「如果妳想要。」

「少來，尼克。」

「是啊，我們當然是。」

我們又接吻了一會兒。

上車之後，蘿倫發現她圍巾不見了。一定是剛才掉在哪裡。我叫她待著，我沿著原路跑回去。冷得我眼淚差點掉下來，但我感覺快飛起來了——充滿感激。一切都進展得很完美。我甚至在岬角的末端找到她的圍巾。我跑回來，她很開心，我們開車去見坎蒂途中聽《托斯卡》歌劇的舊CD，同時不斷抽菸。

坎蒂的左顴骨有條先前沒有的縫合疤痕。看起來又腫又亮。她把頭髮撩到耳後問我，「怎麼回事？你隔這麼久才打來？」

「妳知道的，我比較變化無常。我只是用這玩意來平衡冰毒。」

「不過還是好貨，嗯？」

我點頭，看著她。「或許妳想要改天過來玩？」我說。

她用細長的灰眼睛打量我。她仍然化著太濃的妝，但是疤痕讓她明顯變漂亮了。那有點令我興奮。

「好啊，」她說，「但今晚不行。」

「我可以帶妳去別的地方。」

「呃，你只是個小孩子。」

「在某方面是吧。」

她把藥交出來，我給她一些錢。她點了根百樂門薄荷菸。

「再說吧。下次早點打來，好嗎？」

「沒問題。」

我開蘿倫的車回到她家。坎蒂的模樣揮之不去。感覺像條蛇纏繞在我脊椎上。她讓我想起某人——是她的氣味。然後我想起來了。

跟我爸有外遇的電影明星之妻跟他分手時，我們搬進教會區的一戶公寓。我媽為了工作被迫跟一個舊情人搬去洛杉磯，我只能在聖誕節之類的假日見到她。我爸對待我向來類似朋友而非兒子，真的。我是說，尤其在當時。他帶著我到處跑——出去晚餐，參加派對。我的教父母是一對同志伴侶，住在對街。我們會過去吃晚飯，大家一起聊政治、電影之類的。他們讓我有參與感，像個大人。

7 喻發生重大變故。

但是當然啦，我爸開始約會。他單身又年輕，讓保姆照顧我，出去社交很合理。我不確定他在哪裡認識奧黛莉——在藝廊開幕之類的地方吧——她全身刺青又是金色長髮。她或許二十一、二歲，身上隨時都有焚香氣味。她只當過我三次保姆，但我永遠忘不了她的味道。她看起來既漂亮又頹廢。她會在我快睡著時陪我爬上床抱著我，我聞著她的味道興奮起來。我盡力隱藏我的小勃起。某天晚上她租了《基督的最後誘惑》一起看。當時我才八歲。

離開坎蒂後，我想起跟奧黛莉一起躺在床上的往事。坎蒂有那種氣味，同樣的外表。有東西在撕裂我血管的網絡結構。我到家後直奔蘿倫的房間。我猛操她，不停做愛。汗浸濕了床單、床墊和地毯。

結束之後我備好一份海洛因，去冰箱選了一瓶白酒。我拿到廚房，倒了一大杯給自己。我裸體站在落地窗前，眺望下面的街道——感覺好強大。我吃了顆蘋果再帶一顆下去給蘿倫。房間裡很安靜，我大聲叫她，但是沒回應。

我在馬里布的戒毒中心工作時，他們叫我去紅十字會上心肺復甦術課程。當時我以為那是沒用的事——有個笨拙的救護員講話太快，問些愚蠢的修辭問題。那堂課或許三小時吧，我想我應該有注意學。我是說，我拿到該死的證書了。

看到蘿倫倒在地上，皮膚發青，我的反應很奇怪。我沒驚慌或任何反應。我很冷靜。我想起救護員課程。第一件事要做什麼？要搖晃他們，大聲問，「你還好嗎？」

我照做。

檢查心跳。

她有心跳。

檢查呼吸。

她沒呼吸。

好吧，接著打開呼吸道，把頭往後仰，開始壓縮胸腔。

我把嘴貼到她冰冷嬌小的嘴唇上。

快呼吸。

一，二，三，四，五。

我感覺她的肋骨和胸骨板在我下壓的重量下有點輾壓聲。我吹入空氣時，她的肚子充氣。她的胸膛也鼓起。

我伸手抓起電話，撥九一一。

快呼吸。

一，二，三，四，五。

「九一一緊急事故臺，有什麼事？」

「喔，我女朋友剛嗑海洛因嗑掛了。我們急需救護車。」

快呼吸。

一，二，三，四，五。

「你懂CPR嗎？」

「我正在做呢。」

「你們的位置在哪裡？」

「我不知道地址。海崖區。追蹤這通電話來源，好嗎？」

快呼吸。

一，二，三，四，五。

這時我開始恐慌了。幹，天啊，她不能死。她的皮膚好透明，血管是藍色的，在表皮底下隆起。

「救護車上路了，先生。」

我掛斷。

快呼吸。

一，二，三，四，五。

檢查心跳。

還在跳。

「上帝啊，」我大聲說，「我不相信祢，但是現在正是時候來個該死的奇蹟。」

呼吸。

一，二，三，四，五。

然後，她冷不防驚叫一聲，叫了又叫，終於驚醒過來。她眨兩下眼睛，哭了起來。我也抱著她哭了。

我聽到外面的警笛聲，出去告訴消防隊員她沒事，但他們還是進來查看。他們對這件事似乎有點不爽。按照規定他們必須送她去急診室，但是蘿倫拒絕。她光著身子，我們無法說服她穿上衣服。她哭個不停，聽起來活像生病的貓咪。有個壯漢威脅我們要通報警察，終於說服蘿倫。她仍然神智不清，到處搖頭晃腦。她緊抱我，基本上我得扛著她上救護車。她吻我，當時我只想把她送走。他們叫我到加大舊金山分校醫學中心跟她會合。我最討厭急診室，但我還是答應了。

我唯一進急診室的那次，其實是吸毒過量。當時我住紐約，自謀生路。我吸古柯鹼和冰毒又喝很多酒，連續兩天沒睡，我的意思是真的喝很多。有個很健壯的傢伙，我想應該叫做布萊恩吧，在一家脫掉上衣就可以免費喝酒的廉價同志酒吧搭訕我。他們就是他的毒品。我沒錢。結果我回到我的公寓發現正在進行一場同志狂歡趴。我隱約記得有人舔我的屁股，但我的老二硬不起來。於是我放棄讓任何想要上我的人上我。

在過程中我發現床頭櫃上有一瓶液態搖頭丸（GHB）。我喝掉大約四分之三，心想應該會有效。我陷入昏迷，有種完全解脫感。最後，我想，結束了，我也崩潰了。當然，我在附近的醫院醒來，喉嚨裡插著管子，手臂上有針頭，老二上接著導尿管，肋骨因為急救被壓斷。但最噁心的事，他媽的真正噁心的是我醒來的第一個念頭。我只想到，我以前把一部分好不容易弄到的一包冰毒藏在處方安眠藥Ambien瓶子裡面，就在公寓浴室。我知道東西一定還在。

我發出一陣呻吟聲讓他們把管子拔出來，他們照做，我的張口器和嘔吐物灑了一地。護士離開，我拆掉手臂上的所有針頭。老二上的導尿管是連接到一個集尿袋上。我把那玩意從馬眼裡拔出來，會灼痛，天啊真他媽的痛，怎麼拔都拔不出來。我還是繼續拉，直到痛得我求護士把這該死的東西從我身上拔掉，他們才終於同意。然後我起身，穿著醫院病人袍，想要走出大門。警衛攔住我，動手把我拖回去。我一直設法溜出去，直到他們讓我簽了自願提早出院表格，因為我給他們帶來很多麻煩。大約一週後，我就進了生平第三家戒毒中心。

我回想急診室的那晚，下樓去打了一針海洛因才開車去加大舊金山分校醫院。我抵達時他們已經收容了蘿倫，所以他們讓我進去。她坐在擁擠的中央區裡一張白色病床上。醫師護士們來回傳遞文件、說笑話、把資料輸入電腦。周圍似乎沒有其他病人，但是大家都顯得急促忙亂。有個留鯔魚髮型在腦後紮馬尾、五官溫柔的醫師正在聽語無倫次的蘿倫講話。我想他是想要問清楚她是不是企圖自殺，但他一直沒有明講。我插嘴，說她只是吸過一兩次海洛因，搞不清楚適度劑量。他講話的口氣把我當成擔憂的蘿倫父母，負責任的人。他問了我一堆問題。她的居家生活如何？她是否需要求助接受治療？他講話時我拚了命才沒有昏睡過去。我不確定我表現得好不好。我問她是否可以回家了，他說不行。她必須接受精神科醫師評估。

「我看過精神科醫師，」蘿倫說，「朱爾斯．伯納貝。他在舊金山總醫院工作。」

醫師沒理她。

「我們簽自動出院同意書就可以離開了吧？」我問。

「什麼？」醫師問。

「我住過院，我只須要求簽自動出院同意書他們就放我走了。非放不可。好嗎，醫師，我會照顧她。」

「不，不行。我看不妥當。」

「你能阻止我們嗎？」

「能。如果你想要，我們就找政府人員來。」

∞

蘿倫把皮包交給我，我親她一下，說我們會想出辦法。她一直懇求跟她的精神醫師通電話，院方好不容易同意聯絡他。我不確定該作何感想，但我走到戶外濃厚潮濕的空氣中，點了根菸踱步。或許大家都盯著我看。我掏出蘿倫的手機。半夜兩點半。不知何故我打給薩爾達。或許因為我只記得她的號碼吧。

薩爾達漂亮得出奇。我第一次看到她是在好萊塢的某次戒毒聚會上。她自稱是新來的，戴著又大又圓的墨鏡，她的紅髮自然披散在背後。整場聚會我忍不住一直看著她——突出的顴骨、有稜角的長鼻子、龜裂微張的嘴唇。她的體型好小——凹凸不平的肩膀像天使翅膀般突出。她看起來好像埃貢．席勒[8]的畫作。那天我居然向她要了電話號碼。我從來沒做過這種事。她給了我，但她正在參加治療計畫，有三個月不能接電話。我完全忘了這回事，直到某天晚上我回到以前的清醒之家[9]。我剛滿二十一歲，在中途家庭慶祝我的生日。她大約在一週前剛住進來。

我們開始聊天，我立刻覺得跟她好親近。就像跟自己交談似的。當然，後來我發現她比我大很多歲；而且，她終究還是有男朋友。加上她人生閱歷比我多得多。她嫁給那個男明星七年。她所有的男友在某方面都很有名，她的家族也同樣出名。她對這些事很低調，但我嚇到了，從不認為她會像我越來越想要她這般喜歡我。我們開始越來越長時間一起獨處。我告訴她一些沒跟別人說過的事。

某個晚上我們去日落大道的馬蒙特堡。我們喝紅茶，她抽菸，有個六七歲的小女孩，演奏扣人心弦、很極簡主義風格的鋼琴樂曲。我是說，她只是隨便彈彈的小孩，但是他媽的好聽極了。甚至有人給了她二十元小費。

我不確定我們聊了什麼，或那晚為什麼很特殊。她開車送我回家，我們在她車上親熱，她哭個不停。從那天起我感覺更加愛她了。我們一直想要分手，但最後還是會見面。

我該怎麼解釋薩爾達有什麼特別呢？當然她很好看，但還有別的因素。有種哀愁感，混雜著智慧與痛苦的幽默。無論那是什麼，我感覺就像可以看到她閃爍的銀色靈魂底部，仰臥著在掙扎的蠹蟲。我也感覺我們注定要在一起——她，凍齡的美人，和我，老頭兼小孩。我們親吻和做愛時，那是我前所未有的體

---

8 Egon Schiele（1890-1918），奧地利表現主義畫家。

9 Sober Living，提供戒毒者回歸社會之前的中途住所機構。

驗——而且不靠毒品。

但她不肯為了我離開麥克。我不清楚理由。或許她對我沒有安全感。或許我真的太年輕了。我很傷心——我是說真的。

總之，我用蘿倫的手機打給薩爾達。她沒接。我留下胡言亂語的留言。即使只聽到她的預錄聲音都引起好多回憶。這讓我的確有點生氣，我掛斷，繼續踱步。

最後，我回到等候室嘗試在兩張橘色塑膠椅上睡覺——結果不行。我的雙腿一直抽搐。另一個問題是，我真的很想小便，但是海洛因大概讓我的肌肉太放鬆，因為我尿不出來。這時有一群黑皮膚的西裔婦女在候診區大聲交談，聲音在油布毯上迴盪。我決定在醫院裡到處走走，反正櫃檯的小姐告訴我精神醫師還沒過來看蘿倫。

我搭了一會兒電梯，猜想裡面有沒有監視器——或許我可以停下電梯在裡面打針。但是不行，我太魯莽了，裡面很可能有監視器。所以我只是上樓下樓。連電梯都有該死的醫院氣味。我有個朋友的媽媽凱莉在奧克蘭某醫院當護士。為了高中畢業，我必須做一堆社區服務工作。凱莉同意在醫院裡指導我兩天。我記得最清楚的事情之一就是有個肚子大到可怕的傢伙。他很瘦，但是肚子超巨大。我們等候凱莉時我跟他坐在一起。他問我關於學校什麼的問題。他很善良、有禮貌又積極。凱莉進來叫他脫掉上衣，他照做。他做的是結腸造口手術；腸子被繞道體外。問題是，他的傷口底下產生大量膿液。我告退去拿水，差點暈倒在走廊上。後來凱莉告訴我他再過幾個月就會死。

我記得的另一件事，有個精神分裂症的毒蟲想要跳樓自殺。他摔斷脖子，但是沒死——結果他四肢癱瘓。

「我們必須檢查他屁股上這個小傷口。」凱莉說。

她掀開被單，這傢伙的左臂幾乎消失了。被某種吞噬肌肉的疾病爛光了。現場迅速瀰漫腐肉與大便的臭味。這次我在外面的走廊不省人事。隔天她叫我跟著一個泌尿科醫師巡房——在老人的陰莖接導尿管。

我走出電梯去探視蘿倫。他們告訴我她在睡覺，他們幫她打了點滴補充水分。我用蘿倫的手機打給蓋克。他爸接的。

「嗨麥克，我是尼克，你們還沒睡嗎？」

「老樣子。你要找小蓋嗎？」

「當然。他媽的，蘿倫嗑掛了。我在加大舊金山分校醫院急診室。」

「她還好嗎？」

「是啊。我被迫幫她急救什麼的，但她還活著。」

「你還好嗎？」

「是，我想是吧，謝謝，麥克。」

他去叫蓋克。我很驚訝這些該死的人竟然這麼善良。

我把事情告訴蓋克，問他能不能幫我弄些大麻來。

「老兄，我還有一點。我要花一小時搭公車才能到那邊。」

「我就在這兒等著。」

「好吧。」

大約兩小時後我們在醫院前碰面。我們在蘿倫的車上注射了一點安非他命，然後抽大麻。我感到愚蠢的快感。

「原來你救了她一命，」蓋克說，「這他媽的太驚險了。」我發誓這呆子從來不換衣服。他頭上綁著同樣的頭帶，像《小子難纏》電影那樣。

「是啊，」我說，「我對這整件事冷靜到詭異的程度。」

「等她發現你為她做的事一定會很感動。」

「是啊，要不是我，她一開始就不會嗑掛。」

「不對，她只是在找藉口破戒，是吧？早晚會發生的。你知道嗎，我女朋友就住在這附近。」

「你女朋友？」

「是啊，老兄，她叫艾琳。」

「幹，改天我們得一起出來玩。」

「她才十七歲。」

「所以咧？」

他告訴我他們如何認識，其實是想要賣藥給她。她跟她媽一起住，還在上高中之類的。蓋克講了很多，我們到處散步。加大舊金山分校醫院位於俯瞰金門公園的山丘上，茂密森林和尤加利樹林裡。這裡總是霧氣籠罩，瀰漫既詭異又宜人的凝滯濕氣。

「我超愛這個城市。」我說。

「是喔。」

二十分鐘後蘿倫的手機響了，我接聽。

是蘿倫從醫院打來。

「尼克，你在哪兒？」

「在外面。我們可以走了嗎？」

「是啊，你得來填一些文件表格。」

「我嗎？」

「對啊，幹嘛？有什麼問題？」

「沒事。我馬上過去。」

我跟蓋克道別，約好晚點再見。他說他要走路送艾琳去學校。這時才清晨五點鐘。

我走進醫院。我太茫了不適合幹這檔事。

裡面那些人要我保證緊緊盯著蘿倫確保她好好休息。我答應了——照例，我是負責人。然後我簽了些文件，帶她回家。

我用棉花球裡剩下的海洛因給我們倆都打了一針。天亮時我們做愛，過程中她幾乎沒說話。我注意到她變好瘦。她的骨頭會壓痛我。十點鐘左右我們陷入昏迷。

第十天

幾小時過後電話鈴響個不停。家裡的話機和蘿倫的手機都響個不停。有些光線從窗戶照進來，我看得出不早了，外面是晴天。蘿倫手機上的來電顯示一直出現「爸」。

他一直打來。蘿倫從頭到尾沒被吵醒，但我感覺有點憂慮不安，所以我搖醒她。

「什麼？幹什麼？」

「欸，妳爸一直打來。他們一定聽到昨晚出事的消息了。」

「幹。我敢說是該死的鄰居通知他們的。」

她眼睛腫脹，披頭散髮。她的乳房怪異地下垂，嬌小的體型顯得很突兀。

「要我去煮些咖啡嗎？」我問。

「好啊。我再睡一會兒，再想該怎麼說。」

「好。」

「尼克？」

「嗯。」

「你救了我的命。」

「沒有啦，算了。」

「我愛上你了。」

「嗯，我也是，蘿倫。」

我感覺這是真心的，但是誰也無法確定。

我上樓去，這裡又亮又熱。我煮好咖啡，做了荷包蛋配酪梨和煎蘑菇。等這些東西冷卻的空檔，我準備好一針冰毒。我戳進血管，但我把血液倒抽進針筒，我的手抖了一下，感到手臂一陣灼痛。我繼續找其他位置。或許過了十分鐘，我還是找不到任何該死的血管。接著我忽然發現活塞裡面的壓力累積太高了，所以我拔出來設法消除。血已經在針頭上凝結。我按了又按，什麼也擠不出來。最後我猛力一按，終於通了，血噴濺在廚房白牆上到處都是。之後我又嘗試找血管，終於注射成功，不過我相當確定我浪費了該死的一整劑。我想要清理血跡，但那玩意已經乾掉，非常難清。我吃荷包蛋配吐司，喝加了一大堆糖的咖啡。

要是蘿倫的父母知道她毒癮復發，我猜我大概完蛋了。他們很可能會提早回家，到時這一切奢侈生活就要結束。我拿蘿倫的咖啡下去給她，不禁有點後悔當初叫了該死的救護車。她會沒事的。不過當然了，我永遠不得而知。

我叫不醒她，終於叫醒後她哭了一會兒。

「妳得打電話給他們。」我說。

「是啊。」

「妳要我迴避一下嗎？」

「只要幾分鐘。欸……你可以幫我打針嗎？」

我可以。我在她手腕上命中了血管。我只找得到這條。

打完後我去後院抽菸。風在柏樹林和長草地上吹出花紋。外面有三隻我先前沒留意到的柯基犬。不知道多久沒人餵他們了。他們都對我吠，但我不理會。不知何故溫暖的空氣和清澈的天空似乎在嘲笑我。我知道自己變得很蒼白。或許我該去游個泳，但我沒力氣。連冰毒都沒辦法讓我像以前那麼嗨了。

我抽到第三根菸時，蘿倫打開後門。她哭得唏哩嘩啦，臉孔都扭曲了。「他要跟你講話。」

「我？」不知何故我覺得恐懼，好像腸胃都要掉出來了。

「拜託。」她懇求。

於是我進去看到被拿起來，放在床上的電話筒。我拿起話筒坐下來，說「喂，哈囉？」時聲音卡在喉嚨裡出不來。

另一端的男性聲音哭得斷斷續續。他有種高尚尊貴的南方口音。

「你是尼克？」他說。

「是啊。」

「我記得以前見過你。你跟蘿倫上同一所高中？」

「是。」

「尼克，蘿倫告訴我昨晚你救了她一命。孩子，我無法表達這對我多麼意義重大。我很愛我女兒，我——唉——我很感激你救了她，知道嗎？」他哽咽起來。

「我知道你也希望她過最好的生活，」他繼續說，「所以我想請求你——乞求吧。幫我救救蘿倫，好嗎？」他跟我交談過程中有股哄騙的口氣，好像在跟幼童說話。不過我還是配合。

「好，當然。」

他繼續描述蘿倫在治療中心的某些經歷。他告訴我她是毒蟲，不能當成普通人看待有的沒的。我不發一語聽他說。他要求我設法說服蘿倫去個人治療師在聖塔克魯茲的家裡待一個星期。他了解她不想回到戒毒中心，但這樣應該是個不錯的妥協。我答應了，告訴他我會盡力。他說他知道可以相信我。我心裡感覺挺彆扭的。

「好了，叫蘿倫來聽電話。」他說。

我把話筒遞過去。

蘿倫搔搔後頸，連說了幾次「ＯＫ」，然後掛斷。

「朱爾斯下班後會過來帶我去聖塔克魯茲。」

「那是你的心理醫師，對吧？」

「是啊。」

「我說過我會勸妳去。」

「我不必去，你知道嗎？」她抬頭看著我。我發現她眼睛變得濕亮又發紅，好像包著一層蠟紙。

「我馬上收拾行李，」她說，「我跟你走。」

我想了一下。老實說，我不認為蘿倫能忍受跟我住在車上。我需要她在這棟房子，拿到她父母的錢。並非我不在乎她，我只是盡量務實。我們得小心處世——不要拋棄對我們有用的東西。我這樣告訴她，她又哭了。我喝掉昨晚剩的溫白酒，但她不想喝酒。我們倦怠地做愛殺時間。梳洗完，她打包行李，我也到處收拾我的私物。我正要離開時，蘿倫攔住我。

「欸，」她說，「你何不留在這裡？」

「這裡？」

她說她會把車子和房子鑰匙留給我。她說只會在朱爾斯家待一夜，算是給大家一個交代，然後我就可以去接她。

「我愛你。」她說。

「我也愛妳。」

她要我保證看家期間不讓別人住在這裡。我當然答應。

然後我離開，不希望她的精神醫師看到我在這兒。我開走蘿倫的車。

精神醫師和治療師真是個奇怪的事。我是說，我一輩子都在做該死的心理治療。這好像有點變成我爸的宗教。我媽搬走之後，他們要我去看城裡的一個心理醫師。她是個穿寬大洋裝的胖女人，上唇還長了鬍子。大半時間我只是在她辦公室裡玩人偶和玩具。她有棟小木屋讓我把人偶放進去。我記得她用很平靜的口氣問過我，每個人偶住在哪裡。我指出娃娃屋裡的不同房間。

「這是爹地住的地方，」我說，對她指出小屋的一側。「這邊是媽咪住的。」

我指指小屋的另一側。

「那個娃娃呢？」她指著還在我手上的人偶問。

「喔，那是小孩，」我說，「小孩沒地方住——他睡在外面。」

她在資料夾上寫字。

不過，我作過那麼多治療，沒有一次能真正解決我內心的撕裂感。我學會了如何自我表達，如此而已。而且不知何故，找出我問題的根源——像是害怕被拋棄之類的——半點該死的幫助也沒有。我可以看清自己為何表現出某種方式，但不會讓我有任何改變。我尋求瘋狂，被它吸引。沒有任何治療能矯正這點。

我早期認真交往的對象之一，有個叫萊芮克的女生。她比我大一歲，而且上的是敵對的高中。她是個品德端正、天性善良的優等生，後來進哈佛。其實，她也有貪食症，常跟我喝得爛醉。我是說，即使當年我只有十六歲，酗酒嗑藥已經開始控制我的生活。她完全不像我這麼糟糕——不過我們通常會從中午左右開始喝，一路喝到睡前。

我總是會跟這種女孩在一起。我有種奇特磁力之類的會吸引她們，也受她們吸引。知道這一切都跟我童年有關並沒有半點屁用。

總之我離開蘿倫家，開她的車到田德隆區，口袋裡揣著她父母家的鑰匙。我聽著音樂感覺好幸福——就像是這該死的世界中最強的騙子。這不完全是演戲。我感覺蘿倫跟我很像——無助的小孩，焦慮的自毀傾向，她假裝不在乎的樣子。

我用公共電話打給蓋克，我們約好在他的旅館前碰面。我的冰毒快用光了，所以晚點我們得補貨。我去銀行領了些錢。我必須進去找行員，因為我被迫扔掉提款卡。神奇的是我成功在老喬盜領之前註銷卡片，但我只剩一千元出頭。燒錢的速度快得嚇人，但我猜想蓋克跟我可以努力賺回來。

天上的太陽在下沉，天色仍然晴朗炎熱。快六點鐘了。有種感覺好像，呃，好像命運站在我這邊。任何懷疑都被毒品、蘿倫車上的音樂跟有的沒的東西解決了。我搖下車窗，嘴裡叼根菸。我因為生活這麼美好竟然哭了——至少當時我是這麼想的。

蓋克讓我看他穿的新鞋子。

「我爸買給我的。」他說。

是粗鞋帶的黑色滑板鞋。

「酷喔，兄弟。」

「蘿倫怎麼樣了？」

我告訴他，她爸和聖塔克魯茲的治療師等等事情經過。

「你有鑰匙嗎？」他說。

「有啊。欸，我們應該去接你女朋友帶她去。我想認識她。」

「沒問題。」

「我也得再進點貨。」

「行。我有個主意。」

我們開到教堂路和市場路口，在附近亂逛一會兒。我試著讓蓋克多講一點他自己的經歷。我一直說他這些故事是很好的寫書材料。

「我的街頭教育。」我告訴他。

「是啊，兄弟，你表現挺好的。一定有什麼瘋狂天使在指引你。」

「你也是，兄弟。我是說，認識你真是太好了。我要推銷這個故事，兄弟，或許投稿到《舊金山週刊》之類的。」

「老兄，我一定會紅。」

「你應得的。」

蓋克告訴我他養父母的事，他們住在納帕谷地。他十二歲逃家進城。直到一年多以前，他一直在街頭和養父母在索諾瑪附近的拖車之間來來去去。他住過全市各種不同的空屋和廢墟。只有走投無路他才會回家。當他親生父親一回來找他，他就搬去跟他住。他爸的背不太好，需要很多協助才能到處行動——況且他還吃很多止痛藥。蓋克對他爸的底細所知不多。

蓋克偶爾會去見他母親。她也住在納帕。她戒毒過六年——參加十二步驟聚會之類的。他自認為還算喜歡她。他對整個狀況似乎挺能接受的——不過他手臂上那些傷痕暗示或許並非如此。

我在開車，無法讓蓋克說出我想聽的事情。他一直重複說，「到時候就知道了。」

「什麼事？」我問。

「走著瞧。」

我們開了好久。酒吧剛開門，最早的晚餐人潮聚集在市場路的不同餐廳周圍。街頭遊童零星坐在喜互惠超市前，想嗨一下卻沒錢，大概吧。我看到一些買過我們藥的小孩，但我不知道他們的名字。我心不在焉地猜想他們的父母、家庭、童年什麼的。他們的穿著都很像——有很多拉鍊的緊身褲、靴子、帽T——越黑越好。

我們在這街區多繞了幾圈。

「那邊。」蓋克伸手指著說。

「什麼？」

「那邊。停一下。」

蓋克沿著街道跑走，我等著。我在CD播放機上找想聽的歌。我選了談話頭樂團（Talking Heads）的現場LIVE專輯第十首，〈*This Must Be the Place*〉。不知何故我似乎一下就找到了。

怪了，因為這是我父母的朋友提姆和蘇珊在他們婚禮上跳舞用的歌。他們在我們雷耶斯角的家裡辦婚禮。蘇珊在我小時候當過我保姆。但我長大後，我跟她男朋友提姆的交情變得很好。提姆跟我差不多同時開始玩衝浪，我們會一起去聖塔克魯茲。我們會整天在四哩灘、鉤灘，或巨輪航道衝浪——在好冷好冷的海水中漂浮，聊音樂之類的。我們大約在早上六點離開，到海灘咖啡館買咖啡和瑪芬。我們會在戶外待很久，要是我們進聖塔克魯茲市區，就去El Toro買墨西哥捲餅，或柯爾烤肉店。提姆會把他常在阿米巴買的新音樂做成合輯給我，那是在海特區的一家大型唱片行。他跟大舅子老席會帶我去夜店。我們跳舞、打撞球。提姆很會跳舞。

老席介紹我接觸哲學和波特萊爾、韓波及卡繆的作品。他從中國來，出生在文化大革命的動亂時代。提姆和老席這兩個人都是我眼中的英雄。我跟他們廝混可說是獲益不少。

在婚禮上，提姆和蘇珊走過中央走道時，有墨西哥樂隊在我家庭院裡演奏。DJ是個大概六呎五吋高、活像歹徒的傢伙，來自市場路南邊一家酒吧。提姆和蘇珊一起跟著談話頭的歌曲跳舞。他們摟著彼此跳舞。歌詞好像是：「我會愛你直到我心跳停止——愛你直到我死。」

現在聽到這首歌，我回想起那一晚。我為賓客剝牡蠣，幫忙設置擴音器，幫忙建造舞池上的遮雨棚。當然，我也加入跳舞聊天，然後隔天早起去德雷克灣衝浪。

這時蓋克帶著一個較年長、自然捲的紅色長髮、白皮膚、滿臉雀斑的女孩回到車上。她坐到後座，蓋克坐到我旁邊說，「這是安琪拉。她需要搭車回去市場路。我們可以送她一程嗎？」

我自我介紹。她一直說我的車多麼漂亮，我設法讓她了解這不是我的車——是別的女生的車，我就像蓋克一樣，只是喪家之犬。我們唯一的差別是運氣，或上帝，或宿命，隨便啦——加上我工作時沒吸毒存了些錢，有的沒的理由。

蓋克這時看我的表情，好像要我閉嘴——或者應該說同情我老是想要自我解釋，執著於讓人認識我，讓他們喜歡我，我不知道什麼理由。我必須冷靜，打一點藥，換掉這張該死的CD。

我們開到市場路旁某條小巷時，蓋克和安琪拉說他們要回她家一會兒。我抽菸冷靜下來，強迫自己閉嘴。蓋克和安琪拉在車上沒講太多話，我總會因此緊張——但我還是告訴自己沒關係。這時他們沿著巷子走掉，但蓋克又跑回來探頭進車窗裡。

「老兄，我需要你的皮夾。」

「什麼？」

「她要幫我安排買貨——但她必須相信這是我的錢。」

「那個女生？」

「相信我。」

我把皮夾交給他。

我打了一點海洛因，然後不斷放鬆打盹，等他們回來。其實他敲車門把我驚醒時，我正陷入某種夢境或幻覺中。

他像個瘋子一樣傻笑。

「老兄，這玩意很不錯喔。」

「你買了多少？」

「八分之一盎司。」

「我操。」

「所以我們得平分這些量——灌水——稀釋。好嗎？」

「你還想去蘿倫家嗎？」

「當然好啊。」

「我們要留多少自用？」

「一半。」

「沒問題。」

我們開車回到蘿倫家。我從蓋瑞街的店叫了一些點心和半打青島啤酒外送。

「你應該叫你馬子過來的。」我說。

「真的嗎？」

「是啊。」

「欸，她從來沒注射過冰毒。你想我可以借用一點讓她嗨一下嗎？」

「當然，兄弟。」

我們在廚房裡吃了包子和炒麵，喝啤酒，然後抽菸。

「有好多房間喔。」蓋克說。

「對啊。」

「我從來沒進過這麼漂亮的房子。」

「是喔。」

「我去接艾琳過來。」

「慢慢來。」

他離開後我決定借用蘿倫繼母的電腦收信。走上鋪地毯的樓梯時，我聽到重複的怪異叫聲。我走下去打開後門。三隻狗兒對著門吠。我放他們進來，到處找狗食餵他們。我猜我有點不好意思把他們關在外面。外頭又濕又冷呢。

蘿倫繼母的辦公室在二樓，堆了很多文件還有蘿倫的照片——但是蘿倫同父異母的妹妹照片更多。她看來大約是我弟的年紀，但白金髮色像我以前一樣。我登入查看我的電子郵件。一則也沒有。沒人寫信給我。甚至沒人想要求我回家。我的家人毫無音訊——全都無聲無息。我猶豫在試用那些安非他命之前是否該等蓋克和他馬子來。我判斷最好等一下，但是同時我可以喝瓶紅酒。我選了一瓶好酒準備開始寫個關於蓋克、子彈和所有人的故事構想。我猜想應該會寄給《舊金山週刊》或《衛報》吧。我寫作通常很快，但我至少會堅持花一小時設法琢磨出完美的措辭。即使改完後，留在頁面上的內容仍然很難看懂。

突然間我害怕了。以前寫作對我從來不費力。不知怎地當個毒品驅使的素人藝術家一直很吸引我。我記得我認識一個在紐約的藝術家，他是復健中的海洛因毒蟲兼大牌畫家。他曾經說過如果吸毒能幫他創作更好的作品，那他肯定不會戒掉。他沒吸毒的時候作品比較好。他說，藝術畢竟是最重要的事。當時我也相信這一點。

門鈴響起。我下樓放蓋克和他馬子進來。那三隻狗跟著我走到門口。

艾琳看起來或許十一、二歲吧。她完全是未開發狀態——聲音又尖又軟，鼻子很小。她的金髮又短又亂。她全身都有穿孔。她穿著太大的帽T、牛仔褲和Converse網球鞋。褐色眼睛睜得好大。她一踏進門居然發出驚呼。「這裡好漂亮。」

「喝葡萄酒嗎？」我把我的杯子給她，她直接喝掉。「我們下樓去吧。」

這女孩好緊張，她話都講不太出來。我放了阿蒙．托賓（Amon Tobin）的舊專輯——蓋克為大家準備針劑。

「第一次，是吧？」我說，突然感覺自己好丟臉。

「嗯哼。」

「我們不能給她太多，」他說，「明天她得上學。」

我看著蓋克，發現他所謂的不太多比我設想的第一次分量多得多——尤其這玩意如果像他說的這麼猛。但我還是沒說什麼。我只問艾琳關於學校和朋友的雜事。她的回答似乎很難超過兩個字。

蓋克向她舉起針頭，她捲起毛衣，手臂上有很多白色疤痕。

「妳割過腕，嗯？」我問。

「對。」

「挺性感的。」

「不，才怪，」蓋克說，捏捏她的二頭肌讓血管浮現。「她不會再做這種事了。」

她翻翻白眼作個鬼臉。

蓋克命中血管打進去之後，她開始喘不過氣。「我要……我要……」

「那邊。」我說。

她衝進浴室在我希望是馬桶的地方嘔吐。反正聽起來像是。

「女生總是會吐。」蓋克說。

「呃，你給她打了一卡車那麼多耶。」

我聽到浴室傳出她的叫聲。「蓋克，給我一根菸。」

他看著我，我拿出我的菸放在地上。

「寶貝，妳還好嗎？」

「我想是吧。該死，這感覺挺爽的，嗯？」

我聽了大笑。「你們應該上樓去——看看其他的房間。」我說。

「好啊。謝了，兄弟。」

蓋克幫我注射，這玩意非常棒。我感到一陣性衝動之類的，很突然——或許像性高潮。我認為比那更爽。

我雙手抱頭。

「很棒，對吧？」

「是啊。趕快帶女生上樓吧。」

我調高音樂聲量，讓他們去做愛或隨便幹嘛。我用蘿倫的油性彩色粉筆在一塊紙板上畫圖。至少我還能做這個。畫個不太需要動腦筋的圖。

我發誓感覺好像才十分鐘，蓋克和他馬子就下樓回來，她有點激動地說，「蓋克，快點，快點。」

「我們該走了，」他跟我說，「我還會回來。」

艾琳沒向我說什麼——她拉著蓋克一臉驚慌。

他肯定給她過量了。我只見過一次吸安非他命後精神錯亂。有個叫安妮卡的藥頭，是我朋友泰勒的馬子，很喜歡吸安。我去她在鍋柄區的家想買個二十元包裝，但她一走到門口立刻豎起手指放在唇上——叫我安靜，有警察在外面。很詭異，因為完全無法跟她講理。她一直說這些瘋話，「我知道怎麼回事。你認為我他媽的很笨。呃，我不笨。我知道。我知道。」

最後我走了，因為她開始對我吼叫——而且不肯賣藥給我。我只好大老遠跑到該死的奧克蘭去買。我聽說當晚她入院了。

總之希望艾琳不會瘋掉。她實在太年輕了。

他們走後我鎖上門，然後打電話給蘿倫。她接聽，聽起來很恍神。

「尼克？」

「是啊。」

「寶貝，我在睡覺。」

「是喔。」

「你明天得來接我。」

「妳確定嗎？」

「是啊。」她打個呵欠，「我愛你。明天早上再打給我。」

「ＯＫ。」

「我愛你。」

「我也愛妳。」

掛斷電話，我又畫圖聽了一會兒音樂。

蓋克直到，呃，一點半左右才回來。他上氣不接下氣。「我們動手吧。」他說。

「要幹什麼？艾琳沒事吧？」

「我猜是吧。她發神經似的——說她得躺在床上睡一下。」

「睡覺？老兄，怎麼可能。」

「是啊，呃，來吧。我們得把貨稀釋。我有一些維他命Ｂ，我們可以用來混合。」

「隨你怎麼說，兄弟。」

我們到廚房去找了個杯子，把一堆結晶體和維他命Ｂ粉末倒進去。我們加入一點水放在爐子火焰上開始溶化。形成液體之後，我們灑在烘焙紙上放進冷凍庫裡。其實全是蓋克負責動手。五分鐘後我們拿出紙來，維他命Ｂ和安毒結晶已經融合，形成一層看似肥皂的東西。他搗碎紙上的所有碎片再放到流理臺上。看起來是淡黃色的粉末。

「這是什麼鬼東西？」

「別擔心，」他說，「我們只需要多加點結晶。」

我拿出八分之一盎司——我們的這份和要稀釋的那份。兩份看起來已經夠少了。

「天啊，」我說，「我們吸掉好多。」

「是啊。」

我第一次注意到蓋克的嘴在抽動。他睜大眼睛猛眨眼。我低頭看我正在猛發抖的手。

「幹，兄弟，我們是不是吸太多了？」

「不，沒關係，」蓋克說，「我們只是必須專心。剩下的藥都給我。」

「你確定知道怎麼辦嗎？」

他問我他有沒有搞砸過，我把藥交給他，一面搖搖頭。他重複整個泡製與冷卻過程。完成品，呃，比之前好一點，但還是鬆鬆粉粉的又泛黃。

「老兄，我絕不會買這種東西。」

「沒關係啦。」他說。

他又試了幾次——冷卻久一點，短一點，嘗試用不同方式稀釋。不知怎地，每試一次，分量似乎越來越少。

「管他的，」他終於說，「這樣應該可以了。」

「啊？」

「我們得告訴顧客這玩意是原料——沒有精煉。大家還是會買。相信我。聽著，最好由我來包裝。」

我下去拿我的鞋子、外套和隨身物品。我上來時，所有「原料」冰毒都分裝到小塑膠袋裡了。理論上，每包應該賣二十元。我懷疑地看著它，沒說話。我知道蓋克盡力了。

「對不起，兄弟，」最後他說，「我們以後別這樣稀釋了。」

我笑了。「那還用說。」

「但是別怕，沒問題的。」

時候很晚了，大約凌晨三點，但是遊童們還在教堂路和市場路口的連鎖超市門前晃蕩。我在車上等候，蓋克去搭訕其中幾個。過幾分鐘他回來了。

「該死的傢伙，兄弟，永遠都沒錢。我們去卡斯楚街吧。」

我們快步走過市場路，周圍都沒人——我是說，真的沒人。不過距離喜互惠超市大約一個街區外，有個留著漂白的戰士髮型、穿綁帶式大靴子的龐克造型老兄向我們喊叫。我們停下來。他走過來想要買包二十元。他臉上鬍鬚有點灰白、眼神很恍惚。

他看著我們給他的袋子半天。「這是什麼鬼東西？」

「這是原料，老兄，不純砍頭。」

「呸，才怪。」

「欸，兄弟，試試看。我們過，呃，二十分鐘會回來。」

「好吧，如果這玩意不好，我會找到你們。」

「別擔心。」

男子交給蓋克一張皺巴巴的二十元鈔票，我們繼續沿街走。人行道前面有個人在睡覺，像屍體似的裹在毯子裡。我們只好跨過他。

我們在卡斯楚街成功賣掉一包給外地進城的一對同志情侶。看著這些人在第十八街周圍晃蕩讓我腸胃糾結。我好像認得其中一個人——開白色野馬跑車的亞洲人。他一直繞圈子，繞個不停。但是，不對，我確定不是他。

我們回頭走向喜互惠超市，看到那個戰士頭的小子迎面走來。他一直摸他的鼻子。

「怎麼啦？」蓋克問。

「老兄，」他說，一直抽搐。「這玩意不太對勁。」

「才怪，兄弟，你嗑茫了。」

「是啊，但是不對勁。我要退錢。」

「每個人都這麼說。」我說。

「是啊，兄弟，門都沒有。」

「老兄，你最好別耍我——你休想賣這種假貨還假裝沒事。」

他的下巴抖得好厲害。我感到腦中一股急流——或敲擊——隨便啦。

蓋克繼續走路。「你知道那是真貨，兄弟。」

「裡面有speed，沒錯，但是你加料了。」

「隨你說，兄弟，你茫了。」

「你休想逃得掉。」

他靠我好近，兄弟，我聞到他全身上下的汗臭味。蓋克一直走一直走，腳步絲毫不停。

「你要是不退錢，老兄，我會告訴大家你們在賣假貨。」

這時蓋克轉身在他面前擺出備戰架勢。「好了，鬧夠了。馬上……給我滾。」他作勢衝向戰士頭小子，對方退縮了一步。我站在蓋克旁邊握緊拳頭，那小子跑掉，一面大喊，「你們他媽的死定了。」

我的心跳有點加速。其實，好像在撞擊我的胸膛和鎖骨什麼的。「那是怎麼回事？」我問。

「沒什麼。我們走吧。」

我們回到我的車上，呃，應該說蘿倫的車上。蓋克一直叫我別擔心。如果我給他一些貨隨身帶著，他會賣得掉，沒問題。一切都沒問題，他一直說。我第一次心裡不太確定了。我回想戒毒的生活——工作，早起去騎單車什麼的，看電影。我兩個多禮拜沒看報了。可能爆發新戰爭而我一無所知。但這是我想過的生活，對吧？我是說，我比較快樂了。

我們到處開了一陣子，我覺得好像沒別的事做，只能注射更多藥——或抽更多菸。我們回到蘿倫家，當晚剩餘時間在她房間裡胡搞，什麼正事也沒做。蓋克成功拆開我的一臺會跳針的ＣＤ隨身聽，但是組不回去。我們只好把它扔掉。我的海洛因差不多用光了，只剩一點留著早晨用——不過當然了，現在已經不是早晨。我們終於睡著時太陽已經升起。我懷疑這樣子值不值得。我們有點像是鬼打牆。我醒來後，到浴室裡嘔吐了一會兒。我躺在磁磚地板上，因為沒人看，我哭了一下子。這感覺席捲我全身，但沒流出多少眼淚。我在冒汗發抖而且身上好臭。我洗了澡，卻怎麼也洗不掉酸味。我的皮膚變灰、剝落、破裂。我的身體在自我吞噬。

第十五天

打完剩下的海洛因和一些安毒之後，我擺脫懷疑感一會兒。我打給蘿倫，她還在等我去接她，我努力專心聽她告訴我的路線。

我在田德隆放蓋克下車，他保證會盡量賣掉那些散裝摻水貨。聖塔克魯茲大約就在，呃，市區南方兩小時車程外，但我感覺好像要遠征之類的——解救蘿倫，安排越獄。

海岸公路沿著太平洋岸延伸，經過帕西菲卡鎮，沿著魔鬼坡上升——這段凶險的山路跟幾百呎下方的海水之間幾乎沒有護欄——然後蜿蜒下降到海濱小鎮聖塔克魯茲。懸崖又陡又險，海洋起伏、翻騰，拍打岩石。杉樹、尤加利樹、松樹和橡樹在強烈海風吹拂下不斷搖擺。一切都被鹽分和濕氣腐蝕，房屋蒼白、褪色又變形。我故意急轉彎，玩得很開心。

蘿倫的心理醫師住在一個封閉式社區裡，所有街道都是「莓」的名稱——惰莓、越橘莓、波森莓等等。大門的警衛教我如何找到朱爾斯的房子。看起來跟其他房屋沒兩樣。真的很大，但是沒品味——方塊狀、褐色、平庸、沒油漆。我停進車道，靜坐了一會兒，調整呼吸。

我正在想接著怎麼辦的時候，前門打開了。我只想到抽根菸，但我看到有個女人出來迎接我之後緊張地踩熄——至少，我希望這是她的來意。她留短捲髮，染色以掩飾白髮。她有點胖又化了濃妝——衣服很保守，一點也不時髦。我下車。

「你一定是尼克。」她太過親切地說。

「是啊。」

「我是露絲安。」

我跟她握手，眼神交會。我微笑。

「請進。」她說，我跟在她後面走。

房子外面是一片高爾夫球場和海洋。兩個青少女正在玻璃長桌邊吃大碗冰淇淋。蘿倫和一個禿頭、蒼白、穿襯衫的男子坐在兩張有坐墊的金屬椅上，正在戶外交談。我猜想那一定是朱爾斯。

「要來杯果汁嗎？」露絲安問，聲音還是太過開朗。

「呃，好啊。」

「蘋果還是葡萄？」

「蘋果，麻煩了。謝謝。」

她倒了一杯給我。

「我該出去找他們嗎？」

「是啊。」她說。

我走到戶外的午後強風中，男子立刻起身跟我握手。

「尼克，我是朱爾斯。」他說。他的聲音溫和迷人，很像我們在戒毒中心被迫收聽該死的導引冥想錄音帶裡的講者。

蘿倫點了根菸，我跟著做。我拉過一張椅子坐在她旁邊，手放在她大腿上。她則把頭倚在我肩上。

朱爾斯盡量友善地告訴我，讓蘿倫跟我回城裡是個餿主意。他不斷變換翹腳，修長蒼白、塗了指甲油的手指交握。他說如果我真的愛蘿倫，就會讓她獨自戒毒一陣子。我看著他的眼睛，好漂亮的藍色。我說我想幫蘿倫，但這終究該由她選擇。況且，我們必須把我們進行中的事情做完。我們很快就會停止惡化。

他試著跟我講理。他問我吸海洛因過量難道還不夠糟嗎。我一再重申這該由蘿倫決定，她說她想要回家。她向朱爾斯保證不會再吸。

他顯然不相信她，但反正他不能阻止我們。他稍微試探我的底細。我老實回答。我不隱瞞任何事。

「是啊，我肯定是毒蟲。不過，呃，目前我還過得去。我是說，我知道不會有好結局——但我得自己撐過去。」

「你無法被迫戒毒，」他說，「必須自願才行。」

他提議改天免費出診來看我——或許讓我服點藥。我迷迷糊糊地道謝。朱爾斯從頭到尾沒說多少話。蘿倫看起來真的很恍惚——又疲憊，我了解她超過二十四小時沒吸安非他命。憂鬱症、痛苦的睏倦感正在肆虐她。我們走出去時我還得用手臂撐住她。

「你們犯了大錯。」朱爾斯說。

「或許吧。」

我們一離開，趕緊停車，我把風注意巡邏車，讓蘿倫用剩下的純粹安毒解癮。我用掉的肯定多過我賣掉的，這顯然很糟糕。

我盡量不去想缺錢和以這個消耗速度存貨撐不過一週的問題。在冰毒和海洛因之間，蓋克、我和蘿倫每天用掉超過兩百美元。要是加上吃飯、香菸和遲早必須找蘿倫父母家以外的地方住，呃，我感覺得到入不敷出的結局。我盡量不去想，但你也知道沒用的。

「寶貝，好點沒？」我問。

她說她愛我，我開車回家。「我們真的得縮減用量。」她說。

我同意，牽起她的手。「是啊，加上蓋克搞砸了整整十六分之一盎司。不能賣了。我們必須很小心處理剩下的量。」

她告訴我朱爾斯說，如果她離開他必須通知她父母。我問這是什麼意思。

「他們會回家設法說服我去就醫。」

「什麼？」

她叫我別擔心。我們可以一起住在我車上——沒關係的。我們遲早會找到地方住。或許還會戒毒。如果我們戒掉，她父母就會支援我們。

「我們可以生小孩。」她說。

我只捏捏她的手。「他們再過多久會回家？」

「可能是明天晚上吧。」

「幹。」

她一直安撫我，但我真的不認為她能住我車上。我也看不出有戒毒的可能。我有點希望當初把她留在該死的聖塔克魯茲。我們回城途中打給坎蒂，我又花掉八十元買了些海洛因。

我們在蘿倫家用掉了大半的稀釋冰毒。稀釋貨讓我們都有點作嘔，但我們還是照例做愛。向來都這樣，不是嗎？在她潔白的床上我感到她在我身上的動作。我感覺到枕頭和被子。我感覺到即將失去的一切奢華——好快啊。我們汗濕了整個房間，我什麼也感覺不到，但我繼續上她，因為我不曉得有別的事可做。我的心智逐漸消失，消失，即使這樣也無法阻止，但是有幫助。小時候我會像這樣子自慰。我太小無法高潮——但我內心性慾強烈，我會自慰很久以逃避現實。媽的，或許只為了感覺爽。小時候有幾個朋友會跟我一起自慰。當時我才九或十歲吧——或許更小。我們都太小無法做什麼事。我記得跟我朋友說色情故事——捏造一些會讓我們興奮的事。我會在我們自慰時講。真好笑，跟蘿倫躺在一起，我還是做同樣的事——用我的話語跟身體低聲跟她做愛。這一定有點意義，對吧？我猜我仍舊是那個困惑的小男孩，或者這麼說太簡化了？

第十六天

蘿倫怕死了面對她父母。我們用掉剩下的噁心稀釋貨，我不敢相信全都沒了。蓋克或許有賣掉一些，但是不太可能。我做早餐、幫忙打掃。今天一大早她跟她父母談過。他們應該會在，呃，六點鐘到家。我還是不想冒險這樣子跟他們見面——所以我提早離開。蘿倫說今天早上如果我沒打很多通電話給她，她會宰了我。我盡量客觀地看待她。

兩星期過後，她看起來完全變了個人。她瘦了很多，小腦袋在她枯萎的脖子上顯得好大。她的顴骨突起襯托出臉頰和眼窩的凹陷。她手臂上有瘀青和血跡——褐色的斑點、白色疤痕——有些部位腫脹，有些地方可怕地萎縮。她蒼白又龜裂的嘴唇沒有血色。我吻她一下，嘗到舌頭的乾澀尼古丁味道。

「我們不會有事的。」她說。

我拿著我的私物走向我停車的地方。車上全是落葉和鳥糞。雨刷下面夾了四張違規停車罰單。後輪沒氣了，但我沒有備胎。

回到蘿倫家。

我用她的電話叫拖車來。我們到達加油站後，又老又皺、長髮往後梳的白人接待員猛向我推銷新輪胎。我告訴他我只需要修到能開就好。

「另外三個輪胎也得換掉。」他說，聲音混濁又沙啞。

「我願意賭一賭。」

「你的勝算不高。」

我還是謝謝他。

他的工人在修輪胎時，我打電話給蓋克。拖車加上輪胎的費用，呃，將近要兩百元。我擔心我的錢消失得太快。我在，呃，蓋瑞街和二十一街交叉口，正午過後的街上沒什麼人。蓋克說他賣了三包，剩下的用掉了。那麼他至少有六十元。

我去接他時他很興奮，因為他在某間教堂後面發現了一條褲子。很多口袋，他認為太棒了。這褲子是，呃，軍裝風格——深橄欖綠色，兩膝都有破洞。我看到他蒼白的膝蓋露出來。

「艾琳還好嗎？」

「喔，老兄，」他說，聲音有點嘶啞。「她完全瘋掉了。這可不妙。她一直打來叫我帶她上醫院什麼的。可憐的妹子早上還得這樣子上學。」

「但她沒事吧？」

「當然。」

我們去海灣大橋附近一家甜甜圈店後面買貨。照例蓋克進去，我在車上等。天啊，我好累。全世界的安非他命似乎也無法讓我振作起來。我看到一些留大鬍子穿連帽大衣的黑人在街角乞討。我以前也幹過。真的，沒有比這更糟糕的感覺了。連性交易都沒這麼慘。至少，性交易時感覺自己是有些價值的商品。討錢等於宣告你自己不適合生存。等於在說，「我是人群中最弱的一個。」或者更糟，靠社會餵養的寄生蟲。努力看著別人的眼睛，向他們討零錢——很少有這麼羞恥的事情。坐在這裡，我一直想我快要別無選擇了。詐騙或乞討——我大概只剩這兩條路。況且我他媽的好虛弱。

以前流落街頭時，我的動機很強。我記得我住阿基拉家的時候，他讓我住在車庫的儲藏室。我得把原本放在那兒，但瞞著他媽的東西清掉——所以我就堆到屋梁上，底下放一張床墊。某天晚上我在睡覺，東西全部崩塌掉落——砸破我的頭。混身是血。到了早上，我醒來時額頭上有個結痂的傷口。我穿上襯衫和去義大利餐廳上班時領到的圍裙。他們給了我襯衫和圍裙，但我一直沒回去上班。總之我穿好服裝，拿著一袋冰塊走過要塞公園、克雷蒙街和蓋瑞街。我剝掉結痂讓血流下來。我向人們搭訕說，「請幫幫我，我剛才工作發生意外。我需要錢叫計程車回家。」

我半小時內大概賺了十五元，後來有個白金色頭髮的俄國女人攔住我。

「你說的不合理，」她說，「如果你在工作中受傷，他們為什麼沒幫你？」

我睜大眼睛。「問得好。」

那次詐騙就此結束。我猜一開始就挺愚蠢的。但現在做這種事——我實在沒辦法。況且當時，十五元就能讓我吸安毒撐過一天。我早就超過那個處境，但我們早已知道了。

蓋克回來之後很激動。他叫我趕快開車閃人。走過巷道時，有個人接近他叫他把口袋裡的東西全交出來。他只好把滑板丟向對方，回頭逃跑。我急速駛出停車場。蓋克拚命喘氣。

「我們到底發生什麼事了？」我問，「越來越不順。」

「沒啦，」蓋克安慰我，「一切沒事。」

開向教堂路和市場路口時，我叫蓋克幫我準備一針。「你需要嗎？」我問。

他聳肩。

「好吧，管他的。分量多點，兄弟。我已經不太容易嗨起來了。」

「行。」

我們在喜互惠超市停車場打針。我真的有感覺，這是好事，我還咳了一會兒。蓋克把貨照原狀包好，因為我不會再稀釋這玩意了。我會零售小袋，但我不想再遇到那種事。他走去試用，並且兜售二十元包裝。我試著在我的——黛西的筆記簿裡寫作。我的思緒很凌亂。全是狗屁。我塗鴉，三不五時抬頭看旁邊車上的男女。那個男的看起來很憔悴，很年輕，不到三十歲。女的有點胖，染成黑色的短髮。那輛車很髒亂。簡直是紅色的垃圾桶，很像我的車。過了一會兒，我發現他們都在打針——嗯，應該說那男的負責為兩人打針。我下車倚在引擎蓋上，點根菸。我看著他們享受藥效，然後那男的抬起頭發現我盯著他們。

「幹嘛？」他放下車窗問道。

「沒事，別茫掉了。我只是在猜你們是否想買一點備用。」

「什麼？」

「如果你有興趣的話，我在賣一批好貨。我不是條子。」

他轉向他的馬子。

「妳看怎樣，寶貝，妳要安仔嗎？」

「安仔？」

「貨純嗎？」她問。

「那小子說是。」

「真的嗎，小子？」她發笑問。

「妳想要的話可以試一下。」

「真的假的？」

我再說一遍貨很純。我告訴他們我就是吸這個。我們像老朋友般聊天。他們同意買四十元的量，我好感激我真的賣掉這麼多。我甚至給他們蘿倫的電話號碼，要是他們還想買可以打。他們道謝，我也道謝。

我感到體內有股力量——重燃的信心。或許船到橋頭自然直。

接著我看到蓋克走過來，自言自語緊握拳頭。

「我們走吧。」他說。

「啊？」

「我們在這裡沒戲唱了。」

「什麼意思——」

「那個該死的傢伙，他講了很多壞話。」

「戰士頭小鬼？」

「是啊。他說我賣假貨。沒人向我買。我要找到他揍得他屁滾尿流。我們得去海特區。」

「海特區？」

「對，聽說他會在那邊。」

我照他的話做。不知何故蓋克認為痛扁那個戰士頭小子就能證明他一向對大家正直無欺。我告訴他賣藥給情侶檔的事，他好像覺得我很笨而嘆口氣。

「算了，兄弟，你不能這樣搞。這些人不會打電話給你的。你跟某人的關係好，賣藥給他們並不表示他們會對你有任何忠誠度。大家一點也不在乎。」

「可是——」

「我不一樣。我們有幾個人是這樣。欸，停車，我好像看到熟人。」

「什麼人？」

「我的同黨。」

我靠邊停。我們在鍋柄區——很靠近我以前藥頭安妮卡的家。這裡除了一排又一排的維多利亞式住宅，什麼也沒有，或許有一家烈酒店什麼的吧。人行道龜裂雜草冒出，到處是狗屎，街上瀰漫屎臭味。

我看到蓋克走向一個駝背矮子。他留雜亂的鬍鬚，剪短髮，穿黑外套。他用一個棕色紙袋喝東西，抽手捲菸，我猜那是大麻。他們聊了一會兒後，一起走回我的車邊。

「尼克，這是小班。他是好人。」

他坐進後座。他抽的大麻甜香瀰漫車內。我從濕掉的捲菸吸了一大口再遞給蓋克。

「小班，你可以幫我們找那個罵我們的小子嗎？我們要好好修理他。」

「好啊，沒問題。但是我四點要去達利市出席假釋委員會議。」

「老兄，」我說，「我會載你去。」

「那個龐克王八蛋呢？我們得處裡那個小混蛋，尼克。」

「算了啦，」我說，「別管那小子。我們遲早會再遇到他。何必浪費力氣找他？那不是給了他權力什麼的嗎。」

「好吧，」蓋克說，「或許你說得對。」

「是啊。」

於是我們開車沿著海岸去達利市。途中，沿著大路在，呃，猶大街和第三十幾街路口吧，蓋克叫我停車。我們離他馬子家很近，他想打電話找她——看她能否溜出來廝混一下。他去找公共電話，我跟小班坐在車上等。除了他剛出獄以外，小班沒多說什麼。他提到他在等一封信。顯然他的獄中室友答應要給他英國的一大片土地權狀。因緣巧合，他們原來有點親戚關係。我覺得整件事聽起來像鬼扯，但我沒說。

我眺望那些中國和韓國人的超市。我渴得要命，但不想再買任何東西。我只加滿油箱，買些香菸什麼的，我他媽的挺擔心只剩五百元。這一週內就會用光——前提是努力節省。基本上，我不能再買食物了。

我的車後廂有個空水瓶，所以我走進一家乾洗店。這時，我已經相當習慣引人側目或懷疑什麼的了。城裡沒人會讓你借他們的廁所或任何東西。而且大致上，大馬路上的居民是很多疑冷酷的。我走進這家店裡很緊張，但是我說過，我好渴又不能再浪費錢。我進去，倚在櫃檯上戴著厚眼鏡的婦人向我皺眉。她講不太標準的英語——問我要幹嘛。

「沒什麼。我只是，呃，需要一點水。」

「水？」

「對，拜託。我好渴。妳可以幫我裝滿這個瓶子嗎，或告訴我去哪裡有水？」

「你要喝水？」

「麻煩了。」

「沒有，你去買。」

「拜託，我只要自來水就好。」

「不行，你走。」

她又長又細的手指指向街上。

「走。」我望著她的眼睛一秒鐘，然後轉身默默走出去。太陽感覺好遠好遠。

我雙手插進帽T口袋，這時我聽到背後有聲音叫住我。

「小子，小子。」

一轉身，我看到乾洗店的婦人跑過來。她手上拿著一小瓶水。

「你拿著。」

「啊？為什麼？」

「你拿。」

我道謝。她轉身走回店裡。我好像快哭出來了。我不確定為什麼。

蓋克回來後我告訴他這件事，他看來不太在乎。他找不到艾琳，決定跟我們去達利市。小班的會議大概只花了五秒。基本上他只需要出現。那棟大樓是個看起來很官方的綠色巨大方塊。我的車有點震動又怪怪的。我們停車時，引擎噴出蒸氣之類的。我是說有嘶聲又有煙霧。我掀起引擎蓋看看裡面——其實我根本不懂汽車。我猜這車子掛掉只是遲早的問題。我只能繼續開到它完全不能動為止。應該不會太久。

我們開回市區時，小班說他很餓。

「要是我們五點之前到葛萊德，可以排隊領晚餐。」他說。

「葛萊德？」

「對啊。」

我從小就知道葛萊德紀念教堂。以前念小學，我們校外教學會去那裡幫忙廚房的煮湯工作。當然，大家都討厭這差事。我們主要只是端飲料或其他瑣事——幫忙收餐盤。我們太小無法切菜或應付端熱食。我記得分發麵包給排隊的各色男女——他們都不互看或看我一眼。他們多半不會太嚇人。有時候他們會多討一塊麵包，或果汁。我們照理不該給他們，但我都會給。

我說不出看到那些人必須如此果腹有何感想。我是說，我不確定認真想過他們為何陷入那種困境。顯然，在市區長大的我習慣看到遊民。我知道我為他們難過——裹著毯子的男女老少躺在硬水泥地上。我大概認為他們生病了之類的吧。不對，我不記得我作出過什麼結論。

有一點是確定的——我這輩子做夢也沒想到自己成為他們的一員。

但是我來了，站在隊伍裡手中捏著黃色小票——陽光被木材乾腐的建築遮住。我跟多數比我年長的其他男女群眾排隊，擠在一起，但絕不碰觸彼此，不抬頭看，也不交談。我盯著黏在人行道上，一坨發黑的口香糖。我突然很擔心小時候認識的人——老師，甚至我父母開車經過。我希望我們可以進室內，你懂吧？

教堂高聳入雲，磨損的磚塊卡著硬化的污漬。彩繪玻璃窗沒映出任何光線，尖塔上掛著紫色旗幟。我們被允許從側門進去，沿著光禿的鋪地毯階梯前進。牆上有很多耶穌的畫像，海報上公布濫用藥物諮商團體與愛滋病檢測等等活動的時間。我跟著小班，蓋克跟著我。我們不發一語。現場一堆人承受著恥辱的重壓。

我拿起一個餐盤。兩個年輕黑人女性和一個穿紮染T恤的白人老頭負責分發豆子、涼拌捲心菜、白米和過期麵包。我開口要了每一種放進餐盤並且向他們道謝。我們坐在一張塑膠長桌上。我們吃得很快。我們在路面底下，唯一的光線來自天花板上蒼白的日光燈泡。食物其實挺好吃的，我全吃光了。

蘿倫終於接電話時聽起來很糟糕。她歇斯底里地哭泣、哽咽和喘息。如果她不願意進戒毒中心，父母要把她趕出家門。她只有一星期左右考慮，到時他們會一起去見朱爾斯談她的治療選項。他們要我也出席會議。

「我？為什麼？」

「因為我愛你，我們想要幫你。」

「喔，蘿倫，我不確定耶。」

「沒問題的，我們一起面對。」

「我不想再回戒毒中心。」

「過來就是了，」她大聲抽鼻涕說，「或許他們會想出別的辦法。」

「在那之前呢？」

她說她得待在家裡。她可以出門去見人和辦事。或許她可以見我。否則我們就得看著辦。

我掛斷電話。突然間我不想再鬼混。我告訴蓋克和小班我得走了。我們說好明天碰面。小班給我一家旅館的電話號碼，我可以留言給他。我開車回去第十五街和湖街交叉口的停車場，心想或許去要塞附近走一走，看有沒有什麼廢棄舊軍營讓我溜進去。我一向幻想睡在那種地方。磚造平房或白色木屋——用木板封死——門也用厚重的掛鎖封閉。

開過去時，引擎溫度好像，呃，要破表了。我聽見嘶嘶的怪聲，還冒出灰黑色的煙霧。車子就在停車場底下掛掉了，我好不容易把它駛進車位。

幹，幹，幹。

我把一些東西放進背包——螺絲起子、筆記簿、筆、三張CD、一臺CD隨身聽，還有錄音室用的大耳機。我放了張Fantômas專輯[10]。帶點藝術性的死亡金屬，還有一堆突然的起落，怪異的唱腔搭配硬派曲風。我徒步走過要塞，路旁樹枝低垂，街燈發出橘光。道路蜿蜒穿過茂密的森林。黑影很誇張又嚇人。我一直感覺後面有人跟蹤，緊張地回頭。讓我想起那一次在奧克蘭我的老藥頭家外面。

我是說，奧克蘭市中心挺安全，但是小小的郊區真是亂七八糟。根本沒人知道它存在，你基本上可以進去永遠不出來，沒人會知道。我記得走過那裡時，聽著約翰・柯川的CD。那是Impulse唱片公司發

---

10 一九九八年在加州成立的前衛金屬樂團。

行，在他戒掉海洛因開始透過音樂跟上帝交談之後。真的很讚，我聽著這張CD，走過社區。感覺好像每個人都盯著我，其實這是遲早的事，後來有輛凱迪拉克之類的車子緩慢無聲駛到我身邊。我假裝沒發現，繼續走路。但是車子加速，一個大迴轉停下來。三個綁著該死的頭帶、穿橄欖球衫的大漢下車，往我直走過來。你知道那種步伐吧？當他們挺起胸膛稍微搖擺，但是看起來很悍，你懂的，強悍的搖擺步。基本上，我以為我完蛋了。我這該死的背包裡裝滿CD、毒品和現金，我猜全都保不住。我不知道該怎麼辦。他們逼近，我轉身開始跑。他們真的追過來。不知怎地，嗑茫了，聽著柯川的音樂，逃離這些壯漢，即將被搶劫，一切都好可笑，我開始大笑。我是說，我他媽的真的笑到停不下來。但我仍然拚命跑，我笑得更厲害。他們停下來，呃，非常困惑地看著我，然後他們也笑了。他們在笑，我也在笑，我一直跑到甩掉他們為止。

但在要塞這裡，周圍絕對沒人。我不太懂。舊金山有這麼多遊民，這些森林仍然無人占據就挺神祕的。我記得在哥倫布路的羅馬咖啡店臺階附近跟一個神智恍惚的露宿老人聊過。我說，「老兄，你為什麼睡在這水泥地上啊？一塊錢就可以搭公車二十分鐘到國家公園。」

那個人轉頭看我，不解地問，「這附近有國家公園？」

「是啊，老兄，舊金山要塞。」

「我該怎麼去？」

我告訴他，但隔天我又在哥倫布路看到他——想要睡在該死的同一個位置。

總之我沿著小徑和鋪裝的步道走。到處都有廢棄的大房子，但我總覺得有人在監視我。

從某方面說這裡好像太寧靜——太空虛了。我有股身為一鍋粥裡的老鼠屎的熟悉感。在這裡絕對無法融入。然後，走在街道上，我感覺到背後那些車頭燈。我迅速轉身——回頭瞄一眼，果然，有輛車緩緩開過來。我加快腳步，但又放棄——不想顯得形跡可疑。我又轉頭。一波暈眩橫掃全身，看到車頂時我的血液彷彿流乾——是巡邏警車。就在我旁邊，賴著不走。我努力回想我的包裡有沒有毒品。我相當確定沒有，但是有支螺絲起子，而且我的手臂上有很多針孔。我不知道他們能否因此逮捕我。他們似乎可以用任何理由逮捕你。

我摘下耳機看著那輛車。他們的前座車窗外有個像舷燈的東西，猛照著我——又白又刺眼。我停下腳步盯著它，垂下雙手——不敢妄動。警車減速到幾乎停止。我除了燈光什麼也看不見。我等著——心臟狂跳不止。

然後他們開走。

就這樣。

他們沒說話。

我全身都在發抖。

我走回車子試著睡在後座。每二十分鐘左右，我會驚醒——確信有條子敲我的車窗。天亮之後我嘔吐三次。打一針海洛因能安撫我的腸胃，但無法去除恐懼感。

第二十三天

現在是週日早上，清晨五點，日出之前很冷。我在發抖，抖個不停。蓋克、子彈和我在費爾蒙旅館外面。我們等了一整夜，我不太確定怎麼會淪落到這裡。已經五天幾乎沒吃東西只有注射，偶爾賣幾包安非他命，睡在我車上，有時根本沒睡——在葛萊德教堂吃飯，或偷竊星巴克的三明治。有一天我們在地上撿到半盒披薩，另一天在碼頭旅館的垃圾桶上有一包吃剩的米飯和魚。大家似乎都忘了那個戰士頭小子，但是安毒仍然很難戒掉——況且我們癮頭很大。我只見到蘿倫兩次，只是送貨給她。

跟她的心理醫師的家庭會議就在明天上午。我很緊張，但我答應參加。老實說，我不確定我還能這樣撐多久。好像有七根蠟燭在我的腹中燃燒。一，二，三，四，五，六，七。七根蠟燭燃燒冒煙——亮著——代表懷疑、恐懼、哀傷、痛苦、頹廢、無助、絕望的七個火焰。它們用黑煙和灰燼把我體內燻黑。我的眼球後方怪怪的——有股壓力不斷累積——像七根蠟燭的火焰一樣熱，怎麼呼氣都無法吹熄。

我想像猛喝水。一，二，三，四，五，六，七。我潛入最清澈的水池。把自己埋在粗糙乾燥的沙子裡。我吞了幾把白色細鹽，但是火焰燒得更旺——更亮，更熱，更深。汗水在我背後，在我歪曲的脊椎和突出的屁股上畫出微妙的圖案。我抓抓這幾週遺留的各處傷口，但我無法擺脫它。蒼蠅聚集，禿鷹在頭頂上盤旋。火焰吞噬我的肌肉。火焰蔓延，燒過我的血管。火在我的肌肉——我的筋——我的骨髓底下流動。

我坐在街角搖晃。不行，我不能再這樣下去。絕對不能。

子彈用掉最後的海洛因。今天早上他得知他母親因為淋巴癌過世，我無法拒絕。我給他很多香菸。他沒哭，但他一直摔東西。他把一座書報架踢成碎片。他咕噥著小時候被她帶到公園的事。他因為嗑了海洛因說話口齒不清。蓋克想要安慰他，但子彈對他大吼。我大致沒說什麼。我三天沒換衣服。我根本聞不到自己的氣味。錢在流逝。我的血管已經崩潰，所以很難扎中。我必須開始像蘿倫那樣到處挖。我甚至也開始試著打在手上、腿上和腳上。蓋克叫我別拿雙腿亂搞，因為要是打錯了走起路會，呃，非常痛苦。我沒聽他的話。

總之，子彈一直碎碎唸著跟他媽媽去公園——或他想要去公園——我聽不太懂。我們走到加利福尼亞街經過費爾蒙旅館，我們想找個公園待著讓子彈閉嘴。我依稀記得這裡有個遊戲場，是個有橘色大溜滑梯、隧道和單雙槓的寬廣場地。不過在我們去之前，蓋克跟我要再吸一點安非他命，我們猶豫要不要進去費爾蒙旅館的廁所。清晨五點鐘進去裡面不可能不引人注意。子彈剛在街邊的一處門口臺階上注射，結果蓋克和我也回到那裡。

子彈把風讓我們打針。我們的安非他命到此用光。

蓋克成功在我前臂上扎中某處，快感襲來，我滿足了大概一分鐘——然後就沒了。我知道我嗨了，只是我感覺不到。太陽逐漸照亮天空，一切變得清晰、鮮明又蒼白——好冷。屋頂上有一層粉紅色的天空。我們走上山丘前往遊戲場。我的腿好痠，我的身體快不行了。

我們走到遊戲場，比印象中小得多。畢竟，我上次來的時候還是小孩。公園裡人挺多的，多半是穿運動服、動作好慢好慢的亞洲人。伸出手臂，然後收回。抬腿，伸出去，放下——像在水底做動作，或掛著鉛塊似的。我們三人都停下來看。

「太極拳。」我說。

接著，突然好多車從我們周圍駛來——禮車、轎車、ＢＭＷ、賓士。男女老幼穿著漂亮西裝、燕尾服、飄逸的繡花長洋裝和昂貴包——他們聚集在我們四周，走上臺階到……什麼？慈恩大教堂。

「現在是什麼狀況？」我問。

「我知道才怪。」

蓋克跑去問人。他走向一名穿粉紅打褶洋裝的年輕小姐。她看起來人不錯，看到蓋克時愣了一下。不過他還是成功搭訕。

「今天復活節。」他回頭向我們大喊。

「不會吧，」子彈說，「該死的復活節。我得上教堂。」

「啊？」我說，「子彈，怎麼可能。」

「對啊，你不懂嗎——這一定是我們來的理由。」

「或許吧，但我看你這副模樣進不去。」

「這話什麼意思？」

我沒回答。

蓋克跑回來，子彈告訴他必須上教堂的事。

「隨便你，」蓋克說，「但是我絕對不要進去。」

子彈問了我們或許十次這未免太巧了吧——我們在復活節來到教堂。

「這一定是天意。」

「是啊，」蓋克說，「暗示著如果你進去，他們會報警把你抓走。看看這些笨蛋穿成什麼樣子。你要上教堂嗎？好吧，那我們要回田德隆去了。」

子彈堅持，我們看著他消失在人群中。

我大笑。

我笑個不停，蓋克也笑了。

「這太可悲了，」我說，「我們不能再這樣下去。」

「還能怎麼辦？」

「我們要等他嗎？」

「不要，管他的。」

我們回頭走過遊戲場下山，太陽已經升起，天空很晴朗。

「我愛這個城市。」我說。

「對啊。」蓋克附和。

「但是這裡會害死我們。」

「是啊。」

「你沒想過要離開嗎？」

「沒有。」

我的腳痛得要命，因為走太多路到處長水泡。我告訴蓋克明天必須和蘿倫全家一起開會的事。我告訴他我在考慮重新戒毒。他說那是浪費時間。

「如果不是活著，人生還有什麼意義？」

「這叫活著嗎？」

「我們很自由啊。」

「勉強是啦。」

田德隆的街上已經擠滿出來吃飯、治病或隨便什麼的人群。這裡毫無復活節的跡象。我邊抽菸，邊等蓋克回他的房間拿東西。我想試試或許去見蘿倫之前洗個澡換衣服——維持一點可以見人的樣子。蓋克的旅館已經不准帶訪客進去，所以我們必須在附近另找地方洗澡。大多數公寓建築有公共浴室，問題是如何通過大門混進去。

蓋克想起他認識幾條街外有人可以放我們進去。他帶了一條士力架巧克力棒給我當早餐。這棟公寓或許五六層樓——剝落的白漆，變形的牆板，一道白漆大門隔開樓梯和街道。蓋克按下對講機的一個鈕，但只是一直響。我抽根菸，盼望有水喝。多試幾個按鈕之後，我們還是進不去。我們繞到大樓背面。蓋克認為或許他可以攀爬排水管到某個打開的窗戶，但這裡有監視器，這種行為看來魯莽至極。後門跟前門一樣固若金湯。巷子裡有啤酒味，或尿臭，或兩者皆有。盡頭是一道裝著鐵刺網的水泥高牆。

討論選項一會兒後，我們看到一個非常妖豔、戴著長接髮的黑人女子踩著高跟鞋喀喀喀地走向後門。她臉上化了大濃妝，停在門口往後仰頭。

「嘿，凱，老兄——給我他媽的鑰匙！」她向樓上大喊，「唷，王八蛋——鑰匙！」

一個光頭男子從窗戶探出頭來叫她安靜，然後把一串鑰匙丟下幾層樓，落在她腳邊。她用粉紅壓克力假指甲優雅地撿起鑰匙。

她打開門正要走進去，蓋克跑上前去抓門。她轉身低頭看他。「不行，你不能進來。」

「我表弟住在裡面。」蓋克說。

「那麼你表弟可以放你進來。退後。」

蓋克照做，門在他的面前關上。

我們又繞回正面去。

「算了，」我說，「我們去別的地方。」

此時，太陽出現照亮大樓樓頂，街道沐浴在中午光線中，一個駝背白髮、戴厚眼鏡的亞裔老婦推著金屬推車和幾個袋子走出大樓。我衝上去幫她撐開門——假裝騎士風範——蓋克跟著做。我們看著她離去，然後進入。裡面看起來跟附近其他該死的廉價破爛住宅一樣，煙霧瀰漫、污穢的地毯和凹凸不平的走道。

「浴室在那邊，」蓋克說，「來，我幫你帶了毛巾。」

他從袋子裡拿出一條發皺潮濕的破布，我向他道謝。他還有一瓶疑似洗髮精。我拿著東西試開浴室門，但是鎖住了。

「幹，你想裡面有人嗎？」

「不太可能。」

他敲門，沒人回應。

「試試別的樓層吧。」

我們轉身去找樓梯，這時有個男的站在我們背後。他很高，肚子很大，留著紅色戰士頭，不過肯定快四十歲了。他雙眼有點凸起，嘴唇也外翻——彷彿噘嘴要親吻別人，然後嘴型凍結了。他穿著衣不蔽體的亞洲風格印花絲袍，胸毛和腿毛都很濃密。

「喔，對啊，」他說，「他們開始鎖浴室門，免得外面的街頭小鬼跑進來用。」他的聲音聽起來，呃，很慵懶——疲倦或無聊之類的。他說得好像一切事情都在他眼中發生，感覺非常厭煩。我猜也可以說他聽起來很高傲。對，就是這樣。

「你有鑰匙嗎？」蓋克問。

「有，但你們不如跟我來，用我的浴室。我有浴缸和香皂。我確定你們寧可用我的。」

「好啊，謝謝。」蓋克說。

我的肚裡彷彿有鰻魚在蠕動，翻滾著搖晃尾巴。蓋克似乎不擔心，我跟著他們爬上幾段樓梯。

「請原諒我家裡很亂，」男子說，「我剛從較小的地方搬來，還沒開箱整理。還有，我前男友睡在廚房裡——呃，其實是昏迷。我相信你們能諒解，小子。」

果然，室內到處都是東西，紙箱、毯子、衣物和垃圾等有的沒的。在小廚房裡，有個看來很年輕的男孩昏睡，裸體躺在一堆衣服、雜誌和雜物上。我得跨過他才能進浴室。浴室裡散落著很多香皂洗髮精等東西。有木柄刷子、刮鬍刀和乳液什麼的。沒有蓮蓬頭，只有從水龍頭接出來的伸縮式噴嘴。我得蹲下來，用腳跟保持平衡，讓我想起歐洲那些浴室。有個小窗讓一道光線照進來。我開始洗澡。我正把洗髮精從頭髮上沖掉時，門打開，我愣了一下。睡袍男子走進來說，「不用在意我。」走到馬桶去小便。他的屌很大，還噁心地血脈賁張。我盡力不去在意他盯著我。我繼續洗頭。那傢伙目不轉睛。終於，他走出去了。

我稍微鬆了口氣。

我洗完穿好衣服回到起居室。另一人仍然昏迷在廚房裡。我再度跨過他。

蓋克正坐在地上玩一臺收音機之類的小東西。

「你準備好了?」我問。

「當然，當然。」

我們正要離開時，睡袍男子抓住我的手，輕輕地把我往回拉。「改天要是你需要地方住，我相信我能讓你不枉此行。這是我的電話號碼。對了，我叫達洛。」他給我一張小紙條，我塞進口袋。

「是喔，謝了。」

我們離開現場，我感到喉嚨裡一陣作嘔。

「真他媽的噁心。」蓋克說。

「對啊，沒錯。」但我沒什麼選擇餘地。不久後跟達洛這種人上床將是我唯一的去路。但我不能跟蓋克多說什麼。

我們兩個搭公車到我棄車的地方，我換衣服後注射剩下的海洛因。蓋克認為我們最好進些安非他命的貨設法賺點錢，但我窮到認為我還是等到明天。

不過，他說服我至少買一公克讓我們撐過今夜。我們走到海特街，到處都是人，逛街購物什麼的。即使我們走路時我感覺得到自己有點打盹，其實我感覺挺正常的。我的菸失手掉落，呃，有十次吧。總之，蓋克到處去打聽安毒藥頭，我則到阿米巴去。

這裡有點嚇人，一大堆ＣＤ和洶湧人潮。我走到「新上架」區域。我看到很多我通常會買、或遲早會買的專輯。Secret Chiefs 3[11]發新專輯——崔佛・鄧恩[12]和艾文・康[13]也是。顯然我現在買不起。我發現我完全不知道什麼電影上映。我好孤立——隔絕在這個不擇手段的世界搞錢買毒，嗨一下，然後周而復始。

蓋克成功用五十元向公園裡的一個小鬼買到一公克。那小子穿著厚重骯髒、到處夾著安全別針的外套，留了橘紅色的鬍鬚，偏執地睜大眼睛。他賣的貨看起來不太純，但量挺多。肯定沒有偷工減料。

我們買了藥，我只剩兩百元。蓋克和我去克雷頓街墨西哥速食店的廁所裡打針。這玩意讓我嗨了，我

---

11 SC3，美國的前衛樂團。

12 Trevor Dunn，作曲家。

13 Eyvind Kang，爵士小提琴家。

只能這麼說。我腹中的空虛感像越挖越深的井，作嘔感和疼痛揮之不去。那很深刻——很損耗。我好想像地上的蛇蜷縮起來，放聲大哭。我需要一千磅的海洛因。我需要把自己淹沒在安非他命中。我需要藥丸、大麻，還有液態迷幻藥。

又或許——或許——我只是需要戒毒。

我腦袋裡一直在想這些。

蓋克問我怎麼了，我說我想要獨處一會兒——去散步之類的。他說沒關係，晚點再打給他。我就這樣離開了。海崖區在幾哩外，但我走路過去。我走過史丹揚街，經過要塞公園，然後走過克雷蒙街。我聽著音樂——邁爾斯．戴維斯的《Live-Evil》專輯。我心臟跟著猛跳個不停。

我想起傑斯柏和黛西。我想起我爸和繼母。我想起史賓賽和戒毒療程的老友們。我想起我媽、她丈夫和他們的兩隻狗。我想起我在戒毒中心的工作。我在聖塔摩妮卡學院開始上學。我曾經擁有人生。突然間我根本不記得當初我為何又開始吸毒。我想我要吐了。我全身都在冒汗。我全身冒汗，但我也覺得很冷。

大道上一樣沒人，但我經過時感覺好像大家從窗戶在看我。我知道這是世界上最瘋狂的想法。我用公共電話打給蘿倫，她馬上接聽。

「蘿倫，」我說，聲音有點沙啞。「我需要幫助。我想我準備好求助了。」

「喔，寶貝，」她說，「你在哪裡？」

「就在妳家附近？」

「那就過來吧。」

「妳確定？」

「是啊，沒人在家。」

於是我走到蘿倫家，太陽已經要下山了。她開門後，我抱住她哭個不停。我拚命啜泣。那些該死的柯基犬擁上來——邊吠邊想舔我，我只顧哭哭哭。我不知道以前有沒有這樣哭過。相隔好久。我聞著蘿倫頭髮的香味讓她抱著我。我停不下來。

「一定沒問題，寶貝。」她一再重複這句話。

最後我們走下去她房間，我還在哭，但我們照樣做愛。地板上裂開一道縫，我們掉進去——被性愛的情慾和瀕死感吞噬。我們的骨頭黏在一起，關節啪啪作響。我似乎瞎了，或昏頭，不太確定怎麼回事。一片空虛荒蕪讓我出神了一會兒，我感覺好遙遠——很疏離。不知何故我就那樣睡著了。沒有作夢。

醒來後我的下巴因為用力緊咬而僵硬得要命。

蘿倫搖晃我。「快點，」她說，「我們得走了——我父母回家了。」

「我不能待在這兒嗎？」

「坎蒂打來過。」蘿倫的服裝整齊，「她進了一些很棒的海洛因。她會幫我們打折，呃，大概吧。」

「寶貝，其實我沒錢了。」

「我還有一點，」她說，把我拉起床。「這次過後我們就戒掉——我保證。」

「好吧，」我說，「對了，我知道格蘭特街上有家很酷的老旅館。我們可以窩在那裡直到吸光海洛因。」

「然後我們再回來這裡，我父母會幫我們。」

「我愛妳。」我說。

「嗯，我也愛你。」

我們一溜煙跑出門。對我來說，再合理不過了。我們再吸最後一次，盡興地嗨到最後。現在我知道不會有事。我們在她的車上離家一條街外打掉大部分的安非他命。她有兩天沒怎麼吸，所以她真的很嗨。我負責開車。

∞

聖雷莫旅館每晚要，呃，五十元——但是挺不錯。有烏木裝潢、怪異的蕨類盆栽等等和厚地毯。這裡感覺像在船上——扭曲、不平坦、下沉中。

我們向坎蒂買了些焦油海洛因，收拾些東西帶去我們的小房間。有兩張雙人床。我眺望窗外晴朗的天空——流線型的藍白色塊。太陽雖在落下，還是很溫暖，陽光穿過樹葉，在地上灑下黃色光點和影子。我看著樹枝隨風搖擺，雜草從曬乾的水泥裂縫裡長出來，藤蔓蜿蜒爬上對街的磚牆，從綠色變成紅色與褐色。這一切都，呃，好可愛——但接著我拉下窗簾轉向蘿倫。

「時候到了，」我說，「妳準備好了？」

「是啊，寶貝——我們來吧。」

我把海洛因調配成濃稠黑糖漿狀，加入剩下的冰毒。蘿倫其實很容易扎中血管，但卻該死得難找。我發誓我手臂上所有血管都崩潰了。最後我在手背上找到一條。

床汗濕了變好臭——隨著黑夜變白天，白天變黑夜，周而復始，我們沒有離開。清潔人員敲門，我們叫他們走開。或許他們在說我們閒話，也可能沒有。

我到窗外抽菸和嘔吐了幾次。我們只吃走道上自動販賣機的糖果。我們喝自來水。四天過去了。蘿倫的電話響了又響，但我們直到所有海洛因用光，錢幾乎花光才接聽。

「爸，」她口齒不清地對麥克風說，「爸，我準備好了。我可以就醫了。」

他叫她回家。

「尼克怎麼辦？」

他要我等到跟她治療師開會的當天早上，但蘿倫堅持要他讓我過夜。

他讓步了。

我們拿了行李迅速離開。走到蘿倫的車子途中我又吐了一堆。世界天旋地轉，我眼前一片昏黑。雲朵充滿灰雨準備要把飽滿的蓄水落在下方的街道。外面冷得我牙齒打顫，胃腸緊縮起來。

蘿倫必須開車。我們接近時，兩人都哭了起來。我伸手放在她大腿上。

車停在家門前，她爸跑出來到車邊。他有點矮胖，頭很小，染過的棕色頭髮往內梳遮掩禿頭。他擁抱蘿倫時哭了一下子。他尷尬地跟我握手，我努力別吐到他身上。

「爸，拜託，」蘿倫說，「我們得睡覺。」

「好，親愛的，朱爾斯馬上就到了，會帶藥來給妳。」

我們走路時蘿倫必須撐住我的大半體重。我真的病得比她嚴重。那些狗猛對我吠，他們的氣味令我畏縮。我快昏迷了。我躺在蘿倫的白床上努力專心地吸氣呼氣——希望我的肺正常地擴張收縮。我有點過度換氣，想辦法保持冷靜，卻沒什麼效果。蘿倫抱著我，但她緊貼著我的肌膚突然讓我感覺好噁心。

「拜託——拜託——我只需要躺一下。」我只說得出這句。我或許昏迷了一陣子，醒來後吃了些朱爾斯塞到我面前的藥丸。

「謝謝。」我說，但我把他餵我的不明藥物都嘔出來了。我翻身下床掉在地上，往一個藍色塑膠垃圾桶嘔吐。

我就那樣子睡在地毯上。

第二十六天

醒來後，作嘔感舒緩了一點。我的衣服被汗水浸溼。我穿上蘿倫的帽T蹣跚地爬上樓梯到客廳。外頭在下雨，我皮膚底下感覺得到濕氣。蘿倫、朱爾斯、蘿倫的爸和一個女子在客廳桌子圍坐。蘿倫好蒼白好憔悴。我接過他們遞給我的咖啡，加很多糖。我吃了一片吐司，每咬一口都感覺到大家盯著我。好像我咀嚼的噪音是，呃，史上最吵的聲音。

「我們剛在討論你們兩個的治療選項，」朱爾斯說，聲音就像導引冥想錄音帶該有的樣子——撫慰人心又平靜。「請坐下。」

「謝謝。」

他們介紹我認識蘿倫的繼母凱西。她肯定不太高興見到我。她的臉曬得太黑有皺紋，和金髮濃妝形成強烈對比。她的薄唇發皺，塗成鮮紅色。她幾乎沒說話。

朱爾斯說明他想要把蘿倫和我送進我們自己的住所：凡內斯大道上附家具的月租旅館。他認識房東，房東一定會盯著我們。同時，我們一週內會接受隨機藥檢。我們必須每週參加七場十二步驟聚會並且會見朱爾斯兩次——兩人分開。蘿倫和我都得找工作，蘿倫不准再為她母親工作。她父母會付伙食費和房租。

我點點頭。聽起來很棒，你知道嗎？有人會照顧我。我不用再擔心沒錢等等問題。

「萬一我們藥檢沒過呢？」蘿倫問。

朱爾斯看蘿倫的父親。

「那就另當別論，」朱爾斯說，「你們不是必須回到居家治療計畫，就是自生自滅。」

「我不確定耶。」蘿倫說。她開始大談他們所說的為何不公平，這下換我努力說服她接受。她爸和朱爾斯似乎很慶幸我這麼熱心。我們全都想要說服她。

所以就這麼決定了。在我們重新振作時他們會照顧我們。我們大家握手，然後蘿倫的爸問可否跟我私下談。他伸手放在我肩上帶我進他的書房。架上都是書，地上有一張白色填充的虎頭地毯。

「尼克，」他說，「我很感謝你努力做的一切。我知道你很關心蘿倫，我都看在眼裡。但我必須請你幫個忙——我需要你離開幾晚。等到我們安排好你的住所。我希望讓蘿倫單獨留在家裡。我們必須談些事情，那樣我覺得比較安全。」

「好啊，我了解。」

「是嗎？太好了。謝謝。」

他再次用力跟我握手，我努力對上他的眼神。他的雙眼是冷藍色，像蘿倫一樣。

當我們告訴她我要走了，她有點大發脾氣。我只是想討她老爸開心，你懂吧？我是說，這機會太屌了，對吧？這個節骨眼他說什麼我都會照做。況且，作嘔感回來了，我心想我至少該向蓋克，或許還有坎蒂道別，或許再嗨一次——這一次就好。反正我還剩一點錢。

於是我打給蓋克，我們說好在教堂路和市場路口碰面。雨停了，所以我可以不太費力走到公車站牌搭車過去。我坐在後段，觀看畫在前面椅背上的塗鴉。我們龜速搖晃駛過蓋瑞街時，我想到自己在這個城市維持不沾毒品的機率。再度感到不可能。並非我不想戒，但是上公車，打電話給蓋克實在太容易了——自我合理化。我猜每個城市都是這樣吧，我只是特別熟悉這個城市。這個念頭讓我有點嚇到。

蓋克拿著一袋幾支乾淨針筒出現，我等待坎蒂時他用我的二十元先嗨了一波。我背靠著一家影音租售店，看著街頭遊童們花招百出向過路人拐錢。其中有些人根本就是乞討——完全沒有招式。我又發生了戒斷海洛因的盜汗症狀，全身上下都發痛。

幾分鐘後坎蒂開車到達，我坐上前座。她的皮膚有傷，睫毛膏有點糊，但還是他媽的迷人到了極點。

「你今天只買半公克嗎？」

「是啊，」我說，「就這樣了。我想要戒掉。」

她嘆氣，點了根百樂門薄荷菸。

「所以你要離開了？」

「不，我還會在附近。」

「那好吧，別把我的電話號碼丟掉。」

「不行，我們別聯絡了。」

「走著瞧。」她把蠟紙團交給我，說她得走了。

「妳考慮過戒掉嗎？」我問。

她戴上一副大墨鏡轉向我。「親愛的，我們都試過。後會有期。你是個好孩子。」

我下車離開。

蓋克的反應基本上跟坎蒂一樣。我們走到多洛瑞斯公園，在某人家門口注射安非他命（我還打了海洛因）。突然間我腦中一片清澈。我感到一股力量，忍不住一直回想坎蒂說的話。

「是啊，」蓋克說，走下去仍然潮濕的遊戲場。「我參加過十二步驟聚會什麼鬼的。我不太懂。聽說像我們這種吸毒者平均壽命大約三年。我起碼參加過兩次而且還活得不錯。我不擔心。」

「但我就是覺得不再有那種快感——而且我沒錢了，你知道嗎？」

「總有辦法弄到錢。我們會想出來。」

「或許你說得對。」

「相信我，」他說，「人生只有一次。我寧可短時間的幸福也不想他媽的無聊又悲慘活到九十歲之類的。」

「是啊，我也這麼想過。」

之後我們沉默了片刻——至少我沉默。蓋克好像照樣在咕噥，但我沒注意聽。我努力回想——我在吸毒之前幸福嗎？該死的恍神害我無法思考。它想要告訴我我不幸福。或許那是實話。

「這就是人生，」蓋克搖晃我說，「這是活著。每天都是一場冒險。」

「我可不確定，」片刻之後我說，「每天都是一樣的。蓋克，我很感謝你為我做的一切——但我不認為我能再這樣下去。或許你也該求助。」

「不，謝了，」他微笑說，「但是，沒錯，我也感謝你。我們很快就會見面。戒毒一陣子對你有好處——尤其是脫離那些該死的藥。那都是害人的垃圾。」

「對啊。」

「對啊。」

我們聊著垃圾話，一起走過瓦倫西亞街，避免氣氛沉重，你懂吧？

我們一路走到田德隆區，天黑了又開始下起雨來。我向蓋克道別，打給蘿倫。她求我溜進屋裡過夜。我心想既然在下雨，那是我的最佳選擇。她爸可能會體諒，也可能不會。我不在乎。我打完了剩下的白粉，只能再次搭上公車。我雙手抖得無法把一塊錢放進那個小機器裡。我只好交給司機代勞。他露出無聊或不悅，或兩者皆有的表情。

蘿倫根本懶得隱瞞我在家裡的事實。她讓我從大門進去，拖著有點茫的我下樓梯。她一看到我這麼嗨，叫我把剩下的藥都給她——但我什麼都不剩了。她假裝沒有實際上這麼生氣。我的世界淡出變成麻醉的幻境。

第二十七天

我嘔吐了一整夜。

睡著又醒來，往塑膠垃圾桶裡乾嘔。我躺在地上，光禿的地毯上。蘿倫一直想叫我上床陪她，但是我一動就腸胃翻攪，只好靜靜躺著。況且還有她的氣味和房子、小狗、香菸、運動飲料和中國菜殘渣的氣味。這些惡臭太強大。我嘔個不停。一切感官都強化了，以令人作嘔的方式。朱爾斯來過一次，站著俯瞰我給了我一顆美沙酮。我把藥也嘔出來了。

蘿倫在抱怨，哭著要我抱她，我只希望她閉嘴。

「你不關心我，」她說，「你不愛我了。」

我皮膚發癢，頭頂也癢，我一直抓到出血為止。「蘿倫，天啊，我很不舒服。」

我好累——是煎熬又痠痛的累。我只想要睡覺不受打擾，或乾脆死掉算了。我受不了了。我斷斷續續發生幻覺。一度我好像在跟蓋克散步，或者他就在屋裡。我分辨不出真實和虛幻。我的脊椎就貼在地上，但我無法動彈，就是沒辦法。

我必須擺脫現狀，非得不可。拜託，我是說，拜託，要我做啥都願意。

再睡了一陣子之後，我醒來時已經是晚上。蘿倫不在。我起身坐在破舊沙發上，推開到處亂丟的衣服雜物。房裡一片黑暗，我在流汗。我呼吸困難。不知何故我的上衣脫掉了，肋骨隔著皮膚突起——雙臂上都是傷痕。我手臂上注射時錯過血管的位置都在腫脹發痛。我傷痕累累又消瘦，真該死的瘦。

我閉上眼睛，淚水突然流下。我不知道該怎麼辦。我回想在十二步驟聚會上聽說過的所有故事。我回想我的支持人說什麼。身心崩潰，充滿挫折的他們都曾向稱作上帝的力量求助。所以我也這麼做——我禱告。我從內心深處祈禱。我向我根本不信的上帝大聲禱告。臺詞自然地脫口而出。

史賓賽跟我談過上帝的事。他常提起上帝，但我總是嗤之以鼻。我是強悍的無神論者。我認為相信上帝根本是退步、幻想和無知。史賓賽會跟我談禱詞和冥想，但我基本上一直迴避嘗試。我就是無法相信，門都沒有。但史賓賽肯定講過很多次。

今晚我禱告。或許不是第一次，卻是我誠心禱告的第一次。我走投無路。所以我哭著向上帝求救。

「上帝啊，」我說，「唉，我並不相信祢，但如果祢在，我需要祢幫助。我不能再這樣下去了。我什麼都願意。拜託。」

毫無動靜。沒有閃光，沒有燃燒的灌木叢，啥都沒有。

於是，我打電話回家。

我爸在鈴響第三聲接聽。「喂？」

那個聲音——我爸的親切聲音。

我哭得好大聲。「爸……我……」

「天啊，尼克。你怎麼打到這裡來了？」

「我需要幫忙。」

「我幫不了你，尼克，我們沒瓜葛了。」

「爸，拜託。」

「對不起。或許史賓賽會願意跟你談，但我不行。我受夠了。」他掛斷。

「上帝啊，」我大聲說，蜷縮起來，哭得全身發抖。「請救救我。我該怎麼辦？」我手抖得無法抑制，我撥了史賓賽的手機。他馬上接聽。

「史賓賽？」

「尼克，」他說，居然笑出來。「你也他媽的差不多該打來了。你受夠了吧？」

「是啊。拜託，我該怎麼辦？」

「回家，老弟，我們在等你。」

「回洛杉磯？」

「當然。艾瑞克還沒把你的房間出租。我們有預感你很快就會回來。」

「我病得很嚴重。」

他笑了。「回家吧，你這小王八蛋。沒人陪我騎腳踏車，我都變胖了。」

「我不認為我還能騎車，史賓賽。我連站著都很勉強。」

「你要戒什麼，冰毒？」

「還有海洛因。」

「太帥了。來吧，尼克，該回家了。你不必再證明什麼。你看怎麼樣？」

「我的車掛掉了。」

「搭飛機。」

「現在嗎？」

「對啊，馬上。我會去接你。」

「不，你不必……」

「那還用說。但是我還能怎樣？我想念你，老弟。我甚至可能有點擔心。好了，快點吧。你在外頭已經開心到底了，接下來只會惡化。」

「惡化？」

「是啊，老弟，好日子過去了。」他又笑了。

「史賓賽，」我啜泣著說，「我馬上去機場。」

「當然要。」

「還有，史賓賽……」

「什麼？」

「謝謝。」

「好啦，好啦，趕快去。」

「好。」

「確定搭哪班飛機之後再打給我。」

「知道了。」我放下電話之後又哭了一會兒。

我叫計程車。

我想站起來，但所有血液都衝到腦袋，又跌坐不起。我判斷爬行比較妥當。我在床底下找到上衣，穿上後臭得令我作嘔，但吐不出東西。不知怎的我還是收拾好行李箱。我掛掉的車上還有很多衣服和ＣＤ等東西，但我已經不太在乎了。我只想要回家。

我有一隻鞋子不見了，黑色的Jack Purcell運動鞋。要穿一隻鞋或赤腳走出房子，我心想或許穿上深色襪子的話，沒人會注意。於是我揹上背包，抓穩背包，搖搖晃晃地走上樓梯。我皮夾裡有三百元現金，只剩這些了。如果需要更多，呃，我也不知道怎麼辦。整個過程我都在禱告。就像我腦中的聲音，不斷的獨白；它轉變成默想的禱詞。請救救我，與我同在。我一直覆誦，爬上樓梯。

一走進客廳，我看到蘿倫。她正要下樓回房間，卻看到我帶著背包等東西。她跌坐在地，像胎兒般蜷縮，哭了起來。

「你要拋棄我，是吧？」

「我……是吧。我要回洛杉磯。我不能……我不能再這樣下去了。」

「但是你答應過會陪我。」

「有嗎？」

「有，他媽的，你有。」

「蘿倫，拜託。妳我都清楚如果我們一起待在這裡絕對戒不了毒。」

「去你的。你以為你比我強得多。我真希望從來不認識你。你毀了我的人生。」

「我……很抱歉。」

「別走。」她從地上跳起來想要吻我，我想如果碰觸到她我會不舒服，我退開。

「我必須走。」我說，我走出房子，丟下她在我背後慘叫和哭泣。

戶外的空氣好冷，風從海上直接吹過來。我把雙手縮進T恤裡發抖。不過，空氣也令人神清氣爽。天色清朗，我仰望著沒有星光的夜空，感覺皮膚底下的汗水滲了出來。計程車終於來了，我上車，癱坐在氣味清新的尼龍座椅上。

「到奧克蘭機場。」我說。

司機問我還好嗎，我承認有些身體不適。多半時候我完全無法思考。我說過，我只反覆禱告。我們開到海灣大橋時我看著這個毒城掠過。燈火模糊淡去。我或許睡著了，因為我們抵達時司機大叫了好幾次「喂，小子。」

花了我六十元。

我走路，或更精確地說，跛行進入奧克蘭機場的聯航航廈。花紋地毯害我頭暈眼花，我好希望不必再嘔吐一次。頭頂上日光燈泡發出強光，閃得幾乎無法忍受。

我蹣跚走到售票櫃檯，此時仍然沒穿鞋。

「歡迎搭乘聯航，需要什麼服務嗎？」

這女人有皺紋，染紫色頭髮，唇膏太厚，她看到我上前時笑容迅速消失。

「我要去洛杉磯，」我說。

「好的，嗯，先生。我看看。」她的指甲喀喀敲著小鍵盤。

「九點十五分的班次還剩幾個座位。可以嗎？」

「行。」

「來回票嗎？」

「單程。」

花了我兩百元。

她印出我的機票，叫我拿著行李到安檢站。我把手提箱交給一位穿制服的行李檢查員之後才開始恐慌。我忘了檢查有沒有帶毒品、針筒、白粉，或任何其他可能遺留在裡面的器具。這女人戴上乳膠手套開始搜我的行李。她頭髮往後貼著頭皮編成幾條小辮子，明顯鄙夷地看著我。她搜了半天我沒說話，或許還在禱告。

然後她結束了。

「謝謝，先生，祝您旅途愉快。」

「好。」

她把我的手提箱放上輸送帶，我看著它消失。我走到金屬探測門時，乘客們都解下他們的皮帶和鞋子，放進X光機掃瞄。至少我省了這項麻煩。

我打給史賓賽，他同意十點左右來接我。我在Your Black Muslim麵包店買了一塊甜薯派，但沒什麼胃口。我盡力避免引人注意。候機等了好久。

我一上飛機就睡著，感謝上帝，醒來時衣服上都是口水。我就這樣子去見史賓賽。其實，我一看到他就哭了，不敢看他。

「來吧，混蛋。」他說，但是很親切。他擁抱我，甚至幫我拿行李。他蓄了我沒看過的山羊鬍，其餘部分沒變。他穿黑色皮夾克搭黑色套頭毛衣。我們上了他的ＢＭＷ穿過洛杉磯的夜色。天氣溫暖，洛杉磯一向都這麼該死的溫暖。

我們沒交談太多。他開車送我回家，叫我去睡覺，問我要不要吃什麼東西。

我搖頭。「我明天可以找你嗎？」我問。

「當然，」他說，「或許我們中午可以去參加聚會。」

「聚會？」

「是啊，兄弟。」

「幹。」

「沒別的辦法了。」

「是啊，」我說，「我知道。」我上樓走進我的舊公寓，用同副舊鑰匙開門。一切沒變，就是我離開時的樣子。

第二部

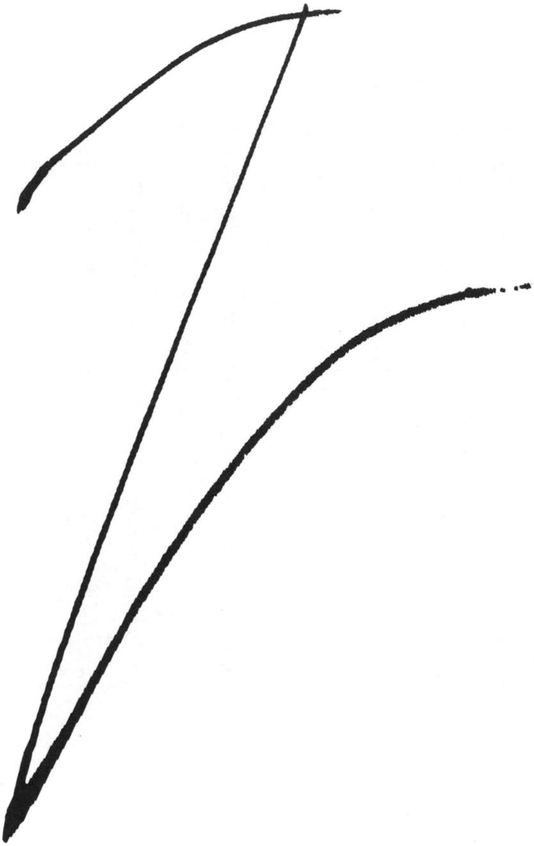

第三十二天

我就在公寓的地上戒毒。史賓賽認為我不一定要上醫院。據他的說法，呃，我應該靠自己的崇高力量熬過這一切。我好虛弱又發抖，還嘔吐、睡不著。我試著租了些電影，但我無法聚焦看螢幕。我只能在床上發抖，盯著天花板掙扎著別把自己的皮膚扯下來。

這是我發生過最嚴重的戒斷症狀。我孤單一人，也沒有藥物，沒東西舒緩痛苦。我只有十二步驟準則和史賓賽。

我知道我必須留在他身邊。

我必須照他的話去做。

這是我唯一的機會。

如果史賓賽說上帝可以幫我熬過戒毒，那我會相信他。現在我感覺好焦慮。我對經歷過的事情既羞恥又恐懼。史賓賽是我可以相信的人。我試過不靠他、不靠十二步驟戒毒──從來沒成功過。

我還是很難相信上帝，但我已經折騰得無力抗拒了。這向來是我對十二步驟計畫的質疑。一大堆關於上帝或崇高力量的大話。我一直無法通過第三步驟，「隨著我們了解祂，下定決心把我們的意志和生命交給上帝看管。」聽起來好像什麼邪教似的。但我已經沒有本錢再質疑了。我必須參加聚會。我必須跟史賓賽進行那些步驟。我在去過的很多不同戒毒中心都聽說，唯一的戒毒法是成為積極的十二步驟計畫成員。

我必須相信這是實話。

戒毒期間我真的跟史賓賽去參加了兩場十二步驟聚會，但我還無法專注到能夠聽進去任何事。就像有人帶著吸塵器吸乾我的腦子——去除所有喜悅或興奮的痕跡，讓我只剩一股強烈的絕望感。世界變得荒涼、無趣又壓抑。我變得好虛弱又蒼白。我看著鏡中自己的凹陷眼窩和粗糙皮膚——剝落、灰暗、幾乎像爬蟲類。我雙腿瘀青又精瘦。我躺平望著天花板。就這樣躺到下午兩點左右手機響起，我看到史賓賽的號碼出現。

「嗨……」

「老弟，還好吧？」他的聲音開朗到令人不爽。

「老兄，我快死了。」

「嗯哼。你知道嗎，外面天氣很好喔。」

「是嗎？」所有百葉窗都關上了，我的公寓空虛又陰暗。

「是啊，真的。那，你想去騎車嗎？」

「你說真的嗎？」

「對，老弟，我身材走樣了，我們得重新開始騎車。」

「我連動一下都很勉強。」

他大笑。「來吧，老弟，我們慢慢騎。」

「唉，我不確定，那個……」

「尼克，我已經在路上了。」

「什麼？」

「沒錯。我二十分鐘後就到。」

「呃……好吧。」

「樓下見。」

我掛斷，勉力下床時感覺頭暈眼花，或像要昏倒之類的。我咒罵一聲，走到衣櫃前。底層抽屜放了舊的自行車服裝。我把它丟在這兒，確信我永遠不會用到。我在要塞外面睡在自己車上的那些夜晚，看著成群單車客從森林小路爬上山來。很難相信我也曾經那樣，衝刺著呼嘯而過，每次花五六個小時騎車。我看著那些騎士告訴自己，我還是坐在車裡，嗑到茫掉比較開心。但事實是我體驗過十二步驟計畫帶來的一些美好生活。我記得太陽從好萊塢山上升起時，騎著我的車跟史賓賽穿過海濱區。我記得他告訴我，他多麼喜愛自己的生活，在那些時刻，我也有同感。我只是缺乏未來會好轉的信心——或許有朝一日，我也能擁有史賓賽這樣的美好人生，所以不願去克服艱難時刻。

那都是陳年往事了，除了努力又能怎樣呢？

我脫掉衣服，身上氣味好臭。我換上單車短褲和運動衫。我感覺像赤身裸體——蒼白鬆垮的身材好丟人。我的肌肉線條全被腐蝕，我極力避開倚在牆上的鏡子。我的Raleigh牌就停在角落，自費存了一千五百元買的公路自行車。這是我真正儲蓄買的第一件東西。

我替輪胎打氣，累得邊冒汗邊喘氣。這肯定不是好主意。但我穿上襪子和單車鞋，裝滿塑膠水壺。史賓賽在門外叫我，我下去迎接他。他開了他老婆的Blazer休旅車來，已經穿好全副單車服裝。

「看起來不錯喔。」他說。

「是啊，是啊。」

太陽出來了，靜止的藍天好完美。

「外面真暖和。」

「沒錯。」他說。

我踩上踏板試踩了幾圈，騎過街區。全身又痛又僵硬，我感覺很不舒服。我心想乾脆直說我沒辦法騎，但他已經騎到我旁邊微笑，我又撐了一會兒。好陌生啊——控制方向，坐在單車上，轉動我的腿，從坐墊上站起來的感覺。雖然陌生，但也好熟悉。

「上帝啊，」我默默說，「拜託，如果祢在，請幫幫我。拜託。我知道祢讓我回到洛杉磯來戒毒。現在幫我騎這輛車吧。」我們踩得更快，風冷卻了我冒汗的身體，史賓賽說，「感覺怎麼樣？」

我哭了起來。我閉上眼睛，流下眼淚，我坐直身子，放開龍頭就這樣滑行，穿過加利福尼亞街，騎向平靜波動的海洋。

「我忘了這種感受。」我說。

「不，你沒忘，否則你不會回來。」

「太遲了嗎？我還能恢復原狀嗎？」

「你會變得更好。」

「可是——」

「欸。我們列個清單吧。」

「什麼？」

「清單。」

我們左轉，沿著聖塔摩妮卡懸崖騎，高聳的棕櫚樹被海風吹得向前彎曲。路面有裂縫，我站起來避開壓過人孔蓋的衝擊。我費力地換氣。

「暫時想想看，」史賓賽說，「但我對你有個保證。我們要列個你人生想要的事物清單，好嗎？不要太誇張的，只要你認為幸福需要的東西。寫在紙上，白紙黑字。一年過後，一年，如果你盡全力遵照計畫，就會擁有超過你想要的一切。你的人生會有無法言喻的轉變。把這當作實驗吧。給它一年時間看看結果怎樣。」

「但是，」我說，「我試過一年。」

「要真正投入這件事的一年——如他們所說，你要像溺水者全心全力抓住救生圈般堅守精神原則。你沒別的出路，老弟。」

「我瞭。我知道沒有。」

「那你還有什麼好怕的？」

「我猜沒有吧。」

「你猜？」

「沒有。」

我們繼續騎到自行車小路，我眺望那些過著各自生活的慢跑者、溜冰客和單車客。有男有女遛狗或牽手。有一群男孩在沙地上玩手鼓。

「你想要什麼？」

「呃……我不曉得。」

「快想，快想。」

「好吧，呃，我想要恢復健康。我希望能像以前那樣騎車。」

「汽車呢？」

「好啊，我想再弄一輛車。」

「還有工作？」

「當然，我想當個自力更生的作家。」

「還有呢？」

「談戀愛。有意義的戀愛。」

「好吧。」

「我想要朋友和，嗯，讓我的家人原諒我。」

「寫下來，老弟。我跟你說，你不是得到你想要的，就是發現你得到的多到無限。」

「怎麼可能。」

「你相信或不相信我，老弟，由你選擇。」

「我相信你。」

「那麼……」

我們默默騎車，繞過濱海區。我看著港灣搖晃的船隻，禱告——我一直禱告。

大多數時候史賓賽在我前面，我盡力跟上。我們掉頭往回騎。他跟我談他最近製作的電影。導演和卡司有些問題，但是剪接很棒。他問我明天要不要跟他去音效師的錄音室。我答應。他又談到收掉他的影片公司——把他的生意遷回家。他要我大約一週後幫他收拾辦公室。我也答應了。我們回到我家後，我們換衣服，他開車載我去採買雜貨。

「謝謝。」我說。

「嘿，老弟，助人是我活著的動力。別忘了這點。」

我擁抱他之後上樓。我記下我們談到的所有事情清單。我寫在紙上，心想我絕不可能得到這些東西——怎麼都不可能。

第五十九天

史賓賽借我一筆錢，現在他要我幫他的辦公室搬家——這實在很煩。可是，我無法拒絕他。我開始把履歷表丟到附近咖啡店，但沒有積極回音。我可能不擅長做這種鳥事。顯得專業向來不是我的強項。況且一大段空窗期很難解釋。除了公路自行車，我還有輛我媽以前的舊單車。我騎著趴趴走，不過我還是很虛弱。很難看著任何人的眼睛。我覺得，呃，我好像完全透明之類的——大家都能看穿我是怎麼回事。

史賓賽大約一點鐘來接我。快五月了，外面挺熱。光從我的公寓走到他車上就讓我汗濕T恤黏在背上。我的長髮一團雜亂。

我們往東開到千橡市，史賓賽在這裡有個拍企業影片的小製片公司。他要收掉專心製作他的恐怖片。

我問了很多關於復健和十二步驟的問題，盡力專心聆聽。我們都同意我最好打電話給我爸和繼母，讓他們知道我很平安等等的。我打給他們之前很緊張。我覺得尷尬，但也有點生氣。我是說，我人生要怎麼過應該是我決定，對吧？我只向史賓賽這麼說。

「所以你認為你應該有權害死自己而且沒人應該在乎？」他問道，「你不認為你的行為會影響其他人——愛你的人嗎？」

「不是，我是說，我知道會影響他們。我只是……」我望著峽谷山壁，乾土被有刺爬行的藤蔓撐破；混亂的灌木叢，刺人的仙人掌。我們翻越聖塔摩妮卡山脈，越過凱南杜姆路前往谷區時，海風變成了令人窒息的沙漠熱風。

「你只想要能夠隨心所欲，隨時隨地。如此而已。」史賓賽微笑說。

「如果你要自殺，還不如跳進那邊的樹叢滾一滾，直到身上有幾千個小傷口流血致死。告訴你吧，那比起你回到街頭能夠期待的事情要有趣得多。而且那樣我們都不必擔心你什麼時候會闖入我們家，或偷我們的車，或撞死誰。」

我點頭。

「不，我知道……」

「你知道，是什麼意思？你知道什麼？」

「我知道已經不能再離家出走了。」

「這已經不是選項。你能靠冰毒、海洛因或其他藥物享受的好時光已經過去了。從現在起只會越來越糟。但還有另一條路。我也一樣，老弟。以前我很像你。但現在，老弟，我愛我的生活。我愛我的人生。」他露出大顆牙齒笑了，駕車飆過陡峭的山路彎道。

我感覺或許他是真心的。

「那我該怎麼做？」我問，「我怎麼開始愛我的生活？」

「全心投入計畫。像我以前做的——參加聚會，遵照步驟，幫助其他酒鬼和毒蟲，免得我們老是只想到自己。」

「但這些我都試過了。」

「是嗎？」

「我想是。」

他微笑，我在他的全罩式墨鏡上看見我的倒影。

「你有遵照步驟嗎？你有全心全力投入這件事嗎？」

「有吧。」

「沒有有吧這回事。」

我喝掉史賓賽拿給我的咖啡。

我們把工作室所有東西收進紙箱。大半是延長線之類的雜物——電腦、攝影機諸如此類。有兩張大桌子和檔案櫃。我又累又灰心，但同時也慶幸有事可做。何況史賓賽已經為我做了這麼多。我心想這也算是某種報恩吧。

我們回到他家時，他老婆蜜雪兒為大家做了晚餐。他們有個小女兒名叫露西。她四歲，黑色短髮，眼睛又大又綠。她有張圓臉，我坐在餐桌時她會躲我。我們吃義大利麵和沙拉，蜜雪兒很沉默，但對我很好。她不會問一堆有的沒的。她放任我。大半時間她和史賓賽只談生意和學校的事，露西繼續躲藏。

你知道嗎，在露西身邊感覺很怪。讓我想起很多跟傑斯柏與黛西的往事。成長過程中，我總想要照顧他們，教他們事情，幫助他們。我們有時候很親近。我記得高中放學回家不寫作業，因為我只想跟他們打混。我喜歡能夠在晚上當他們保姆，或帶他們在庭院散步。在某些方面感覺像，唔，既然我算是錯過自己的童年，我有機會陪他們重新體驗一次。或者更重要的，幫忙給他們我從未擁有的童年。

倒不是我的童年真有那麼悲慘啦。我只是很快長大。我記得我九歲左右跟我爸去戲院看《亂世浮生》。那是描述一個愛爾蘭共和軍的人愛上變性人的電影。我總是跟我爸到處跑，去派對和音樂會等等的——大家都喝酒嗑藥。我感覺像是成人，非常刺激，不過我錯過很多小孩那種天真玩耍的機會。

看到我爸跟不同女人交往對我實在很困惑。我還記得某天早上醒來照例跑到我爸的房間。我爬到被單底下，但他的熟悉氣味被新氣味污染了——香水、汗味和我不知道什麼東西。我聽到高音的竊笑聲。有個裸女跟我們一起在床上。那是八〇年代末的事，舊金山的愛滋病恐慌最高峰。我擔心我爸會被傳染，因為我知道他有性行為。他用保險套和胡蘿蔔示範給我看他如何自我保護。當天我到一年級課堂上示範解說時間就講這個。我的老師把我丟到校長辦公室。我爸常跟他的朋友講這個故事，好像很好笑很酷的樣子。

加上我媽在我五歲時就遷居洛杉磯，不過我在假日和暑假會去找她。造訪期間我媽整天在雜誌社工作，而我繼父製作電視節目的工作被裁員了。我繼父多數時間在寫作，而我看電視電影之類的。有時候我們會一起出門跑腿——或打棒球、打籃球、踢足球。他總是想要教我一些東西。但我們並非只是運動玩樂而已——他常常批評我說我必須站起來，或振作一點等等。

陶德會跟我說他童年或年輕時的故事，還有他幹過的大事。有一次他在終場鈴響時投籃得分逆轉勝。有一次他說服兩個女同志跟他上床，因為他說他有一大包古柯鹼，但其實只是強力清潔劑。事實上，他告訴我很多他以前上過的女人故事。我就在他的銀色別克車上坐在旁邊望著窗外，盡量不跟他眼神接觸。

我記得偷瞄他的手，看到他的粗手指上布滿流血的傷口——兩邊拇指都皮開肉綻。他嚼尼古丁口香糖，即使當年，他牙齒已經發黃又污穢。他還有口臭。我猜我挺怕他的。

傑斯柏和黛西出生時，我陪著他們發生了某種退化，也努力保護他們。我想用跟我當初不同的待遇對待他們。當然，我一開始吸毒全都完蛋了。回想我如何拋棄跟傑斯柏與黛西的關係，喉嚨總有一股窒息感。我看著露西就已經渴望成為她生命中的一部分。

「露西，」蜜雪兒說，想要顯得——怎樣——權威吧？「吃掉妳的麵否則沒有甜點。我說真的。」

「媽啊啊啊。」她用童稚的高音慘叫。

「挺好吃的。」我說。

露西停下來瞪著我。

「真的──我是說，妳可能會愛吃。」

她搖頭，眼睛睜得好大。我不確定她要哭了還是怎樣。「聽好，我會吃掉喔。」我俯身把她的麵吃掉一小口。

「嗯嗯嗯，」我說，「這是我吃過最好吃的東西。我要把它吃光。妳沒份。」

「媽，」露西大叫，「那是我的。」

「喔，好吧。拿去……」我把碗遞給她，她接過去，謹慎地嘗嘗麵條。

「謝謝。」蜜雪兒說。

「不客氣。我有弟弟妹妹，還有一堆表弟妹。」

「唉，我們一直在找保姆。」

「是啊，」史賓賽說，「但他們沒吸毒才行。」他戲謔地拍拍我後腦，我低頭望著自己的餐盤。

「史賓賽，別鬧他，」蜜雪兒說，親他的臉頰。「我們最需要的是在我的沙龍每週上班兩天的接待員。你有沒有興趣考慮？」

「好啊，」我說，精神一振。「我需要工作。」

「他說得對。」史賓賽說。

「我得跟我的合夥人商量，但那樣可能對大家都好。」

「當然。不過，我是說──不要勉強。」

「我不會。明天打來店裡問我們。」

我洗碗時露西跟我聊天。她告訴我她的年齡、她喜歡馬之類的事情。我跟她玩了一會兒──用搞笑的聲音講話等等。蜜雪兒一直說我不必洗碗盤，但我想要。

史賓賽開車送我回家。

「我人生擁有的一切，」他說，在林肯路上加速闖過黃燈。「我人生擁有的一切都是奉行十二步驟的結果。我的老婆、小孩、事業、房子——全都是。只要我把復健放在優先，就永遠不會輸。即使好像會發生可怕的事，我總是發現，如果我把十二步驟應用在人生中，終究會有好結果。」

「那不光是陳腔濫調，過度樂觀的鬼扯嗎？」

「以我的經驗不是。就像塞翁失馬的故事。兒子摔斷腿，村人來說，『你兒子斷了腿，真倒楣。』但是老翁回答，『是福是禍，誰曉得呢？』後來發生戰爭，村裡所有年輕人必須上陣。激戰之後他們幾乎全部死光——除了塞翁的兒子因為斷腿無法打仗。於是村人又說，『真幸運，你兒子不必打仗所以還活著。』但塞翁回答，『是福是禍，誰曉得呢？』」

史賓賽又舉了幾個例子。

「好啦，好啦，」我說，「我懂了。」

「我只是要說，」他繼續說，「現在你惡習復發似乎是最糟糕的事，但你可能回顧此事覺得很重要。在上帝的世界上沒什麼是失誤發生的。」

「是啊，只是我不相信上帝。」

「那麼你以為你是怎麼回到這裡？是什麼因素讓你離開舊金山？」

他丟下我自己去想。

我上樓去睡覺，卻看租來的電影看到很晚。到了早上我騎單車去帕洛斯佛迪市——或許仍然想要回答他的問題。

第九十二天

復健真奇怪，你知道嗎？我是說，在某方面很容易但是，唉，又很困難。那名經營我從紐約搬回洛杉磯之後住進的清醒之家的女士，她曾經形容毒癮是一種失憶症。我認為她說得八九不離十。起初很難抗拒毒品。當然，不碰毒品難到靠北——要把自己拉出每天嗨的循環，經歷戒毒的恐怖。但老實說，一旦毒品離開我體內，真心感覺我永遠不要再經歷這種屁事並不太困難。剛從復發之後回來保持清醒不需很費力。每當我脫離戒毒，我最不想做的事就是吸毒了。這次也不例外。

問題是，過幾個月之後，我似乎老是忘記當初我為何必須戒毒。壞玩意開始顯得沒那麼壞。我開始責怪別人，認為他們都是反應過度什麼的。我告訴自己我其實沒那麼失控。至少我這麼相信。

我發誓，每次我破戒都是同樣的劇情。而且，每次我都搞到更接近死亡。事態惡化得更快。我傷害越來越多人。

我不能再發生這種事，絕對不行。

我必須設法讓這次不一樣。但我該怎麼做到呢？

我的辦法之一是貼近史賓賽。他給我希望，同時，他也提醒我以前的經歷——我有多麼惡劣。不過，呃，實情是，我過這種生活——好簡樸，忍不住覺得自己像個魯蛇。我是說，我只跟史賓賽與十二步驟聚會裡的幾個朋友廝混。我沒有女朋友。我獨居。我有點以自己為恥。

我心目中的英雄們：科特·柯本[14]、苗條冰山[15]、唐納·戈內斯[16]、查理·布考斯基[17]、亨利·米勒、尚—米榭·巴斯奇亞[18]，他們都過著瘋狂的生活。沒人必須參加這些無趣的十二步驟聚會討論一堆老套的十二步驟廢話。倒不是我不太感恩史賓賽為我做的一切。我對他很感激。但我忍不住覺得我已經不酷了。我猜這樣很蠢，卻是真的。

我跟史賓賽提起時，他問我在賣淫和偷竊時又有多酷。我懂他的意思，但是你知道的，我對自己和生活還是感覺突兀至極。我不想活得像個該死的樂天派，但又不敢再度吸毒。我暗自猜想或許我有什麼化學作用不對勁，我有時候覺得瘋瘋癲癲。我不知道我面向哪裡。我只能拋開這些討厭的事努力前進。

史賓賽叫我天天參加十二步驟聚會，對我有益。聚會跟刻板印象完全不同——你知道的，穿風衣的老人圍坐抱怨他們多希望喝到長島冰茶。聚會裡有很多年輕人，因為這裡是洛杉磯，很多業界人士——像演員跟音樂家等等。在這裡復健簡直成為，嗯，一種時髦。雖然我參加時很尷尬，這些聚會真的有啟發性。聽大家分享他們的經驗和如何翻轉他們的人生真的很棒。他們誠實反省得嚇死人——不像你在現實世界，復健場所之外認識的大多數人。每個人似乎都同意，如果你參加聚會遵守步驟，就不會再犯。所以我天天去聚會，而且跟史賓賽練習那些步驟。

史賓賽鼓勵我慢慢地推進步驟，不過第一步，「我們承認我們對自己的癮症無能為力——我們的人生已變得無法管理，」我覺得挺簡單的。要我承認對自己的毒癮無能為力，人生完全無法管控，毫無困難。但是第二步，「逐步相信有比我們崇高的力量能讓我們恢復清醒，」呃，這對我就難多了。當然我實驗過禱告，史賓賽也總是指點我這個力量如何影響我的生活。他說我每天能夠保持清醒都是上帝的恩典。我承認有時候我真的覺得很幸福，或走運，禱告也幫我保持頭腦清醒什麼的，但我的理性心智總會告訴我只是巧合而已。無論我多想要，我無法真心相信有個力量在引導我。在內心深處，就是不合理。我不相信上帝——只能假裝。

老實說，這挺可怕的。我擔心我會無法遵行十二步驟計畫。史賓賽叫我要有耐心。我實驗仰賴上帝越久，會越來越相信。所以我嘗試。即使我不是真心相信，仍在生活的每個方面向上帝求助。

總之，不知何故我的前女友艾蜜莉昨天寄電子郵件給我。她只是問候我近況，但讓我回想起跟她待在麻州西部的歲月。當年我剛開始上學，呃，我幾乎第一週就破戒了。認為我能不沾毒品完成轉變似乎很荒謬。我是說，我剛出戒毒中心不到一個月。當然，一開始我只是抽大麻，然後喝酒，再嗑點迷幻藥、K他命和古柯鹼。我住宿舍，不認識任何人，也沒人認識我。我很慶幸能夠匿名。沒有人會關切我什麼。直到我認識艾蜜莉。

我們認識過程是我帶了一本布考斯基詩集去上詩歌入門課，她喜歡布考斯基，我們開始聊天。最後我跟她說我有吸安問題，去年待過兩家戒毒中心。她似乎能理解。她的姊妹淘剛出戒毒中心。她開始問到我吸毒理由，她擔心是因為我不清醒。她說我若不戒毒她就不跟我混，但結果我們還是親熱一回。

當時有兩個女生，潔西卡和安娜，我常和她們一起玩。她們很親切，但很迷失又很——缺乏安全感——就像我。某天晚上我們嗑迷幻藥又吃了點阿德拉[19]，喝得酩酊大醉。我們一起到我的房間上了床。

---

14 Kurt Cobain（1967-1994），超脫樂團的主唱。

15 Iceberg Slim（1918-1992），本名Rober Beck，美國知名皮條客，後從事寫作，一生出版七本著作，其中自傳《皮條客》（*Primp*），描述黑人地下文化，影響後世的黑人街頭小說、嘻哈音樂。

16 Donald Goines（1936-1974），非裔美州人，因吸毒入獄，在獄中開始寫作黑幫街頭小說而聞名。

17 Charles Bukowski（1920-1994），德裔美國詩人，作品描寫社會邊緣人。

18 Jean-Michel Basquiat（1960-1988），八〇年代紐約塗鴉藝術家。

她們倆都不太吸引我，我猜我也不是她們的菜，但我們徹夜做愛。醒來後兩人都還在我床上，我看著鏡子，看到我眼中最可怕的空虛。我想我不曾比當時更痛恨我自己。

當天稍後我找到艾蜜莉，問她是否介意載我去十二步驟聚會，因為她有車。她答應了。我從入學之後幾乎沒去上課，其實我只想要振作起來。

於是我真的戒了。艾蜜莉跟我開始交往，我非常愛她。她帶我回她母親家過聖誕節，我跟她的家人相處得很好。我參加聚會，天天跟艾蜜莉在一起，簡直是住在她宿舍房間裡。我們很開心，你懂吧？有時候我會扮女裝戴粉紅假髮，我們一起去看電影之類的，嘲笑對我們側目的每個人。我們租很多部電影、玩任天堂的老遊戲，上咖啡館、圖書館和書店。我們進了幾次曼哈頓，一次是參加抗議，另一次去聯合廣場附近看她姊姊的表演藝術。

我們在學校表現都挺好的，我無法想像離開她。即使至今，我也不確定怎麼回事。我猜還是老樣子。我不再參加聚會、遵守計畫。其實我只是想要自己來。結果復發找上我，那是個該死的意外。艾蜜莉跟我回她母親家過週末。我碰巧用她母親房間的浴室，櫃子上有一瓶波考賽特[20]。我有頭痛，一瓶波考賽特能有什麼害處？就這麼簡單。我只是稍微忘記以前情況有多糟。失憶症，對吧？

週末結束時我已經嗑掉她媽藥櫃裡的很多藥物，還偷了她媽抽屜裡的幾包胰島素針筒。之前我從未注射過藥物，但是針筒就自動出現在我面前。我們回學校之後，我自學如何注射海洛因。我瞞著艾蜜莉和我家人，成功地假裝維持半正常狀態。直到我那個暑假回家，然後偷了傑斯柏的錢。

吸毒真是個他媽的荒謬又單調的小循環。我吸越久，就需要越多才能止痛，所以我必須越吸越多。就好像很快回到以前，面臨我的一堆屁事，呃，這實在太他媽的嚇人。我寧死也不想再經歷一遍。但不知何故——某種微小的希望或只是愚蠢——我經歷了戒毒的地獄，再度開始努力保持清醒。

現在艾蜜莉聯絡上我。

「只是問候一下。」她的信上這麼說。

這讓我想起我一直想遺忘的種種瘋狂。我不知道我該怎麼補償她過去的事。我該怎麼補償任何人？我該怎麼補償每個人？

史賓賽告訴我要有耐心，我一向不擅長忍耐。他說等我完成第八步驟總會有機會正式跟她重修舊好，就是「列出我們傷害過的所有人的名單，培養補償他們的意願。」

於是我回了三行信給艾蜜莉。

「我過得還好。以前的事很抱歉。我真的非常非常抱歉。」

我知道這些話聽起來一定很沒意義。我想跟她、跟每個人說更多話。我感覺好無力，唔，我就是這樣。我很無力。我猜這其實才是復健的第一步。

我盯著電腦螢幕。訊息傳出去了。我想買下日落大道的一面告示牌。我想在各大報紙登廣告。我想在天空中寫出我的訊息。我想要告訴他們，「我很抱歉。我真的真的很抱歉。」

史賓賽總是告訴我一天一天慢慢來。他提議我打電話給我父母，只為開啟彼此對話。我很怕打給他們兩人，但我知道非做不可。我決定從我媽開始，因為她就住在洛杉磯。我拿起話筒時雙手拚命發抖。

我跟老媽的關係一直不太像母子。我是說，她從我小時候就大致退出了我的生活。老爸有我的監護權，我只在假日和暑假見得到她。但是我從紐約搬回來之後，我們成為挺好的朋友。她幫忙讓我加入清醒

---

19 Adderall，俗稱聰明藥的一種過動症藥物，成分含有安非他命。

20 Percocet，強效止痛藥。

之家計畫，我們比以前相處的時間越來越長。我們會去跑步、看電影，或一起晚餐。我跟她丈夫還是不親近，也避免去他們家，但我戒毒住在洛杉磯那一年，每天至少會跟我媽講一次話。當然，我搬走之後破戒，什麼也沒告訴她。從那時起我沒跟她說過話。

於是，我用發抖的手撥了她的號碼。她馬上接聽，我完全不曉得該說什麼。我擠不出話來。

「媽，嗯，我，呃，回來了。」

「尼克？感謝上帝。你還好嗎？」

「我想是吧。」

「你要跟我一起吃午餐嗎？」

「好啊。」

我沿著拉西恩內加大道騎到我媽上班的摩天大樓。二十年來都在同樣的老地方——好高好高的木紋色裝潢與玻璃。我小時候會花很多時間在她桌子底下吸過灰塵的地毯上默默畫圖——漫長地等待她下班。

我們約在她辦公室同一條街上的小咖啡店，我大概吃過上百次了。這間店非常洛杉磯風格，對吧？全是煎蛋白，蔬菜飲料和維他命酒類。我以前在這裡約過一個紅髮妹。現在我已經完全無法想像去搭訕任何女生。我沒什麼可以吸引人。我感覺自己好枯竭、可悲——像個清空的容器。我在餐巾上畫圖等待，我媽走進來時我不敢看她的眼睛。她看起來跟以前一樣——漂亮、嬌小——穿牛仔褲，肩上掛著披肩。

我尷尬地站起來，讓她伸手擁抱我。她手臂在發抖，她跟我都哭了。她戴上墨鏡，在我對面坐下。

「你只要打個電話就好。」這是她說的第一句。她有點哽咽。

我努力找話說。「媽……」

「沒有，該死，只要一通電話，說你沒事就好。我們還以為你死了——或被綁架——或天曉得什麼事。」

「媽，我很怕。又怕又羞愧。我無法這樣面對你們。」我雙手交叉，翹起腳極力把身體縮到最小。

她維持雙手合握放在面前。「我知道，乖兒子。你只是不懂當父母的感受。你失蹤之後我每天每分鐘感覺像有刀子插進側腹。我好擔心。我睡不著也吃不下。我就躺在廚房地上哭。這樣過了好幾天。」

「媽，拜託……」

「我說真的。我滿腦子都是你流落街頭的樣子，我要怎麼上班，或遛狗？這不公平，尼克。非常不公平。」

我道歉，心知我的話聽起來一定很沒意義。我努力解釋我多麼歉疚，她似乎真的了解。畢竟她只是想幫忙。她親了我額頭三下，短暫——加長——最長。她說我可以用她的車去美髮沙龍找蜜雪兒。她給了我一點錢。我道謝，感覺很，唉，沒有存在感。我們一起走回她的辦公室，她把車鑰匙給我。

「我一小時後會回來，」我說，「或許兩小時。」

「沒問題，親愛的。我愛你。感謝上帝你回來了。」

我點頭，開車離開。

美髮沙龍就在威尼斯碼頭附近，在一條排列著小店小攤的人行道上。他們叫我把車停進車庫，我照做，走進沙龍的後門。

店裡的裝潢很簡單，小空間內只掛日式燈籠和紅色長門簾裝飾，看起來很像大衛・林區電影的場景。面向街道有兩面落地窗，到處都是鏡子。有四位女士正在剪髮，或貼色箔。櫃檯後面有個年輕女孩在講電話。我不知所措，但這時我看到蜜雪兒抱著一疊看起來很正式的文件從大門進來。她的合夥人，暗綠色眼睛的高大金髮女子，走過來自我介紹。我們三人一起坐在車庫裡，她們問我工作經驗、願意投入多少的問題。這只是兼差，但我很感激。我們都同意試試看。金髮女馮恩已經戒毒好幾年，另一位髮型師則是正在復健的酗酒者。他們向我保證這是個安全的工作環境，我也保證會準時上班努力工作，我是說真的。他們介紹我認識接待員拉蔻兒。她帶我熟悉環境，開始教我這個差事的基本入門事務：接電話、安排預約、清洗用具、打掃環境，有的沒的。有這個機會我覺得好幸福。

我開車回我媽的辦公室，交出她的車，然後騎我的舊單車回家。

第一百二十四天

這禮拜真是辛苦。我騎著單車去上班，參加聚會，然後睡覺。每天都一模一樣。我寂寞又無聊。我懷念吸毒生活中的刺激。我知道情況變得多可怕，我心裡還是有一部分只想要回去。

並非我不喜歡戒毒的生活啦。我很感謝史賓賽、蜜雪兒、我的家人、我的工作，但是好像有兩個不同人格在我體內搏鬥。我想當好人，做好事，當個合群的好勞工、好朋友。但我內心也有一部分對一切很不滿。我要不是活在死亡邊緣，就覺得不像真正活著。我甚至有點想念蘿倫。我知道她有些問題，但至少我有個女朋友。迄今我還沒碰過我有可能維持穩定關係的人。那對我很重要。當我沒有女朋友，總會覺得自己沒價值。

我記得我五歲時跟幼稚園的一個女生玩睡美人遊戲，假裝是王子——親吻她把她從魔咒中喚醒。我第一次認真交女朋友時才十二歲，是個名叫莎凡娜的女生。她比我大一歲，父親是個有名導演。我記得我整個週末待在她家期間，他都昏迷在沙發上。當時他在打海洛因。他女朋友會帶莎凡娜和我去影音店租恐怖片。莎凡娜和我會躺在床上緊挨著對方看殺人魔電影。這帶來了我第一次真正的性經驗。

莎凡娜之後，我不斷更換迷戀對象或女朋友。我不是跟某人交往中，就是在尋找對象。這讓我感覺比較完整。我獨處時感覺自己一文不值。我猜現在我仍有這種感覺。目前我沒對象。而且諷刺的是，有時候十二步驟聚會只讓我感覺更糟，提醒我自己是個大魯蛇。

我沒上班的日子更是難過。這麼多空閒時間快把我逼瘋。我體內有一堆焦慮能量無處宣洩。今天早上我起床騎著我的單車跑了八十哩。我沿著海岸公路騎到川卡斯峽谷（Trancas Canyon），花了一個多小時騎到那邊，接著又花一小時爬到山頂，然後我得騎回家。長征後當我站在浴室裡，腦中感到一股罕見的清澈。好像我的思緒終於關閉；我名符其實累得無法思考。但我喝杯咖啡吃了些麥片，我的心智又復活了。

我媽交代過我今天騎完車去看看她的狗。陶德在上班，她又走不開。我媽有兩隻標準貴賓犬，安迪和沃荷，我敢發誓她對待狗兒好過對大多數人。上次毒癮復犯之前，我記得陶德上夜班時，我去過我媽家吃晚餐。我媽會做漢堡排給狗吃，磨碎帕瑪森起司和胡蘿蔔加到他們碗裡，再灑上狗糧加亞麻仁油。我們會帶狗兒出去跑步到沙灘，或在聖摩妮卡山附近健行，我真的逐漸喜歡上那些狗。

總之，我踩著單車到我媽的公司。她正忙著截稿，但她給我鑰匙，吩咐我只需確認狗有水喝，或許帶他們去小遛一下。

開車經過威爾夏大道時霧氣很濃，我幾乎看不到前車的剎車燈。讓我想起舊金山。我懷念那裡的天氣。洛杉磯通常很熱很晴朗。即使現在是盛夏，舊金山的天氣有個性多了。我懷疑我在洛杉磯幹什麼。我是說，如果我搬回舊金山又不表示我必須重新吸毒。我可以跟蘿倫住。至少我會有個女朋友。

我邊玩手機邊想這件事。我努力回想蘿倫的號碼。試了好幾次，但我最後撥對了。她接聽，聲音聽起來像陌生人。我完全不記得了。我回想自己是否真的了解她。畢竟，我戒毒時從未跟她相處過一秒鐘。不過，我表明身分，她驚叫一聲。「尼克，天啊，你在幹嘛？」

「呃，沒事啊。」其實我只是想喘口氣。我突然覺得很緊張。

「尼克，我好想你。」

「我也想妳。我想我可能會回舊金山。」

「喔，太好了，拜託。我有公寓，你可以跟我住。」

「好啊。不錯，我喜歡。」

「你說真的？你要來嗎？」

「嗯，是啊。讓我想一想，我再打給妳。」

「我愛你。」

「我也愛妳。」

我掛斷。這時我發抖冒汗。我在搞什麼鬼？我像切換成自動駕駛模式之類的。感覺像我的腳踩在油門上狂飆失控，但我停不下來。我努力專注看路。我抵達我媽的房子。看起來完全沒變。

回到這裡真是比任何事都艱難。我下車走進霧氣中，穿過通往前院的白色拱形格狀棚架。狗兒們對著門吠，我一打開門，他們衝出來，爬到我身上——邊舔我邊嗚咽。有一瞬間我好嫉妒這些狗。他們可以跟我媽住在這裡受到良好照顧。他們不必掙扎努力建立自己的生活，去上班，建立人際關係。他們除了被愛沒有任何責任。

「狗狗過來，進去。」

我們一起衝進客廳。還是老樣子——深褐色木地板和天花板，放滿我繼父的小玩意和運動錦旗。同一組破舊的沙發，上面蓋著我印象中一直都有的毯子。到處都是我繼父展示的填充動物玩偶。有隻毛茸茸的彩色螃蟹和戴紅帽的蜘蛛。我繼父把那玩意命名「蜘蛛仔」。我看著牆上的照片。有一張是我留著披肩的金色長髮，身穿蝙蝠俠長T恤、緊身褲和牛仔靴。當時我大概五歲吧。背景是個山丘斜坡長滿金黃色的草。我自問，我究竟有什麼毛病？我擁有這麼多卻老是想要拋棄它。我怎麼會變這樣？約翰・藍儂說「閉上眼睛活著很容易。」我想要閉上眼睛。我非常想要閉上眼睛。

這時我知道我一定會破戒。因為我想要。似乎沒有任何真正的理由活下去。我會去找蘿倫一起吸毒直到掛掉然後，唔，那就解脫了，不是嗎？

衝動似乎相當突然地發生，但我知道我會服從它。我繼父在九一一事件後對恐怖分子總是大驚小怪，我知道他在家裡藏補給品——儲水、罐頭食物、手電筒、電池和應急現金。我敢打賭錢不是在廚房就是在車庫，或許在他的櫃子裡。我會找到的。剛剛我差點哭出來，但現在又似乎沒事了。我忽然有目標——弄到錢，嗨一下。

我有點想要打給史賓賽。他們在十二步驟計畫裡告訴你如果想吸毒就拿起電話。但史賓賽怎麼說？他可能會說我該向上帝求助。我對這一套實在很厭煩。

我打開櫥櫃，搬出一堆Gelson超市雜貨袋，有各種罐頭雜物，但沒有裝錢的信封。

安迪和沃荷一直纏著我，想跟我討拍。我看著安迪。

「我這是在幹嘛？」我問他。

他沒回答。

我仰頭看天花板。有看似咖啡的污漬，某些地方還裂開了。

「好吧，幹。上帝，拜託，如果祢在，那麼，呃，可以幫幫我嗎？我根本不知道怎麼回事。」

上帝也沒回答。

我坐到地上陪狗兒。我仰躺，他們開始舔我的臉。我笑了。

「我該怎麼辦？」

他們一直舔我。我從口袋掏出手機撥史賓賽的號碼。我沒按下撥號鍵。我只是盯著螢幕。小狗們好像在抱怨想要出去。幹。我打給史賓賽。

他過了一下子才接聽。我聽到他的聲音就哭了。狗兒們在舔我的眼淚。

「史賓賽，我想死。我是說，真的，我只想回舊金山吸毒吸到死。我不想再努力了。這太辛苦了。」

我聽到史賓賽大笑。

「恭喜，」他說，「歡迎來到現實世界。很高興你做到了。」

「可是我不想活在現實世界。」

「你做到了。真的。你打給我了，不是嗎？」

「是啊。」

「所以，你想要活下去。聽著，我知道這有多難。當你一無所有，似乎永遠無法把自己拉出來。給點時間，尼克。往後你還有大好前途。堅持下去。」

我不相信他。我不相信我有大好前途。我很想相信他，但我不信。

「史賓賽，沒用的。我知道我會失敗。」

「狗屁。那是你的病症表現，老弟。那是你的病想要你再嗨一次。你的病想要孤立你，讓你孤單以便殺死你。那是它的目標，但不是你的目標。」

「史賓賽，我沒有病。這又不是該死的癌症。這是我的選擇。」

「你說對了，」他說，「目前，你做什麼可以選擇。不過一旦你吸毒，就由不得你了。你一嗨就會失去一切。但你有實際的機會為自己和家人建立好生活。聽著，如果你十年、二十年後失敗，到時候再說。但如果你保持清醒，我保證你能學會愛你的生活，也不會失敗。我相信你，尼克。我真的相信。」

我一聽哭得更慘。這個人是誰啊？他怎麼會進入我的人生？

「總之，」他繼續說，「如果你要過來，我們今晚吃牛排。我知道露西會想看到你。」

「謝謝，史賓賽，我想去。」

「那你現在要做什麼？」

我說我會去遛狗，然後直接過去。他告訴我如果還需要什麼就打給他。我們道別。

我清理廚房再去拿狗繩。我們一起走過社區。其實，應該說是狗兒一路拉著我。尤加利樹籠罩在霧中，我拉緊身上的外套。轉角的房子庭院裡有紫色小植物，或許是薰衣草之類的。我感覺精疲力盡，好像剛打完一場什麼仗。我讓狗拖著我前進。

我一回到屋裡就打給蘿倫。

「是這樣，呃，我想我要在這裡撐下去。」我告訴她。

「很好，」她說，「你知道我希望你安全。那才是最重要的。」

「妳也是。」

「好吧，改天打給我。」

我說我會。

見到史賓賽時他給我一個擁抱。

「沒關係，尼克。這都是過程的一部分。上帝的世界裡沒有錯誤。」

我努力感受他的擁抱。

「我心情轉變快得離譜，」我說，「好像隨時我都不知道會有什麼感受。我只想死，你知道嗎，但現在我又好慶幸活著。我很感激你，史賓賽。謝謝你幫我。」

他叫我別擔心。我幫他做晚餐，然後洗碗盤。我們一起看電視，史賓賽、蜜雪兒，露西和我。感覺好像我們坐在這兒是一家人。我希望我永遠不必離開。

第一百六十七天

我在沙龍工作了一整天。多半時間我只需要接電話和安排預約。女士們和我聊了很多有的沒的——名流人士之類的。她們有一大堆雜誌，像是《Vogue》、《時人》和《Interview》。因為沒別的事做，我全看完了。我也寫作。我嘗試寫童書，還有關於殭屍占領毒品戒毒中心的劇本。這些寫作計畫通常沒有結果，但感覺像是我隨時必須有事做。寫作給了我目標。我想在某些方面有助於讓我活下去。沒有寫作我不確定我會有足夠的希望戒毒，作出決定活下去。

我記得小時候我讀過尚—保羅．沙特的《嘔吐》。主角是個跟自己的存在搏鬥的人。他找不到任何理由活下去，有點被人類嚇到。最後他決定人生值得活的理由是為了藝術——紀錄他的掙扎。這給了他足夠目標活過每一天。我真心能夠認同這一點。當然，史賓賽會說活著的唯一理由就是幫助別人。那是他的生命意義。我真的很希望能到達那個境界。倒不是我喜歡這麼自私和自我中心。

還有件事我一直在上班時練習，就是用史賓賽的觀念實驗如何遵行第二步驟，也就是「逐步相信有崇高的力量能讓我們恢復清醒。」史賓賽說過我必須實驗一整天向**崇高力量**請求指引。他說，那樣就像科學家作研究，一旦我開始培養跟上帝的關係，我會注意到生活如何改變的例子。史賓賽說我必須找到自己對**崇高力量**的詮釋。他說思考這個力量沒有對或錯的方式。他說他用上帝這個名稱是因為這樣比較簡單——不過他的上帝跟任何宗教無關。史賓賽認為那樣應該能讓我比較容易相信，但我對此還是有困難。我還是無法真心相信這些心靈的東西。但我相信史賓賽，而且我別無選擇。

所以每次上班時，我請求上帝在我折毛巾、接電話，甚至跟女士們聊天時與我同在。史賓賽叫我一定要用肯定句禱告，當作禱告已經被回應。我應該說，「謝謝上帝幫助我善良又有耐心。」而非，「拜託，上帝，幫我有耐心。」肯定式禱告會強化你已經受到指引的概念，你便能夠專注在對策。談論我需要幫助只會強化問題，讓我深陷其中。

我嘗試史賓賽說的。我不斷練習。

「上帝，感謝你在我清洗刷子時與我同在。謝謝上帝帶來我生命中的完美。」

這就像正面強化，而且似乎真的有效。我頭腦清楚了些，也不那麼執著在過去或未來。這讓我專注在當下，不過持續專心禱告、驅逐所有雜念挺難的。因為腦中交戰，我的頭有點痛。

沙龍的女士們都對我很好。她們變得像我的家人。她們照顧我，我也盡力照顧她們。我跟她們分享一切，也盡力傾聽。除了馮恩和蜜雪兒，還有四個髮型師。阿尤哈的老公想要當搖滾明星；她有貝蒂‧佩吉般的黑髮和巨大的假奶。金髮席夢，沒作髮型的空檔，她會幫癌症患者煮養生食物；她也在復健，迷戀牛仔。葛楚德是波士頓郊區出身、很有魅力的女性；她在同性間最沒人緣，因為她常抱怨她的感情生活。妮奇是膚色偏淡的黑人——在洛杉磯土生土長，她是基督徒，老是談教會團體。她非常親切，看著她做編髮真的很迷人——名符其實把別人的頭髮接在客戶的頭上。

這對我來說，真是份好工作，我很幸運。我在店裡感覺很安全。

史賓賽和我今晚要去十二步驟聚會，大概十分鐘後他會來接我。即使快入夜，外面仍很溫暖。太陽還在天空，但快下山了。大家說是煙霧讓此地的日落這麼美麗。今晚天空是淡紫色，在地平線上逐漸褪成深紅色和橘色。我去外面等史賓賽。

我坐上史賓賽的ＢＭＷ，他遞給我一杯咖啡。我道謝，喝光。

「今天還好嗎？」他問。

我回過得還不錯。

「你知道嗎，」我說，「我想我開始學會跟上帝講話。但我發誓，老兄，整天努力控制我的想法害我頭痛。」

史賓賽笑了。

「不該痛的，尼克。放輕鬆，順其自然。往後真的會毫不費力。」

我點頭。現在我戒毒了，史賓賽一直很鼓勵我打給我爸問候。迄今我就是沒勇氣，但史賓賽又提起了。

「你知道的，尼克，我不是要指使你什麼，但我若是你，我會打給他。他是你的親人，我敢說你承受這種負擔挺辛苦的。」

「我只是很不好意思。」我告訴他。

是真的。以前每次我戒毒，我爸就重新成為我的好友之一。我向來什麼事都跟他說。小時候老爸絕對是我的英雄，我喜歡黏著他。我們一起到處跑，他介紹我認識好多很棒的人，因為他幫各大雜誌社做訪談工作。我曾經陪著他跟凱斯・哈林[21]塗鴉。我們會去看舞臺劇和前衛藝術表演。我記得陪他參加遊行抗議第一次波灣戰爭，集合起點就在我們家一條街外的多洛瑞斯公園。我把一組邦哥鼓掛在脖子上，沿路配合反戰口號敲打節奏。我爸介紹我認識了從亨利・米勒、赫曼・赫塞、米蘭・昆德拉到關於社會主義和階級

21 Keith Haring（1958-1990），美國普普藝術家。

戰爭的政治評論等許多人的作品。他灌輸我要關懷別人與他們的困難的觀念。

我高一時，老爸鼓勵我去聖昆丁郊外參加守夜，當晚有個囚犯預定要執行死刑。囚犯是美洲原住民，許多男女在戶外打鼓同時倒數他死亡的時間。我們舉著蠟燭默默聆聽。他們宣布受刑人已死時我哭得好慘。彷彿我真的感受到他的生命從地球上被抹消。就是這種本能的哀傷。我告訴我父親，我們一起哭。那非常痛苦，但也是個很美好的經驗。

我父親帶我去過巴黎、義大利和倫敦。我想看音樂表演，他就帶我去——麥可・傑克遜、超脫樂團、槍與玫瑰、主教樂團、空洞樂團、湯姆・威茲。他總是支持我，對我喜歡的東西表達真心的興趣。我們的生活肯定背離傳統。我是說，我遇過一些治療師指責我小時候過度外向。但是老實說，對我可是千金不換。我以父親的養育方式為榮，因此我愛他。

後來我開始吸冰毒，我們變得越來越疏遠。我不確定我爸會不會原諒我誤入歧途。我不確定他是否該原諒。我令人失望。我讓他失望太多次了。我猜那是我不想打給我爸的另一個理由。我怕承擔跟他維持關係的責任。我絕不想要拉高他的期望再把它砸碎，再度傷害他。我已經做過很多次了。

「請求崇高的力量帶你走過這段。」史賓賽跟我說。

我答應晚一點，聚會過後再打電話。我知道應該這麼做。

我們在第十八街和奧林匹克路口一處停車場停車。聚會在學校教室舉行。他們準備了咖啡和餅乾。我走進去時，發現我在洛杉磯待過的戒毒中心那些人都在場。其中許多人在我復發之前是我的朋友。我一直很怕遇到他們，那很尷尬。

但他們都到了，站在外面抽菸。賈許，來自比佛利山的瘦小子，他很精通電影，而且古怪地熟悉南北戰爭的一切。他吸海洛因直到一年多之前。而凱文，跟我年齡相仿的金髮酒鬼，有好大的藍眼睛與加大洛杉磯分校的社會學學位。還有崔斯和安潔莉娜，這對情侶居然在我們都住過的戒毒中心裡販毒。那是嚴重違規，但他們不知怎地沒被處罰。我也看到了其他幾位老朋友。

賈許先走過來。「我操，尼克，我還以為你掛掉了呢。」

我擁抱他。這是我朋友，我心想。這是真正的朋友。我記得以前跟他去看電影吃晚餐。我也記得我跟薩爾達搞外遇時會跟他聊很久。他傾聽並設法幫忙，不過他說我跟有男朋友的女人上床太瘋狂。我想念賈許，我擁抱他差點哭出來，因為我好慶幸回到這裡。

我跟其他好久不見的兄弟們聊天。聚會開始，我們一一入座。一個男士講他快克毒癮的故事，然後我們輪流分享自己掙扎的故事。我請求上帝支持我，幫我傾聽。我反覆禱告。似乎有效，真的。

聚會結束之後，賈許和凱文要去吃飯，邀我一起去。他們答應送我回公寓。起先我想告訴他們我不能去。我擔心是因為我上班前必須早起騎單車。我每天六點起床運動，如果錯過我會心慌焦慮。彷彿我必須用運動殺死我的身體才能冷靜地度過這一天。

總之，除了這個藉口，我跟人社交也有嚴重的焦慮感。我是說，如果我在上班，或吸毒，那就沒問題。但是清醒時，跟同齡的人一起出去，我會很不自在。我不確定我在怕什麼。或許我只是不知該說什麼，也總是擔心他們對我的觀感。

但我知道我必須嘗試接觸計畫裡的同伴。我非常寂寞。於是我答應跟他們去，史賓賽似乎為我高興。他叫我明天再打給他。

凱文、賈許和我一起開著賈許的舊福斯轎車。我們去了聖塔摩妮卡大道的一家餐館，五〇年代復古風格。我幾乎什麼也沒吃，我不希望明天早上騎車感覺不舒服。我喝茶，賈許取笑我。他點了漢堡和薯條。

他們告訴我，一堆我們的戒毒中心同伴現況的八卦。有個叫伊凡的人吸毒過量掛了，他們都去了喪禮。伊凡是個吉他高手，有職業巡迴公演。我總以為那樣的熱情能讓你遠離毒品。我猜那樣想很蠢。吉米・罕醉克斯、珍妮絲・賈普林和科特・柯本又怎麼解釋？他們不是嗑過量就是自殺。我想到伊凡就很難過，很歉疚我沒去參加喪禮。讓我懷疑如果我沒有破戒，我的人生會是怎樣。原本一切都很順利。我有些我在乎的好朋友。我感覺像個白癡。

吃完晚餐後，他們說很高興見到我。聽了真開心。他們放我下車時我擁抱他們，答應明天打電話給他們。

上樓後我知道我現在必須打給我爸。我不想打，但我知道必須打。

「上帝，」我說，「謝謝祢陪我走過這一段。謝謝祢讓我聯絡上我爸。謝謝祢讓我聽到他的聲音，用謙卑和仁慈對待他。請指引我，上帝。我是說，我真的需要幫助。」

我撥了爸的號碼，躺在床上兩眼茫然。我猜他認出我的號碼，因為他接起來說，「尼克，很高興你打來。最近怎麼樣？」

我盡量告訴他我的工作、參加聚會等所有事情。感覺他好像在斟酌每個字，設法判斷他是否該相信我。不過，也可能是我想太多。

「嗯，我很高興你平安無事，」他跟我說，「我愛你，尼克。我很擔心。」

「我知道。我很抱歉。我會想通的。這次一定會不同。」

「唉，尼克。我聽過好多次了。」

我知道他說得對。改天我會補償他，我必須要。我說我愛他，我們挺快就結束對話。我猜我們倆都覺得很彆扭。我不太清楚該說什麼。對話中我想要請上帝指引，但是我太緊張了。

公寓的窗外有些不同的大樓，我看到一對男女在客廳吵架。他們跟我差不多年紀，女的長得很像蘿倫。我關上百葉窗躺回床上。我想要睡覺，但是腦中念頭轉個不停。我想到我爸、弟妹、繼母。我想起蘿倫。把針頭插進我手臂這個影像一直浮現在我腦中。我看得好清楚。我看到蘿倫和我做愛的影像。讓我腸胃翻攪。我看到蓋克和我的影像，好希望我的心思停止——完全空白。我試著轉移思路想到上帝。沒用。我在床上躺了一個多小時。我的思緒太執著所有事了——我的過去——對未來的恐懼。我無法關掉它。我就那樣躺到睡著。

第兩百二十九天

我像個該死的瘋子拚命騎腳踏車。

我幾乎每天早上六點半出門，跟一群騎士走洛杉磯西區的不同路線。這群人很多，或許五、六十名。步調很緊湊，我花了一陣子才跟得上，但我變強壯了——變快也變壯。

工作很順利。店裡的女士們都很親切又有耐心。我簡直擁有犯錯豁免權，彷彿連我犯的錯都顯得好可愛。我像是變成店裡的吉祥物。史賓賽和我天天交談，我們長時間相處，他幫了我很多。

總之，史賓賽和蜜雪兒快從卡利斯托加回來了。現在是十月，他們去參加收穫慶典。他們讓我看家，照顧他們的棕色小臘腸狗湯姆。他們為何信任我能承擔這些責任，我不曉得。不過，他們今晚回來，湯姆還活著——只是我有一兩次想要宰了他。他習慣在我進門時過度興奮滿地打滾，尿在我身上——昨晚他還從我餐盤裡偷走一塊好肉。

他們的計程車停在家門口時剛剛入夜。露西先跑出來，湯姆在她身邊跳躍，然後她擁抱我。她穿著粉紅芭蕾舞裙，正面縫了大黃蜂貼布的厚羊毛衣，還有及膝的紅色塑膠雨靴。

「尼克哥哥。」她大叫，伸手抱住我。

「嗨，小妞。」

蜜雪兒跟著下車，臉色很蒼白。她走過來擁抱我，再把我拉到一旁，伸手握住我的手臂。

「尼克，」她低聲說，「尼克，史賓賽生了重病。」

「什麼意思？」

「他必須上醫院。」

她眼神迷濛，流下眼淚。

「出事了，尼克。拜託……我們……我們需要你幫忙。」

「沒問題。」

「很抱歉，」她說，「我真不想麻煩你。」

「不會吧，開玩笑？你們為我做了這麼多。我會盡力幫忙。他出了什麼事？」

「他發燒——一直發抖——全身冒汗——還有頭痛。」

「天啊，呃，我相信他會沒事的。」

「是，當然。但你今晚可以陪露西嗎？你得做晚餐，明天早上幫她準備上學。來，我進去寫張清單給你。」

「沒問題，蜜雪兒……」

「嗯？」她問，擦掉流到臉頰上的睫毛膏。

「別擔心。我很樂意幫你們。」

她跟露西進屋裡，我扶史賓賽下車。他果然全身汗濕發抖，昏昏沉沉。我告訴他會沒事的，再去拿他的行李。我們進屋，露西似乎不擔心，她打開電視看《海綿寶寶》。史賓賽躺了一會兒。蜜雪兒告訴我麵條等東西放哪裡和正確煮法——只加奶油和帕瑪森起司。她說我最好試試看幫露西洗澡，但我不必替她洗頭。否則，她會拖到九點才上學。然後他們離開，去羅伯森路的醫院。露西跟他們吻別，我們吃奶油麵條看電視。我確信史賓賽不會有事——我很堅持。

晚餐後她洗澡，然後我們在她房間裡玩了一會兒。到處都是玩具和填充動物玩偶。我走一圈，看著同樣的照片掛在我同樣看過一百次的牆上。我停在其中一幅前面，史賓賽抱著嬰兒時期裸體的露西在伸展，她身高還不到他的前臂長。我不禁微笑。史賓賽有點像那樣接納我——當沒人願意收留我，讓宛如喪家之犬飢餓的我有地方休息。史賓賽從未放棄我。我盯著照片，模糊的影像印在廉價相紙上。我一直凝視，直到露西拉拉我的褲腳。

「再說一個故事。」

我們一起躺到小床上，擠在填充動物和枕頭堆裡。天氣很熱，空氣濕悶。我跟她說了一個青蛙與蜈蚣的故事。講完後我等待，不知道接下來要幹嘛。

「尼克？」

「嗯？」

「你可以邊唱歌邊揉我的背嗎？」

「唱歌？」

「對啊。」她說。

「唱什麼？」

「隨便你。」

她打個哈欠，轉過身。她穿了厚厚的黃色睡袍。我伸手揉她的背，想著要唱什麼。我當然會唱很多首歌，但我突然什麼都想不起來。我試了〈小小蜘蛛〉，接著〈小星星〉。然後我想到了。雖然沒什麼用意，我唱起了約翰・藍儂的老歌，〈美麗男孩〉，但我當然改了歌詞，變成〈美麗女孩〉。我反覆唱著，起初心不在焉，不太專心我正在做的事。

閉上你的眼睛
不用怕
怪獸走了
牠在逃跑，爹地在這裡。

唱到最後一句我有點哽咽。忽然間，我看到我自己，一個小男孩，我爸在唱同一首歌。當時我媽剛搬走。我們睡在舊金山公寓的廉價棉被上。我想起我爸，他的氣味——甜味，還有汗味。他用長繭的手揉著我的背。我和平常一樣蜷縮著——腸胃緊繃又焦慮。

美麗的，美麗的，美麗的
美麗的（女孩）
達令，達令，達令
達令（露西）。

我把手按在她背後唱歌——溫柔地，用耳語輕唱。這時，溫熱鹹味的眼淚流下。

「你在哭嗎？」露西問。

「沒有。噓，快睡吧。」

但我不知何故想要一直唱，歌詞令我哽咽。

在你過街之前，牽著我的手，
當你忙著計劃其他事
你的人生正要開始……

在我心裡有種感覺——身為小孩，有很多困惑、擔憂和期望——但也有平靜和安全——像這樣裹在毯子裡讓我爸揉我的背，唱歌。如今我在這裡，提供露西這種感覺。她是個小天使，輕快甜美細緻又可愛。她很有這些特質。但史賓賽也有，小時候陪我躺在棉被上的我爸也有。連我也有。當然，我已經喪失了。我把它埋葬，背棄輕快甜美細緻可愛的一切，變得恐懼、受傷、沉重又糜爛。但善性還在心裡——肯定有。

每一天，在每個方面，
情況總會越來越好……

我讓這些話沉澱，想要——好想要相信它。

第兩百三十天

我睡在客廳的皮沙發上。露西站在我面前用瀏海下的眼睛眺望。她用笨拙的小手拉扯她的黃色飛天小女警睡衣。她嚇了我一跳，我驚醒，她發出竊笑。她鼻子和臉頰上的雀斑今天早上不知何故特別顯眼。她微笑，我看到她整齊的小牙齒。

「早安。」我說。

她害羞地跪坐下來。

「怎麼了？」我繼續說，「有沒有作美夢？」

「有啊。」她說。

「真的？是什麼？」

她停頓一下才抬頭望著天花板，用手指扭轉一撮頭髮。

「我忘了。」

「妳忘了？露西，我對妳真失望。我們早餐要吃什麼？」

她蹦蹦跳跳去廚房同時唸著，「鬆餅，鬆餅，鬆餅。」

我把冷凍鬆餅放進烤爐時，電話刺耳地鈴聲大作，我去接聽。是蜜雪兒打來的。她聽起來好像剛哭過。史賓賽被送到比佛利山的西奈山醫院。昨晚他們給他做了脊椎穿刺。他被診斷是腦膜炎。醫師們不確定是病毒還是細菌造成的，反正我也不懂有什麼差別。蜜雪兒昨晚睡在醫院病床上，已經精疲力盡。他們最後給史賓賽注射嗎啡，讓他能睡覺。蜜雪兒想回家洗澡、換衣服。我答應下午露西上學時間去陪史賓賽。蜜雪兒說她不知道該怎麼感謝我。

「拜託，」我說，「我只慶幸能夠做點事情回報你們。」

「我愛你，尼克。你永遠是我們的家人。」

聽了熱淚在我眼中打轉。「我也愛妳，」我說，「妳知道的，如果沒有你們，我現在根本不會活著。你們是唯一支持我的人。」

「唉，我們永遠會。謝謝，尼克。等你到醫院見。」

我們道別。

我必須九點前把露西送到幼稚園，要將一切準備妥當相當忙碌——做午餐、設法說服露西決定穿什麼衣服。她發生了一場服裝小危機，拿出抽屜裡的每件衣服。真好笑，我記得聽過我掙扎著尋找最佳服裝時，我父母被迫等很久的故事。我看著露西照鏡子，檢查她嬌小的五官。她挺出肚子，皺眉撫摸。

「需要我幫妳選衣服嗎？」我問。

「不要！我可以自己來！」

「妳說得對，抱歉。」

我走出房間去喝咖啡。

這很怪，但這兩天來無法運動，我感覺腦中很混亂。好像我的思緒轉得很快，我有種潛在的焦慮和絕望感。很強烈，除了去騎車或跑步十哩之類的，我不確定能怎麼辦。這種偏執強迫感從未消除。即使在這裡陪露西，我也忍不住有些分心。我就是無法控制飛竄的思緒。

大約十分鐘後露西走出來，穿著她昨天的衣服。我吻她額頭。我們一起看電視直到該走路上學。社區裡盡是有修整草坪和木頭圍籬的平房住宅。我們玩避免踩到裂縫以免招來厄運的遊戲。露西對史賓賽和蜜雪兒不在家似乎相當冷靜。她駝背，抬頭，不肯讓我牽她的手。我猜她在裝成熟。

我抵達醫院時蜜雪兒在候診室迎接我。她眼眶紅腫。她擁抱我許久，緊緊貼著我。我第一次真正理解史賓賽的病有多嚴重。蜜雪兒叫我別擔心，但脊髓腦膜炎可能致死。史賓賽因為疼痛和嗎啡等等神智不清——而且他全身起疹子。蜜雪兒問我能否陪史賓賽到五點左右，到時她會帶露西和晚餐跟我會合。如果我不介意，她希望我在她家再過一夜。我說沒問題。

史賓賽的私人病房在三樓。裝潢不錯，只是到處瀰漫令人作嘔的醫院消毒水氣味。一走進去，我雙手顫抖。如果失去史賓賽，我真不曉得該怎麼辦。從來沒人像他這樣純粹無私地接納我。我真的很害怕，但我努力不顯露。看著他躺在那兒，插滿管子被螢幕包圍，我忍不住低頭迴避他的目光。史賓賽是個壯漢，但他似乎已完全崩潰，彷彿他向內坍塌——萎縮、蒼白。疹子在他幾乎透明的皮膚上像是隆起鼓動的紫色混雜著紅斑。我進去時他擠出微笑。

「嘿，老弟，」他輕聲說，「這裡面一定有什麼反諷。很抱歉讓你大老遠跑來。」

「史賓賽，拜託，別擔心。你看過我比這更糟的狀況。況且，我相信你過兩天就會好起來。」

他閉上眼睛。「希望如此。目前感覺好像有該死的冰鑽插進我的額頭中央。」

「真慘，老兄，而且你還沒上到莎朗史東呢，嗯？[22]」

「什麼？」

---

22 第六感追緝令的劇情梗。

「沒事。」我猜這個笑話不好笑。我走到病床床腳，可能是蜜雪兒昨晚睡過的小床邊。我坐下，拿起我的背包。「你要我讀書給你聽，還是什麼的嗎？」我問。

「我不確定能專心聽進多少。他們每四小時左右會給我打嗎啡。其實，他們最好趕快來打針，因為痛得受不了。」

窗簾敞開，太陽照亮病房，不過有點昏暗。我想到嗎啡，或海洛因。我看到針頭插進去，拉開活塞，看著血液衝進針筒裡的興奮感，緩緩注入讓它宛如魔法消失在你的手臂裡。我想起爬過後頸的刺痛麻木感與傳遍全身的極樂平靜。我猜在某個方面，我是挺羨慕地看著史賓賽。生病就像拿到免費出獄卡。我記得我在馬里布的戒毒中心上班時有個中年客戶，超級有錢，有老婆小孩。他會故意發生意外，斷手斷腳，或宣稱嚴重偏頭痛，以便得到醫院藥物——同時不會感覺像做錯什麼事。

我猜想弄到一瓶二氫嗎啡酮（Dilaudid）之類的會有多容易。我可以在浴室裡注射。以史賓賽這個狀態，很可能根本不會發現。但我又想到露西，當她爹地住院時她只想跟我玩、被安撫、感覺安全，我卻可能會嗨到不斷打盹。還有給我工作，把小孩、房子和小狗託付給我的蜜雪兒。我絕不能讓他們失望，現在不行，永遠不行。我的人生變得好充實，生平第一次，我想要為自己和我對別人的影響負起責任。

這時候有個男護士穿著綠袍，戴口罩，還有防護帽之類的東西進來。他拉著一個金屬托盤。我還是忍不住略帶渴望的眼神看著。

「尼克。」史賓賽說。

我站起來。「是？」

「他們現在要給我打針了。如果你覺得不自在，可以出去，好嗎？」

「呃……」我得想一下。你知道的，我心裡一部分想要看打針以便我能記住。但我也對這事有點反感。說到底，我根本不想要再嗨了。打毒品的用意是不必面對我的人生，不必活在現實中。但我不想再逃避了。我不想隔著假情緒的面紗體驗人生。我猜我只想要變得真實。於是我出去在走廊踱步了一會兒。

關於醫院還能說什麼？無論多高級，空氣總是充滿消毒劑與隱約的化學物臭味。大多數病房關著門，但有幾扇開著。病床上多半是全身有褐色老人斑的老人。他們身上接著管子和電線等東西，就像史賓賽。他們似乎在睡覺，或迷失。看著他們我很難過。彷彿我們所有人內心的空虛——後悔過去、恐懼未來——被具體呈現在這些枯萎的身體上。我想像變老不禁發抖。直到幾個月前，我根本沒指望活過三十歲。現在我想重新活過，這些病痛和腐朽讓我感到謙卑，甚至有點丟臉。當這些人天天都在拚命奮鬥，想要活命，我怎麼能隨意拋棄我的生命？

我感到必定是愧疚、後悔或我不曉得什麼的腹中糾結。有個頭髮幾乎掉光的老太太在病床上坐著。她望著遠方，盯著只有她看得見的東西。嘴上發出穩定的呻吟聲。她獨自一人。不知何故我想起外祖父，他貧窮顫抖地裹著救世軍[23]的毯子在退伍軍人醫院過世。我媽沒告訴我太多他的事，只說他是可憐的酒鬼，常常昏倒在沙發上，睡夢中大聲咒罵，而我媽努力用枕頭隔離他的叫聲。我想起史賓賽和他給我的重生機會——讓我又有了一絲希望。

我回到史賓賽病房時，他微笑，有點太高興看到我。電視上在播肥皂劇，他大談那顏色多麼漂亮。我笑著努力隱瞞他表現得多麼嗨。不過，他說他很遺憾讓我看到這副模樣。

「感覺真好，」他說，「但我會為這種快感放棄一切嗎？我會放棄露西？蜜雪兒？我的工作？我們一起騎車？我擁有的朋友？」

23 慈善團體。

我握著他的手，起初感覺真是彆扭到極點。

「不會，」他繼續說，「我戒毒並為自己建立的生活勝過藥物能給我的任何快感。我現在告訴你一件事，好嗎？」

我點頭。

「戒毒不只是不吸毒。戒毒的重點是清醒和遵守心靈原則生活帶來的喜悅。沒有比這更好的事。忘掉毒品，忘掉針筒，忘掉一切。我們活著是為了照人生的走向體驗純粹的生活美好。尼克，如果我過不了這關，希望你知道我體驗過了。我看過真實生活的樣子，不是殘酷和壓迫——是極樂。遠超過像快樂丸或這該死的嗎啡的極樂。感覺平靜是有可能的。看著你的所有夢想實現是可能的。尼克，我向你保證。」

「史賓賽，拜託，」我說，「我知道你會撐過這一關。但你不必跟我說這些。我看著你。我天天看著你和你為自己創造的生活。不要以為我質疑你的誠懇。我是說，我幾乎跟你住在一起。我看過十二步驟計畫對你的影響。我最大的希望與慾望是像你一樣建立我自己的生活。你懂得什麼才重要。你幫了我看清什麼才重要。你是好人。我只希望我能像你成為好人。」

我們兩人都流淚了，我緊張地翻找背包。

「要我讀書給你聽嗎？」我問。

「好啊，請。你想讀什麼？」

「我帶了艾密特．福克斯的書，你能夠專心聽嗎？」

「我盡量。」

我拿出艾密特．福克斯的《登山寶訓》。我讀過好多次，紙頁都磨損發黃，邊緣還捲翹。史賓賽教我照著做，我是說，盡我能力啦。其實說來尷尬，我對艾密特．福克斯這個人所知極少。基本上我對他的認知只有他是英國的某種聖經學者。

我坐到醫院的合成纖維枕頭上，倚著慘白牆壁開始朗讀。

福克斯對耶穌教誨的解讀相當自由。就我的理解，他認為天國就在我們每個人的心中。他也認為我們的思想會創造我們的現實。如果你只想著上帝也不斷讚美祂，那麼你就只會知道平靜、愛和自由。疾病、憂鬱什麼的——那就是我們自己負面思想的表現。

顯然管理我們世界的有一大堆不同法則——物理法則、數學定律、化學定律。呃，福克斯說也有跟科學家能夠在試管裡證實的法則同樣正確不變的精神法則。在精神層面上，如果你開放、慷慨又善良，就會得到十倍的獎賞。或許不是以你付出的相同方式回來，通常是收到心的贈禮。例如，如果你在街上撿到內有五百元的皮夾，你可以留著錢買兩雙鞋之類的。那你就有了兩雙鞋。然而，如果你連同所有錢交還皮夾，你會充滿善良與愛的感受。基本上你只是用一個想法取代另一個，你知道的，似乎有效。情況真的有些改變。

我讀《登山寶訓》給史賓賽聽。這章講的是耶穌所說「謙卑的人有福了」。謙卑在此的意思被形容是，永遠把你生活中的好事歸功於上帝。我不確定。在沙林傑的《法蘭妮與卓依》中，法蘭妮的部分重點放在她努力學習聖經裡說一個人應該隨時在禱告狀態是什麼意思。結果她的做法是重複特定禱詞以求超越人類苦難、自私、疏遠上帝——總是假設有某種上帝存在，或至少，有更崇高的自我。

這對我來說仍是接受教誨最困難的層面。當我允許自己仔細去思考，我就是做不到，了解可能真的有上帝。但史賓賽給我糧食、幫我找工作，成功讓我維持相對穩定。我所做的只是遵守他的指示，當作我整個該死的人生都取決於此，似乎有幫助。

我看著這個人，躺在面前的醫院病床上，因為體內嗎啡猛打盹。我像對小孩朗讀一樣唸給他聽，像我以前讀書給傑斯柏和黛西聽。突然間我真的有種歸屬感。

我一直唸。史賓賽一會兒打呼，臉色變得放鬆寧靜，然後驚醒咕噥些什麼。他會看著我，我不知道他看見什麼、想什麼、感受到什麼。我看著他，好想成為真正的一分子，真正成為他的家人。

四點半左右蜜雪兒回來。我該去安親班接露西。露西學校的人都同意了。蜜雪兒化了點妝，短髮也洗過吹乾。她帶了過夜用品。

蜜雪兒對於給露西吃什麼晚餐等等給了我明確指示。我聽著只感到驕傲，她夠信任我，才再度把女兒託給我。

開車回他們社區途中，我停在附近一家影音店租些片子，打算跟露西一起看。我在Cinefile找了闔家觀賞區，最後選了兩部吉姆．韓森的布偶電影。我小時候一直很愛看。我開到他們家，為了露西的晚餐，燒水煮義大利麵，放入奶油和起司。煮好才走過街區到她的幼稚園去。

我發現她跟兩個女生、一個男生在戶外玩。起初我只看著她跟朋友交談。我想起這個年紀的黛西。我想起跟她馬林郡學校的一年級老師去當志工。我從麻州大學放寒假回家都在那邊工作。我跟孩子們混得很熟，像是哪些人需要特別注意等等。真捨不得離開他們，你知道嗎？我是說回大學。或許這是十二步驟計畫重點的例子，助人也自助。當我專心幫助別人，似乎就能幫我不想吸毒。我只懷疑我該怎麼更完整地應用到我的生活上。

我喚露西，她跑過來，給我一個大擁抱。我也回抱她，跟著她去拿毯子、午餐袋等東西。

我們沿著人行道往回走，停下來接小湯姆帶他一起過街。露西一肚子問題。當然她想知道爹地怎麼了、為何不在。蜜雪兒要我告訴露西，她和史賓賽今晚要去拍片，所以我才來過夜。我不太習慣說謊，真的，但還是說了。

你一定以為我說過那麼多謊，應該沒問題才對。

我用微波爐加熱晚餐，我們玩了一會兒塑膠馬。我假裝是賽馬播報員，馬兒正在肯塔基德比大賽奔跑。

蜜雪兒打來幾次確認一切沒問題。史賓賽狀況沒什麼變化，還是每四到六小時要打嗎啡。他們或許只能這樣，讓病毒跑完它的循環。既然讓他穩定下來了，他們不認為他有什麼危險。我想我鬆了口氣，但是我從未真正懷疑他能否撐過去。我根本無法想像沒有史賓賽，我的生活會怎樣。我不能讓心思飄到那邊去。

我坐到露西旁邊，我們看了《大眼蛙電影》，還有《布偶大追緝》，直到她該睡覺的時間。她一直窩在我身邊。睡前我讀了一本我繼母的書給她聽。前幾天我在索特爾大道的二手書店發現，就買給露西。這書我看過很多次，敘述一個小女孩搬到新社區，拚命想交朋友。書以她母親亨利葉塔命名——就是我的繼外婆。大概自從三年前，我闖入亨利葉塔家之後就沒見過她了，當時我是街頭遊民。我在她的地下室睡著了。她在一堆髒衣服底下發現我，我只想繼續睡，但我好尷尬又害怕，就跑掉了。

之後我們的關係再也不一樣了。她和她老公傑瑞米亞，我覺得比我爸媽的父母更像真正的祖父母。亨利葉塔曾經帶我沿著馬林岬的懸崖健行。我們會一起玩骨牌，她會教我縫紉做菜之類的。她很懂政治，我們會一起看總統大選辯論和公視新聞。我記得十或十一歲時跟他們夫婦搭渡輪越過舊金山灣。我們在舊金山碼頭靠岸，走到北灘去吃中國菜。她織過毛襪送我當聖誕禮物，腳跟還繡了個心形。

我唸《亨利葉塔》給露西聽。

看著書中的圖畫，我想起祖父母。我回想我們相處的時光。我疏遠好多人，摧毀了好多關係——但如今我躺在露西旁邊，讀這本書給她聽。別的不說，史賓賽一再對我強調的就是我們只有這一刻：就是現在。

我哄露西睡覺，關燈，吻她額頭。

就這樣了。目前我擁有這些。我只希望我能想通怎麼讓我該死的心智不恍神——糾結在損失、痛苦和我做過的一切——然後跳進似乎很不可能的未來。

這種念頭曾經讓我把針頭插進手臂。我想起史賓賽和他會怎麼說。

「跟上帝商量，別跟自己商量。」

所以我再試一次。我反覆唸著某種經文，「上帝，謝謝你給我今天的生活。謝謝你指引我。謝謝你保護我。」

我讓露西的房門虛掩，這是她的意願，然後道晚安。

禱告有點幫助，不過我無法讓思緒慢下來，別用我的過去折磨我。我逐漸仰賴禱告，但這只是小小的麻醉。唉，總比沒有好。我緊抓著它，不知還有什麼更好的辦法。

想到這些，我忍不住發現這檔事有多麼像邪教。不是財務的角度——我並沒有給過史賓賽或任何人錢。老實說，他們真的對我毫無所求。但每個人都遵守這些很明確的教誨和教條。如同其他異教，他們提供我一個有安全感和歸屬感的地方，不像以前我到處飄盪沒有方向。

但接著我很愧疚質疑這些事，好像我背叛他們。我猜我只是不太喜歡屬於任何組織。我總覺得我應該能夠自力更生。我的自尊告訴自己，我比這什麼十二步驟狗屁強。我想要叛逆，不過當然，我其實沒得選擇。如果這對我無效，那就沒什麼有效，我會吸毒到死。這個計畫非成功不可，一定要。

我沒打開電視，反而拿起背包裡一本十二步驟的書。我設法在頁面裡尋求安慰。我看完第二步驟的章節概要，關於逐步相信有崇高的力量。就像我努力從每個字擠出很多意義——或許比實際上更多。我絕對想復原。我需要復原。我已經盡力了。如果我能有辦法轉動鑰匙，解開某種東西，最後我會找到這個計畫承諾的平靜。我挖掘每個音節，就這樣在尋找中睡著。

第二百三十四天

史賓賽還在醫院裡，但最壞的階段已經過去。他既虛弱且蒼白，連走到走廊盡頭再回來都很勉強。他說，唯一的好事是他瘦了不少。

他稱之為「臨終節食」。

雖然蜜雪兒不在，這幾天我一直在美髮沙龍上班。史賓賽生病後我每晚陪伴露西。盡量抽空去醫院探視。這麼忙碌感覺真好，只是我無法再騎單車。老實說，沒運動讓我挺難過。沒運動會讓我有種徹底失敗的感覺。但是昨晚，我有空跟一些朋友去參加十二步驟聚會。他們似乎沒人像我對一切這麼瘋狂偏執。真怪，因為我在高中時，就有現在這種參加該死的十二步驟計畫的感覺。好像，呃，似乎對每人很容易，對我就很困難。我背離該死的世界與這些極端情緒，感覺好心灰意冷。他們不必像我這麼掙扎，也可能只有我把我討厭的內心跟別人的外表作比較。但我敢向上帝發誓，我做一切事情似乎都比別人困難。

今天我和我爸通了電話。早上上班前打給他。我們談了將近一小時。我把發生的事情都告訴他——史賓賽住院始末等等。他大致告訴我傑斯柏和黛西的近況。他還是非常保護他們，好像想要防止我涉入他們的生活。當我要求跟他們講話，他拒絕了。我能理解，但我掛斷電話後，還是哭了。

我爸完全不願幫我付房租或給我錢，但他提議幫我付治療費。他非常相信精神醫學，我告訴他我沒用藥時他很擔心。十八歲以來我吃過許多不同的抗憂鬱藥。沒有一樣比得上毒品的奇蹟，幫助我免於陷入最幽深的憂鬱。我向老爸承認我有點擔心切斷所有藥物。

當然，史賓賽強烈反對為了精神病學理由服用任何藥物。其實連跟他談都不能談。是這樣的，據他說，上帝應該能夠治癒我的一切毛病。精神疾病根本不用考慮。我當然不是在否認他的教導，總是非常有力也真的有幫助，因為顯然他改變我的人生。那是實話。我不僅不再吸毒，也不用整天抗拒毒癮。在某些方面，比起從前住在車上糜爛瘋狂，我根本判若兩人。除了遵守史賓賽和十二步驟計畫中其他人的指示，我還能歸功於什麼？

但在這個點上，我只覺得情況不應該他媽的這麼辛苦。我孤立的程度遠超過我聽朋友們說過的例子。我想聽聽其他的意見。所以我接受我爸的提議，他幫我安排了洛杉磯西區的一位精神醫師。她的辦公室離我工作地點不遠，我排了今天下午的門診。我沒告訴史賓賽，但我猜想他只是不懂這方面的事。大約兩週前我跟他騎車時提起這話題。當時我們騎很慢，沿著從瑪麗安德爾灣（Marina del Rey）到艾爾摩莎（Hermosa）的自行車道前進。史賓賽根本不讓我說完我的想法就開始長篇大論談抗憂鬱藥的迷思和腐敗、操弄市場的藥廠。

老實說，我在很多方面同意他。不同藥物透過行銷的誘惑手段實在令人反感。我數不清有多少次我認識的醫師是用Zoloft送的筆寫處方籤，或用廣告Wellbutrin的杯子喝水。但我不認為那能否定特定藥物能幫助多少人。雖然我從不認為抗憂鬱藥解決我所有問題，但是有點幫助。即使那是安慰劑，這些藥能改善病況的事實，好吧，我至少必須承認它有些功勞。所以我不覺得用精神藥物實驗有什麼害處或錯誤——當然，要在醫師監督下。

總之，我必須提早下班去看Wilshire用藥的門診。低懸的雲朵和夏季早晨的霧已經消散，我駕車離開沙龍時已經晴朗炎熱到刺人。我得再去學校接露西。史賓賽和蜜雪兒終於決定把史賓賽的病情誠實告訴露西，我要載露西去醫院看他們。史賓賽仍臥病在床，但不必再接著管子等等讓他顯得很嚇人的東西。反正露西似乎知道有什麼不對勁，我很高興他們終於要告訴她。

我停在摩天辦公大樓外一個小車位裡。我終於存夠錢買了我在舊金山看到的Secret Chiefs 3新專輯，我反覆一直聽。熄火時，音樂驟停，午後的熱氣令人難以呼吸。有臺全是鏡子的電梯可以搭到三樓。我望著假大理石地板——什麼都好，免得我必須看著自己。醫師是位名叫瑞秋．李維的女士，辦公室布置得就像我見過的其他精神醫師一樣，有小燈可以打開，通知他們你已經到了。

我在有坐墊的藤椅坐下，翻閱《紐約客》雜誌。我總是直接翻到影評。閱讀評論對我就像宗教信仰，向來都是這樣。我太沉溺在安東尼．連恩的評論，以致沒注意到有個化濃妝、剪保守短髮的矮小女人開門出來。她至少叫了我兩次。

我連忙站起來，自我介紹，看著她穿的紫色套裝。我們尷尬地握手。她的長指甲塗了指甲油，她帶我進辦公室時，我發現有些很平庸的洛杉磯海灘水彩畫，看來像是在威尼斯的觀光客藝廊買的。牆上也有很多醫學書和幾幅裱框的文憑。

我坐在長沙發的角落，同時她坐到我對面厚重、嚴肅的椅子上。我們都翹起腿來。她的華麗耳環晃來晃去，我猜想或許我找錯人了。

「你今天來有什麼事嗎？」她問。

我完全不知從何說起，但我設法找了個起點，盡快講完我的經歷。

你知道的，起初我有點困窘。我感覺或許我只是對這種邋遢的女人太震驚了。但是到最後，我心想我是來求助，所以我盡量全說出來。我或許講了半小時，她僅有點頭。我講完後，她靜坐片刻，繼續點頭。她發出沉思的噪音，然後站起來走去架上拿了一大本厚書。她還是不說話，一直翻到她想找的那頁。她把沉重的書交給我，標題是「躁鬱症（躁狂抑鬱症）」。

「你看到那些條列式沒有？」她問。

我的目光往下移。「有啊。」

「告訴我，你符合哪些描述。」

我閱讀她給我的書，書中形容為躁症的症狀列表，其中包含浮誇的情緒、睡眠減少、過度從事可能有痛苦後果的享樂活動——像是吸毒、濫交等等。

我每一筆都符合，該死的每一筆。

下一頁是被稱作鬱症的症狀列表。大多數只是極度絕望感，或對普通活動缺乏興趣。也描述了低賤與想死的感覺。

「這些你有符合的嗎？」

「有啊，」我說，「全都是。」

「全都是？」

「對。」

她沉默坐了一會兒。「嗯，我想試試這樣。我是說，如果你願意的話。」

「我願意，」我說，「我沒什麼好怕的。」

她沉穩地微笑。「根據你的描述，」她用聽起來最專業的口氣說，「你有某種躁症，或躁鬱症，被分類為『快速循環』。換句話說，你整天從狂躁到憂鬱的循環快到你自己不知道該有什麼感受。在這類案例中，我知道鋰和帝拔癲（Depakote）等藥物非常有效。我也想讓你開始服簡單的抗憂鬱藥，或許百憂解之類的會有幫助。我不確定。我甚至想讓你開始服用津普速（Zyprexa）之類溫和的抗精神病藥，確保你的心情不會控制你堅定的戒毒慾望——如果你真的想戒。」

「是真的。」我說。

這是實話。

「但是一開始，」她繼續說，「我會開個帝拔癲和百憂解的處方籤給你。希望這兩種藥能夠讓你的心情穩定下來，讓你專注在生活而不會隨時被壓倒。」

我向她道謝。這似乎很合理。「被壓倒」是形容我一般存在狀態的最佳說法。我將那張她飽含真誠又樂觀的祝福遞給我的字條塞進皮夾。這張紙上是我恢復相對正常的希望。

我起身，跟她握手。我們約好下週回診。她祝我順利，我低頭走出診所。我搭電梯回到車上。太陽還沒下山，熱得我全身裡外都要窒息了。真希望下點雨。

我抵達幼稚園時，露西正在跟兩個朋友玩。他們在沙盒裡玩遊戲，我很不想打斷他們。我在附近藥房交了處方籤，等明天才會去領藥。不急。

我看著露西跟其他孩子們繼續玩。我在他們這年紀時，父母還沒離婚。我不太記得那時候的事情。我想起來的是跟保姆從學校走回家，發現一條毛毛蟲。我知道我們家柏克萊山的房子後面有座花園。我只想把毛毛蟲帶到花園去讓牠有機會吃我們的植物活命。我記得一路帶著牠回家。除此之外，我對那段人生毫無記憶。所以或許現在露西的人生中發生的一切都會在她回憶中成為一團模糊。不過，小孩就像個收集一切的空容器，很容易受環境影響。我是說，心理治療時他們是這麼跟我說的，似乎是實話。我沒有刻意記住的事每天都在影響我的行為。現在我懂了。所以即使露西對今天沒有意識的記憶，她仍然像塊小海綿吸收一切。而且，隨時隨地，她都在發展她應付人生突發狀況的技巧。如果她滿心驚恐，她會成為畏縮的人。如果她有安全感也被接納，她會長成相信自己的人——有自信，很篤定。

我好想幫她長大成為堅強又能接納自我的人，我從未真正體驗過這種感覺。

因為蜜雪兒終於決定讓露西去醫院看史賓賽，我載她到比佛利山。我在車上模仿皮特・西格[24]唱〈阿比悠悠〉（*Abiyoyo*），說背景故事等等。其實那是出自以前我跟傑斯柏常聽的錄音帶。阿比悠悠是個會攻擊村莊的巨人，唯有一對魔術師父親和音樂家兒子能夠阻止他。我的心思只能記得那種資訊——幾乎逐字背誦故事，加上西格的所有聲調等等。露西似乎很入迷，我們抵達比佛利山的醫院時，彷彿時間一下子就跳過了。她笑，我也笑，我們一起唱：「阿比悠悠，阿比悠悠。阿比悠悠，悠悠悠，悠悠悠。」

我在醫院付十塊停車費時，已經七點多了。

太陽還在，露西穿著黑色背心和彩色裙子、打摺襪子，和走路時會發出紅光的白色球鞋。我們牽著手，走過柏油路到大門。她蹦跳大笑又跳舞。我問她怕不怕，她說：「不怕。」

我來探視過很多次，沒在櫃檯登記。我們走進電梯，上三樓到史賓賽的病房。日光燈像昆蟲般發出聲音。到處瀰漫化學物品和消毒水的氣味。露西和我走在過濾的空氣中，經過大家忙來忙去看起來很累的護理站。我們沿著有圖案的地毯走過走廊。史賓賽的房門關著，我輕輕敲門，然後我們等待。

蜜雪兒開門時看起來氣色好多了，比一開始看到的樣子，還要休息充足、精神好。我猜史賓賽的狀況真的改善了。史賓賽氣色變好，表情也復原，似乎還胖了一點回來。他沒刮鬍子，一臉邋遢，但是眼中籠罩死亡陰影的薄膜消失了。露西跑去擁抱他。

「爹地！」

她爬到床上，湊近去磨蹭。

「喔，我的寶貝，」史賓賽說，「我好想妳，小不點。」

「爸，你生病了嗎？」

「是啊，挺嚴重。」

他們擁抱彼此，蜜雪兒和我交換個眼色。我們同樣眼眶發紅，開始泛淚。我想最重要的，我們不必再騙露西，都鬆了口氣。看著他們父女多麼愛對方、多麼需要對方——呃，實在讓我屏息。蜜雪兒手搭到我肩上時，我不禁哭了。史賓賽沒事，他或許明天或後天會出院。我猜我根本沒發現這是多嚴重的大事。好像地球的引力減到十分之一。困在我心裡的一切，像海水在碼頭上湧入湧退，反覆拍打，想要用規律的節奏猛烈沖垮防波堤，終於退去了。我不確定有沒有其他哭的理由。蜜雪兒哭了，然後史賓賽也哭，我們就這樣站在醫院病床周圍，直到露西說，「為什麼大家這麼傷心？」

我說，「我們不是傷心，親愛的，我們是高興。」

「那你們為什麼哭？」

「因為快樂時也會這樣。」

稍後我去第三街的店幫大家買披薩。我們一起在病房裡吃，看著裝在天花板的電視上的奧運開幕典禮。我們開選手服裝的玩笑。露西似乎很著迷。碧玉表演歌藝，露西問了我很多關於她和冰島的問題。我們像一家人坐在這裡，一起經歷這場折磨。我們像戰後的老兵。歡笑從未感覺這麼輕鬆過。

蜜雪兒決定在就寢時間前帶露西回家，陪她過夜。所以，今晚我不必照顧露西。史賓賽要我陪他多待一會兒。半夜會恢復疼痛，他還在打嗎啡——只是劑量減少。有個白人胖護士進來注射，露西和蜜雪兒離開。我看著針頭刺穿皮膚時全身汗毛直豎——她插入，然後把血液和藥水混合物注射進他手臂裡。我差點吐出來。有時候，我還是會渴望注射時感受針頭命中血管。有時候我幾乎像毒品一樣渴望打針。我看著史

---

24 Pete Seeger（1919-2014），美國傳奇民謠歌手，一九九六年被選入搖滾名人堂。

賓賽翻起白眼一瞬間，同時向護士道謝。

他或許花了一兩分鐘才清醒過來。

「對不起，尼克，」他說，「我知道讓你旁觀很難過。」

「是啊，」我垂下目光說，「難過。但是說實話——我只覺得慶幸我不必被這玩意搞得虛偽又恍神。」

「我願意不惜代價擺脫它。我也願意不惜代價避免再經歷一次戒毒過程。」

「戒毒很難嗎？」

「這麼說吧，」他微笑說，「我很在意時間和下一針是什麼時候。其中一部分因為痛苦，但一部分只是我的毒癮再度嘗到快感滋味，我挺懷念的。你可能不認為你懷念，但我保證，你內心深處的癮頭還在，還活著，等待時機，直到能夠再度擺布你。它絕對不會完全消失，會利用任何機會把你拉回去。」

「對，」我別開目光說，「我知道。」

「我會需要你幫忙，尼克。我需要你陪我走過這一關。我不知道還能找誰。」

「史賓賽，拜託，別擔心。我會支持你。如果你需要，我會陪你度過每一刻。史賓賽，比以前發生的事更重要的，我是你朋友。我是說，你是我最好的朋友。我無法報答你為我做的一切。我愛你。我是說真的。」我伸手放在他大得多的手上，低頭看著他靜靜躺著。「無論你需要什麼，」我繼續說，「你可以相信我。」

史賓賽微笑，稍微翻身側躺。

「你累嗎？」

「是啊，我要睡了。別忘記，尼克，能真正給我們任何真實滿足的唯一事情就是關懷別人。我們的人緣如何不重要。真正讓人生更滿足的唯一事情就是我們對別人的愛。當我幫助你，其實我也在幫自己——

支持人類與所有人之間存在的關係。成果自己會說話。例如，你這個星期感覺如何？」

我回到小床上坐下，翹起腿來。「呃，當然，我嚇壞了。但是沒錯，我根本沒空想到我自己。我是說，如果我有時間洗澡就很奢侈了。我只想確保你，還有露西和蜜雪兒沒事。我猜做這些事有些解脫的效果。狀況很緊張，但我感覺很冷靜又，嗯，心裡有目標。」

「這正是我希望你指出來的，」快睡著的史賓賽說，「這是整個十二步驟計畫的焦點。這是你正在體驗的。我們是終生互助的兩個人。幫助別人的滿足感是無與倫比的。這樣學到教訓是很糟的方式，但在我心中很值得。現在你也能懂了，毫無懷疑，你給別人的越多，收到的回報也越多。這是普世的事實。你絕對不會失望。如果你不介意，現在我要昏迷了。」

「明天見。」我站起來，走過去關掉床頭燈。病房被黑暗吞沒，我摸索著走向門口。

走回車子與開車回家途中大半時間，我一直回想史賓賽說的話。我一直很驚訝他這麼無私地收留我，幫助我想要活下去。我從來沒想到他這麼做可能同時也為了幫自己。身為毒蟲時，我真正在乎的只有讓自己嗨。身邊是有一些人——蓋克、子彈、蘿倫——但說到底，對我真正重要的是我能有需要的毒品，以免生病或崩潰之類的。

現在史賓賽指出來了，我才發現我人生中享有某種內心平靜的時期，都是我專注幫助別人，而非自利的時候。去傑斯柏和黛西的學校當志工，當保姆，為家人做晚餐，打掃房子，跟朋友講電話傾聽他們吐苦水而不提出意見或批判。那都是我不再執著於自己，真正有解放感的時刻。「自我束縛造成的自由」，他們在十二步驟的術語是這麼稱呼。之前我從未真正了解，但現在我懂了。

我沿著I－10公路開回公寓。洛杉磯在夜間黑暗中發出有毒的橘色光芒。我的手機響了幾次，是戒毒計畫的朋友。賈許跟女生約會之後打來。他跟我說話，我盡力傾聽。凱文因為跟他女朋友艾蜜莉出了問題才打來，然後艾蜜莉也打來談凱文。我關掉車上的音響，結果在地下車庫停車之後，還講了大約十五分鐘的電話。想到我人生中的這些人，我在戒毒計畫認識的所有人，唉，我好感激。我呼氣，現在只想留在原地。我掛斷後，搭電梯上樓時，感覺好像不可能的事成真了，我單純做自己感到完整與滿足。我做自己很自在——至少當下如此。

我進門後，吃了些咖啡巧克力碎片冰淇淋，往機器放了一片ＤＶＤ。但是我睡著了。

第二百三十八天

昨天我終於開車把史賓賽從醫院接回家。他還是很痛苦，深受嚴重頭痛與全身痠痛困擾。不過，回到家還是一大解脫。蜜雪兒回沙龍上班，我也被解除部分照顧露西的責任，其實我並不介意。我還是盡量出現，下班後去他們家，盡力做晚餐和打掃。幾乎一刻也不得閒，但我似乎有所成長，在混亂中自得其樂。

今天午休時，我買了本《洛杉磯週刊》，發現洛杉磯影展快開始了。阿莫多瓦的新片《壞教慾》接下來幾個晚上會放映，我打到我媽的雜誌社問她能否把我們弄進試映會。我媽在電話中很客氣，掛斷後馬上打給該片的發行商索尼公司。原來今晚在索尼片廠有試映會，我媽把我們和另一位客人弄進邀請名單。我繼父不想去，所以我邀了賈許。他似乎很興奮，約好開演前在片廠跟我們會合。蜜雪兒似乎不介意，但我打給史賓賽確認他不會需要我。史賓賽開心地叫我去看試映，我猜一切搞定。我期待了一整天。

小時候，尤其來洛杉磯找我媽時，我唯一的遁世方式就是看電影。這是一件能渾然忘我的事，讓我忘記所處的世界。我記得有一次我媽和繼父吵架。我媽大叫著想要遠離陶德，想要收拾行李帶我一起出去住旅館。他們不停叫罵。我媽想開車走人，陶德用身體擋住車子，搞丟眼鏡。我跑進屋內，坐到沙發上，播放李昂尼（Sergio Leone）導演的西部片，調高音量。我還是聽得見他們吼叫，但電影給了我某種撫慰。九十分鐘內，我被轉移到另一個人生，另一個現實，另一個角色。基本上，讓我變成別人。讓我能旅行，成為不同文化、不同世界觀、不同社會的一部分。加上有一堆電影元素：音樂、特效、劇本和表演。在某些方面這是完美的藝術形式。是所有媒材的頂點。

我一輩子都沉迷於觀看與研究電影，了解所有不同導演與他們的作品。就像擁有我自己的影藝學院，不知何故，關於電影資訊我的心智幾乎可以完美記憶。我記得小時候，坐在凱倫她媽家裡沉重的餐桌邊。她母親經常會和我用一臺接收不良的小電視看有獎猜謎節目。某天晚上有個類型是電影，她跟我賭一分錢說我無法全部答對。結果我就坐在那兒答對每一題。最近呢，賈許開始在製作ＤＶＤ遊戲《電影之夜》（A Night at the Movies）的公司上班。我們在賈許的公寓玩展示版時，大家都不想跟我玩，因為我知道所有答案。我絕對不是吹噓，這比較像是嚇人的現象。遇到這種事，我就像《雨人》裡的達斯汀．霍夫曼。

總之，因為我媽在雜誌社工作，我能夠參加試映，也盡量利用這些機會。

我在我媽的辦公大樓外，西恩內加大道上跟她會合。她花了好久才下樓，我聽著全國公共廣播電臺上泰瑞．格羅斯（Terry Gross）的節目——有點生氣我媽老是遲到（不騙你）。我是說，從我有記憶以來我媽一向會遲到。我不確定這是什麼意思。

太陽雖然已經落到地平線下，天空中仍殘留一點顏色。有幾道規律的粉紅光和橘光像橫向的電視色條堆疊著。洛杉磯的日落，經過霧霾、汙染和垃圾的過濾變得很美，呈現出這個城市的特徵。也反映出住在這裡的民眾。但我猜想我媽沒事，因為她拿著一堆包包提袋什麼的，跑到車門邊。

我一向認為我媽很漂亮。我不確定，或許每個小孩都這麼想。但我媽真的很有型，她穿著Jack Purcells運動鞋、火紅色燈芯絨褲，戴著大墨鏡上車。不過，她像一團能量湧進車內。她立刻談起她的工作，到處亂丟東西。我是說，她向我打了一下招呼，接著就開始抱怨這些「愚蠢的名流」。她明天晚上得去韓裔區的一家夜店，尼可拉斯．凱吉就是在那裡認識他當女侍的新任老婆。顯然，你進門後他們會幫你安排對象一起唱卡拉ＯＫ之類的。我媽很不爽週五晚上還得過去。

我開車前往索尼，聽我媽講話。她今天必須收集班．艾佛列克和珍妮佛．嘉納可能結婚的消息。我們太晚抵達索尼片廠，經過警衛亭，進去停在前排。賈許就坐在一旁他自己的車上，抽菸聽音樂。他一看到我們就下車，我介紹他認識我媽。他留著長捲髮，鷹勾鼻。他用瘦削蒼白的手指跟她握手，他的手腕有點凹陷。賈許給我一個擁抱，我問他工作等等瑣事。老實說，我復發之後，他對我就像變了個人似的。現在他對我總是有點戒心。我猜我人生中大多數人都是這樣吧，他們太怕受傷不敢完全接納我。復發後我發現不可能再像以前跟老朋友那麼親近。多半時候我假裝沒發現，但心裡有數。

我們一起進去地下室的小放映室入座。裡面盡是很舒適的紅色大絨椅，我在這裡參加過幾次不同的試映。其實我跟我爸來過這裡幾次，訪談一些名人，然後我們必須看他們電影的試映。

這部片的風格有點像希區考克，但劇情是一個同志變裝癖兼海洛因毒蟲作家在西班牙的天主教學校被神父性騷擾。賈許、我媽和我忍不住開始討論。我們決定離開，到比佛利山的 Kate Mantalini's 餐廳吃晚餐。不知何故他們牆上掛了一堆女星安蒂．麥道威爾的照片。總之，它開到很晚，而且有超好吃雞肉派和燉牛膝。看到我媽跟我朋友互動真有趣。我成長過程中，老媽一直不在我和我朋友身邊。她和賈許似乎相處融洽。她想請他幫忙想她的報導主題。賈許的十二步驟計畫支持人伏爾泰在很多夜店當過守門人，也是芭莉絲．希爾頓等名人的朋友。可想而知賈許很喜歡談這些事。

你知道嗎，其實這正是洛杉磯的怪事之一。你去參加十二步驟聚會，結果活像好萊塢娛樂圈菁英名人錄。雖然我很不願承認，我也很受這些事吸引。我是說，那很迷人，我發現自己越來越被八卦圍繞。加上我開始交遊的很多人都在娛樂產業。連史賓賽都是圈內人，當製片什麼的。

當然話說回來，我父母也是。身為記者，我父母的生活都被名人占滿。雖然我們都很想低調不當一回事，但有時候我們都很執迷於名聲。

賈許一輩子都住在洛杉磯。他父母住在西好萊塢。他上南加大影藝學院，很熟悉電影、明星和導演。他和我媽都很喜歡談一些不同的謠傳。我媽問他想不想要出來跟她吃午餐，或許去老周餐廳。他很興奮，我微笑著以我媽為榮——不過也覺得尷尬和被忽略。我的注意力離開他們的對話，在餐廳裡東張西望。我想或許帕克・波西（Parker Posey）在我們對面某間包廂裡。我媽不認為是她，但賈許支持我，認為就是。我們看著她吃一大份沙拉。她戴著牛角眼鏡，頭髮往後紮起。

晚餐後我載老媽回辦公室，賈許回他在費爾法克斯的家。我謝謝老媽今晚的招待，請吃晚餐等等。她給我一個大擁抱。

「我以你為榮。」她告訴我。

我們再度擁抱。

回到我的公寓，我睡不著，於是我上網看些我喜歡的不同網站。有個叫做Nerve.com的線上雜誌，大約一年前，他們刊登了我寫的短篇故事。他們每週有簡短影評，我閱讀時總會驚嘆他們的聰明和創意。這部阿莫多瓦的電影對我很有啟發性，我決定自己寫評論，寄給編輯。我不確定我期待什麼，但寫作很好玩，我猜這才是最重要的，對吧？寫作對我是種強迫症。我必須寫——無論寫什麼。即使現在，我每天還是寫不同的短篇故事。我還在努力拼湊出那本童書，也在嘗試寫出我跟薩爾達的外遇經驗和那對我的意義。賈許和我也合作寫我們的殭屍戒毒中心電影劇本。我在美髮沙龍空閒的每一刻，都在筆記簿裡塗寫。寫作勝過運動，是我最大的宣洩口，幫助我保持清醒。

所以我會工作到深夜，累到真的在鍵盤上頻頻點頭之後才會睡著。

第二百五十四天

現在真他媽的太早了，我登上飛往檀香山的七四七飛機時，腸胃都抽筋了。這趟旅程突如其來，但我很感激我爸邀我同行——不過，我也很緊張。我從上次復發之前就沒看過他或凱倫，或我弟妹。其實，我看過凱倫一次，那是在飛車追逐當中。

老實說，我不曉得他們為何決定邀我去。我猜是我有進步了，他們願意再給我一次機會。我爸打來問我，要不要跟他們去夏威夷群島中開發度最低的摩洛凱島。他要幫某雜誌的旅遊單元，寫篇關於當地最近開幕的平價海灘露營渡假村報導。蜜雪兒答應讓我休假陪他們一起去。

史賓賽非常支持。他出院回家了，不過還是只能勉強下床。他們讓他服用維柯丁[25]，他讓蜜雪兒負責給藥。他說，這樣他才不會被誘惑濫用。我欣賞他的決心，不過有點嚇到，戒毒十五年之後，史賓賽仍然必須這麼小心。在十二步驟計畫中他們說一旦你成癮，就一輩子無法根除。我猜我心裡仍有一部分希望這不是真的。但我把史賓賽當成學習的榜樣。就我所見，目前他展現出的決心示範了我要付出什麼才能保持清醒。這是駭人的難關，但我猜這正是所謂「一天一天過」哲學的理由之一。

總之，當我告訴史賓賽我爸邀我去夏威夷，他似乎很替我高興。當然，他也警告我對此行結果別抱著

25 Vicodin，止痛藥。

不切實際的期待。

「只要你尋求別人的認同，靠別人來證明你的本質，就是在安排自己的災難。你必須自己是個完整的個體。沒人能替你做到。你必須知道自己是誰——別人說什麼無關緊要。」

我知道他說得對，但這一切說的比做的容易。我尊重老爸和凱倫。我尊重傑斯柏和黛西。我希望他們也尊重我。這個想法從未消失過。當然，吸毒時我能夠切割，不再在乎他們，但是戒毒後，呃，我好想要被他們接納。我猜要是我真的不在乎，或許會好過一點，但事實並非如此。

我通過連接飛機與航廈、鋪地毯的昏暗空橋。經過兩位微笑的空姐，前往我的座位，小心別讓我的行李撞到別人的頭。該死的飛機上似乎半數人都穿夏威夷衫。就像在迪士尼樂園的米老鼠耳朵。我真的不懂人們為何想要打扮成那樣。這不知怎地必定會讓體驗更加滿足，但我就是不懂。

我的座位在飛機後段靠窗。我旁邊還沒有人坐，我稍微伸展了手腳。我往後躺，發現自己多麼害怕。主要是想起要見到凱倫就好嚇人。我爸是我爸。傑斯柏和黛西是我的弟妹。但凱倫什麼也不欠我，你懂吧？我是說，她沒有其他家人跟我的相同連結，我感覺她沒那麼容易原諒人。而且老實說，我向來有點怕我繼母。自從飛車追逐以來，我還沒跟她說上話。這倒不是她的錯——完全不是。她認識我時生平從未帶過小孩，我也從來沒有繼母。我們雙方都不知道怎麼辦。當年我七歲，向來都跟我爸相依為命——在城市裡打混，出去晚餐或看電影。凱倫改變了一切。我是說，我爸在她身邊改變了。他開始脫離跟我的生活方式。我們不再參加一大堆派對。他跟很多老朋友失聯，所以我也看不到他們了。突然間我們一起坐下來吃晚餐，凱倫提醒我咀嚼時要閉上嘴，或手肘不要放在桌上。我猜我討厭她改變事情的方式。我爸很努力想拋開他的舊生活，現在我懂了我感覺好像被排斥。我感覺我是個錯誤，我爸想要連同其他一切事物一起矯正我。

我很敬愛凱倫。我是說真的。在許多方面我把她當偶像。她以前會帶我上藝廊、博物館，考我不同的藝術家。我們一起看電影。她會陪我讀很久的法文。我學到的藝術、電影和文學很多是凱倫直接教我的。我喜歡她的穿著。我喜歡聽她年輕時在紐約，或住在舊金山讀藝術學院的故事。我也好想要被她喜愛。但現在她變得非常關心保護她的小孩遠離我。有時我認為她寧可我完全消失，讓她不必再應付我，她的小孩也會安全。這很傷感情，但我不怪她。我知道自己幹了什麼事。

到歐胡島的航程大約六小時，接著再飛四十五分鐘去摩洛凱島。小島沿岸的景觀茂密翠綠，而內陸全是紅土，幾乎像沙漠。我在航程中幾乎讀完唐納・高恩斯的《娼妓之子》（*Whoreson*）。他描述貧民窟皮條客的故事讓我沒空想其他事。我踏上下飛機的樓梯時雙腿抽筋，對著太陽瞇眼。我馬上看到我爸、凱倫和弟妹。他們看起來都好黑——整個夏天都在跑海灘、參加游泳隊之類的曬黑了。

我走向凱倫時，根本不敢看她的眼睛。我只擁抱她，這時我流下眼淚，她也哭了。

片刻之後傑斯柏和黛西都黏著我。

「尼克，尼克，尼克。」

他們反覆叫我名字，擁抱我，我們都說很想念對方。我爸站在等候區後方。他還是老樣子，或許多了點白髮。他穿著短褲和髒破的T恤。他張臂擁抱我，我又覺得想哭了。

領取我的行李之後，我們走到他們租來的車子。我們談到我的航程和有的沒的瑣事。天氣很熱，空氣凝重潮濕。肥沃的紅土地上有些歪七扭八的樹木掛著藤蔓。我坐到後座塞在傑斯柏和黛西中間。他們正在邊鬥嘴邊交談。

「尼克，」傑斯柏用活潑的高音說，「你想去衝浪嗎？」

「我們租了腳踏車。」黛西說。

「我們想去釣魚。」傑斯柏說。

我眺望摩洛凱島上僅有的兩個塵土飛揚的街區。我爸指出一個水果攤，無人看管的水果旁放了個收費桶。傑斯柏跑去買了兩個木瓜，把錢丟進容器。我跟孩子們玩耍說笑話。感覺好像一切都復原了。就像我們再度成為一家人。不過，當然，情況變了。我發現自己比以往更努力確保大家知道我過得還不錯。我感受到出事之前不曾發生、來自每個人某個程度的檢視。他們似乎很謹慎，摸我底細。然後在一切的幕後我知道真相：我無法享有他們的生活。我必須建立自己的——但我不知道該怎麼做。

我們住的小屋就在一處私人海灘旁，一條大約三哩的碎石泥土路盡頭。他們有戶外淋浴室和全靠太陽能提供的電力。有間戶外廁所，每張床上都有蚊帳。傑斯柏非常興奮要跟我去衝浪，於是我們開車到附近應該有合適波浪的海灘。傑斯柏長高不少，黛西也是。他們現在像小小青少年，只是還有些嬰兒肥。此外，你知道的，他們的舉止讓他們顯得更稚氣。傑斯柏十歲。我十二歲時發生第一次性行為。傑斯柏看來還早得很。我不確定這跟我有什麼關係，但我爸和凱倫盡力保護他們的小孩不受我接觸過的所有性慾和毒品影響。傑斯柏和黛西在這個小小聖地裡長大。他們都還在玩歌唱接力和造型人偶。他們完全符合年齡。我從來沒有。我總是希望快快長大。我被困在青春期前的小小身體感覺好突兀。傑斯柏和黛西似乎很天真，但也對現狀很自在。我對討厭的自己還是很不自在。我不知道會不會改善。

總之，我們停到海灘邊——某些地方有崎嶇的珊瑚冒出水面。海浪很大，猛力拍打岩礁。海浪逐漸崩潰時的形狀好美。看起來賞心悅目。海灘上沒人，只有幾個在地人在浪裡的衝浪板上起起落落。其中有個高大的玻里尼西亞人似乎總是找得到好浪。他用的是九或十呎的長板，其餘人都不敢擋他的路。

我呢，我或許六七年沒衝浪了。以前我很著迷，但毒品讓我荒廢了。我暗自懷疑是否還記得怎麼站起來。

凱倫和傑斯柏馬上為了他可否出去衝浪吵了起來。

「好嘛，媽，拜託。」他乞求說。

「傑斯柏，你不准下水，沒得商量。尼克想要的話可以去，但我們就在沙灘上等。浪太大，太危險了。」

「沒關係，」我說，「我們可以回小屋去。我不能讓你們呆坐在沙灘上。」

「不用，尼克，」凱倫說，「你應該試試看。我是說，如果你想要。」

「是啊，」我爸說，「我們租了些衝浪板，你可以試試。去一會兒吧，我們想要看。」

「你們確定嗎？」

「對啊。」他們異口同聲說。

我換上衝浪短褲。這比我在加州必須穿上的潛水衣舒服多了。我抓起兩塊板子之中比較短的，抹上一些蠟，謹慎地走進碎浪中。出海時被海浪打了幾次，還在一塊珊瑚上割傷腳。我在必須下潛的翻騰波浪之壁裡掙扎時，心臟猛跳。雖然現在十一月中旬，海水涼爽但不寒冷。清澈到可以看見大約十到二十呎下方海底的紋路。我用力划水，回頭看到他們在玩耍、觀看。我好怕。

第一道浪似乎比在海灘上看起來大得多。我看著海浪捲成一個管狀迎面撲來。和我同時出來的其他衝浪客被撲向我們的水牆嚇到退後。天空布滿厚重翻騰的雲朵，被海風吹得快速飄動。下一道大浪過來，我開始沿著它划水。我感到海浪的動能帶動我，還來不及思考，就站起來了。波浪崩潰的聲音震耳欲聾，我從陡峭的浪峰一路往下滑。在浪底，我的衝浪板邊緣迎上，我被往上抬，切進浪壁。我的動作一切宛如自動化。我蹲下，讓身體被冒泡的渦流覆蓋。然後我從管狀裡出現，拚命喘氣。我再度回到炎熱的熱帶空氣中。波浪逐漸平息，我很接近岸邊的黑色岩石陣列。我踩一下前端潛入鹹味清澈的藍色海水。我抬頭時，第一個念頭是看向岸上。我的家人都站起來喝采。

我揮揮手。

我感到腎上腺素在血流中飛奔。我的血管隨之脈動。但是同時，我腹中有股哀傷感。我划水出去，雙臂強壯肺臟有力。我潛越到另一波碎浪底下。我的心思轉個不停。我為何要看他們？我的第一反應為何是尋求他們的贊同？

我划水越過波浪頂端從另一側掉落，被打離我的板子一會兒。我急忙爬回去，暗想，有什麼改變了？我很努力參加十二步驟計畫，但我還是同一個人。我仍然只想要融入。我感覺像個訪客，是外人。好傷心。我想成為他們生活的一部分。我想被接納成為家中一員。

凱倫和我爸幾乎隨時被小孩的需求占滿——保護與照顧他們，但也尋求學習知識的機會。他們隨時教導孩子們跟我們正在做的事有關的東西，無論是教育他們海龜生態，或島嶼另一端的痲瘋病療養院。

此外，凱倫和我爸都跟他們很一致。他們當然會爭吵，人人都會，但他們提供給孩子的生活一直很穩定。傑斯柏和黛西生平都住在一個屋簷下。我羨慕他們。我是說，當然如此。我從不想被迫回到我自己的生活，總是跟他們分開。我從不想回去自己住，掙扎求生著永遠跟從內部攻擊我的無窮低落憂鬱作戰。我不想被迫面對現實。我不想被迫當大人。

我又衝了幾個浪，划水回去，擔心他們在沙灘上可能無聊，沒耐心等我。

我們開車回小屋，在沙地上吃晚餐，吃渡假村晚間提供的自助餐。

睡前，我讀《金銀島》給傑斯柏和黛西聽。我模仿海盜等所有角色的聲音。還沒唸完黛西就睡著了。我跟傑斯柏繼續聊天。

「過了這麼久才看到我很奇怪嗎？」我問。

他從上鋪低頭看我。「我想一開始是吧，」他說，「我心想或許，你知道的，你可能變了個人。但你還是原來的尼克。」

我深思這句話。

我暗忖，或許在表象之下，我不是這麼糟糕的人，而是關愛別人的小男孩。或許即使經過這麼多波折，這個本質從未失去。所以我為何想要抹消它呢？我為何想要除去我的本性？我為何總是想要變成沒血淚的怪物，被我能弄到吸進體內的任何毒品驅使？

我猜我只是自私。我的需求永遠優先，是我必須躲避的需求。

但是跟傑斯柏躺在這裡，我只感到後悔疏遠這些愛我的人。因為我真的在乎。我真的愛他們。

「我愛你，傑斯柏。」我說。

「我也愛你，尼克。」

我在小床上翻身拉起被單。我閉上眼睛，睡著了。

第二百五十七天

明天我得回洛杉磯。我已經感覺得到脫隊的現實陰影。有股強烈的哀愁與憂鬱感控制了我。我猜主要是跟我想要融入我爸和凱倫所創造的這個美好家庭的老願望有關。

來到此地之後我們探索了全島，步行穿越叢林，在不同的獨立海灘游泳。我們在偏遠小徑上騎單車。我們踢足球、玩捉迷藏。黛西帶我參觀了她為她的玩偶做的小堡壘。她一直在收集貝殼和木塊，打造出精緻的奇幻世界。傑斯柏只顧玩遊戲。只要我們一直在玩某種遊戲他就滿足。傑斯柏和黛西在一起感情很好，他們好像隨時都在照顧對方。如果我們讀到什麼東西傑斯柏察覺可能會讓黛西害怕，他會叫她摀住眼睛。如果傑斯柏受傷，黛西會最先跑過來確認他沒事。

我內心有一大堆情感像碎浪一樣洶湧。我忍不住疏遠我自己。我好容易被一切事情激怒。當我爸在早餐咖啡店裡失手把咖啡灑得滿地都是，我想向他大叫。我們在沙灘上來回傳足球時傑斯柏老是接不到，我想把球丟進樹叢裡讓他永遠找不到。凱倫一直想找大家去廢棄的甘蔗農場，我通常也會喜歡，但因為是她提議讓我有點怕。

我知道這不公平。我很努力去抗拒。我努力當個好人。但接著，我逐漸發現這些恐懼感變成了只想要趕快離開這裡。突然間我迫不及待想走——回復獨處，不必面對我爸一家人這個可愛、被過度保護、包裹糖衣的世界。他們讓自己的小孩這麼天真，無法應付真實世界的艱難。

話說回來，更理性地說，我暗自心想，我自己又有多麼能夠應付這些事？顯然，不是很成功。或許我爸做得沒錯。一想到這點，我又陷入哀愁。我們開車到一處朝西的海灘。有條平靜的河把我們跟海洋隔開，我們得走過一塊搖晃的木頭跳板才能到另一邊。海灘在一處受保護的凹洞裡。邊緣全是茂密的樹木和藤蔓。我們走到白砂上，炎熱的太陽光無法閃躲。我在冒汗，在溼熱的空氣中有點呼吸困難。

我快速跑進海水中。丟下所有人開始低頭游泳。彷彿我暫時忘掉一切。我的身體抵抗鹹暖的海水，悶頭前進。我氣喘吁吁地停下時，已經遠離岸邊，被平靜的海洋包圍。我踢腿畫大圈踩水。我的頭規律地起伏，緩緩地開始游回海灘。

我爸躲到後方樹下看書，看著凱倫、黛西和傑斯柏用貝殼在岸邊浪花中排出圖案，我感到某種平靜。真怪，我心想，過去我絕不可能把自己拉出惡性循環、憤怒和絕望中。我是說，至少沒這麼快。有些事改變了。然後我想到——或許是服藥的關係。我吃新的抗憂鬱藥和躁鬱藥已經兩週了。我都快忘了。當然，改變不是很劇烈。不像注射冰毒之類的，但有些微的差別。把頭維持在水面上突然似乎沒那麼累了。我也不會被黑暗吞沒到恐怖窒息的程度。

我游回弟妹玩耍的地方。我走出海浪，甩乾身體。傑斯柏倚在一座裝飾著小貝殼的沙堡上。我跑過去摸摸他肩膀。

「抓到，」我說，「換你當鬼。」

我沿著海岸奔跑，傑斯柏在後面追。黛西加入遊戲，很快我們都互相追著跑，大笑著衝進柔軟的沙堆裡。我感覺失重。我眼中灼熱，喉頭哽咽。我沒有中斷遊戲，但我擋不住眼淚流下。我好感激逃離先前掉入的可怕憂鬱。我好慶幸能夠在這裡——專心——除了當下，什麼也不需要。我因為解脫和感謝而哭。

「怎麼了？」黛西表情害怕地問。

「沒事，」我說，「我只是高興跟你們在一起。」我去親她潮濕的額頭。「哈哈——換妳當鬼了。」我說。

「不公平。」

她追過來要抓我。

我跑開時，我想起我剛跟她說的話只對了一半。我也有股強烈的，呃，後悔感。像是：我怎麼會花了一輩子苦戰，卻不曉得問題出在哪裡？現在我看醫生，每次我們談四十五分鐘，這一大塊遺失的拼圖突然就出現了。我怎麼會活了這麼久，卻從未治療這麼明顯的精神疾病？令人洩氣又難過。史賓賽的聲音在我腦中響起：現在就是現在。他老是這麼跟我說。只有當下，我要努力去把握。過去就過去了，未來還沒發生。在此地，現況就是唯一。

所以我跟傑斯柏和黛西在沙灘上玩。我們進入叢林，爬上一棵全身是刺、低垂的樹。我們坐在樹枝上聊天——其實是胡說八道。

日落後，我們在島上唯一飯店的甲板上吃晚餐。凱倫和我爸都喝葡萄酒，孩子們和我喝水。我爸叫我想吃什麼就點，因為這是我的最後一晚，但我只點了雞肉木瓜沙拉。我們都被陽光、炎熱和海洋搞得很累。

「你知道嗎，」我說，「我只想告訴你們，被邀請來這裡對我意義多麼重大。」

「當然，尼克。」我爸說。

「是啊，」凱倫附和，「見到你真好。這趟很好玩。我很高興你來了。你似乎表現得很好。」

「我在努力，」我說，「但是謝謝。感謝妳這麼說。」

「這是實話。我愛你，尼克。」

「我也愛妳。」

「我也愛你。」黛西說。

「我也是。」傑斯柏說。

「喔，你們——我，呃，我——我很遺憾。」

「我們也很遺憾，」我爸說，「我們知道這有多辛苦。」

我們默默吃飯一會兒。這時天黑了，蟋蟀的叫聲取代了一切。

晚餐後，我們在飯店的交誼廳看電視。播的是電影《神鬼奇航》，傑斯柏好興奮。我坐在他和黛西中間，在條紋圖案的飯店沙發上雙手攬著他們。黛西把頭靠在我肩上睡著了。

第二百七十八天

我已經回洛杉磯兩星期了。我很難過跟夏威夷的家人分開，但我也相當慶幸能回家。我又可以騎單車了，回來工作其實也很棒。我想念沙龍裡的女士們。她們對我都很好，問了關於旅程的問題，讓我感到真的被欣賞。

「尼克，感謝上帝你回來了，」阿尤哈說，「我們好想你。這裡沒有你真是一團亂，你知道的，對吧？」

我只傻笑，或許臉紅了。

「是真的，」席夢說，「你最好別再丟下我們。你是我們的吉祥物。我的客戶都在問你，他們擔心你辭職了。」

他們重視我的樣子，感覺真好。我去哪裡找更好的工作？此外，因為我想追逐寫作，他們讓我帶筆電上班。我在櫃檯安裝可以接收到對街咖啡店的無線網路。

今天檢查郵件時，我看到兩封信。第一封是Nerve的娛樂編輯。她說他們想要登我的《壞教慾》影評。必須作點修改，但她說她喜歡原文。她也問我能否幫本週五版評論一部《送信到哥本哈根》的電影。我好興奮，立刻告訴店裡每個人。她們祝賀我，我上雅虎搜尋《送信到哥本哈根》。製片公司是Lions Gate，所以我打去他們的宣傳部門。

「你好，我幫一家叫做Nerve.com的線上雜誌寫影評。我的編輯讓我寫篇《送信到哥本哈根》的短評，不知道有沒有我能參加的試映會要舉辦。」我打這通電話感覺既成熟又專業。非常興奮。

宣傳人員說已經沒有試映會，但她很樂意派人送一份VHS錄影帶到我的公寓。我把地址給她，然後掛斷。我感覺好有成就感。

另一封吸引我注意的郵件是薩爾達寄的。

內容很簡短。「昨晚我跟麥克分手了。我再也受不了了。我一直想到你。我的號碼是……」

我看了猛嚥口水。薩爾達寫信給我，薩爾達耶。我不知道她是否嗑了藥。她的復發紀錄不太好看。或許她茫了。我不確定該怎麼辦。

我腹中一團糾結，我知道我該打給史賓賽問他的意見。但同時，我知道他會怎麼說。我知道他會叫我盡量遠離她，別扯上關係。我知道他是對的。薩爾達或許是我認識過最受傷的人。她手臂雙腿上都是針孔痕跡。光是她背著麥克跟我外遇——嗯，將近一年前吧？就讓我很難相信她。但我想要她。這個慾望強過一切，我不確定為什麼。我知道我有病。不過或許知道也沒意義。因為我回電了。我心想，你知道的，去他的後果。我打了。

薩爾達居然第二響就接聽。「哈囉？」她的聲音柔和又誘人。

「嗨小薩，我是尼克。」

「尼克，天啊，真高興你打來。我以為或許你討厭我。」

「沒有，」我說，「從我們認識以來，我一直等著收到妳這樣的信。」

「喔，尼克，你知道我也想要你——我只是很怕。」

「是啊，我也是。」

「你今晚可以過來嗎？」

「當然。」

我記下她的地址，答應下班後過去。我撇開所有懷疑和內心警告，說服自己，這是全知全能的上帝安排我做的。我是說，史賓賽不就這麼說嗎？我告訴自己這是實話。我聽不進不同的話，我也不要求任何實證。

在職場我挺保密。我不洩漏這件事。而且你知道的，在其他情況下我會跟大家談起這件事。我習慣很開放，隱瞞事情感覺不舒服。當阿尤哈問我今晚要做什麼，我差點臉紅，結巴地回答。

「妳知道的，沒，沒什麼──就去參加聚會。」

在店裡的時間過得好慢。我打給我媽告訴她Nerve影評的事。她似乎很高興。我補滿洗髮臺的洗髮精，排列展示櫃，又清洗所有裝漂白水和不同染劑的碗。我洗過再摺好每一條毛巾和圍裙。我確認明天的所有預約。我掃掉頭髮，再清理所有造型師的剪髮臺。

終於到五點鐘。只有馮恩還在，給最後一位客戶收尾。她安慰我她不介意負責關店，我可以先回家。我開車回公寓時真的緊張到發抖，好像連生理上也病了。

史賓賽教我的所有小花招突然間在我腦中一片空白。我連禱告詞都想不起來──什麼都想不起來。我不知怎麼辦，洗了好久的澡放鬆，或許也在找事做。熱水淋在身上能讓我平靜一點。我調高水溫直到皮膚發紅。我出來時整個浴室霧氣蒸騰，我得擦好幾次鏡子才能清楚看到自己的倒影。我想到我好醜。或許我轉向側面或多眨眼的話，可能看起來好一點，但是沒效。沒什麼事能讓我感覺更漂亮。

擦乾身體後，我迅速穿好衣服。我沒再照鏡子──那太令人洩氣了。打從戒毒後第一次我好想抽菸，但我忍住沒買菸。

吃飯是不可能了，所以我去日落大道的維珍綜合賣場殺時間。薩爾達就住在好萊塢的桂冠峽谷底下。據她今天電話中的說法，瓊妮．蜜雪兒曾是她家公寓的房東。這對我其實沒什麼意義，但我猜她認為這樣挺好的。

我錯過兩次轉彎，才找到那棟粉紅色毛胚水泥平房。停車花了好多時間。我把音樂開到最大聲。彷彿只要音樂夠響，我就聽不到自己的雜念。

上次我跟薩爾達講話，她說她懷了麥克的孩子，她會把這當作她必須跟他確立關係的徵兆。真令人傷心。我從沒想到我會再收到她的聯絡。這時我走過傾斜的舊好萊塢街到她的公寓。她有空，而且你知道的，我一直希望如此。

我在對講機按她公寓的號碼，幾分鐘後她下樓來，打開大門。

我再度見到她幾乎驚訝得說不出話。我伸出手緊緊擁抱她，嗅聞她的氣味。她看來或許比我印象中老了一點，但只讓她更加迷人。她的紅髮剪得有點雜亂，披在肩上。她額頭上過度蒼白的皮膚有些傷痕。雙眼是清澈的翡翠綠色，至少很像是。她穿著緊身牛仔褲與黑靴、兩件破T恤混搭。

「這真尷尬。」我說。

「是啊，」她像是耳語，「進來吧。」

我們走過一座有茂密大樹的小庭院。她住在公寓大樓後方一道階梯頂端。屋裡主要只有一張床、一臺大電視、牆上幾幅照片和到處亂放的衣服。

「抱歉這麼亂。」

「沒關係。那，呃，發生什麼事了？」

我們在暖爐前方的地毯上坐下，她抽菸，我只負責聽。她告訴我她流產之後如何跟麥克分手，但他乞求再給一次機會。她跟他復合，上週卻發現他維持兩段外遇關係已經一年多了。她受夠了，最後她搬走。

我聽著她告訴我男友背叛讓她多麼受傷。她在我懷裡哭，我抱著她吻掉她的眼淚。

「小妞，」我說，「妳知道他配不上妳嗎？妳知道他就是無法忍受自己，所以他要用一切手段讓自我感覺好點。我是說，真可悲。」

「我知道，」她說，「但我就是好傻。我總以為他很安全，你知道的。所以我才跟他在一起。我真是個大白癡。」

「妳不是白癡，」我告訴她，「妳是大好人。希望妳能像我的看法一樣看見妳自己。希望妳能看出妳是多麼美好、體貼、美麗的人。」

「我不體貼。我每一樣都不像。」

我們走到她的大床邊。這時我吻她嘴唇，她也回吻。我一路往下親吻她全身。我跟她做愛。感覺非常有權力。我跟她好有連結感。

一段時間之後我們休息。她裸體躺在床上，讓我看著她。她抽菸，去吃了點盒裝冰淇淋。我們回到床上一起吃——是草莓冰淇淋。

「薩爾達，妳知道的，我愛妳，」我說，「我愛妳很久了。如果妳想要，我會為妳奉獻一切。」

「喔，親愛的，」她說，「你還年輕。你不知道自己在說什麼。」

這很傷人。我感到全身一陣冷顫。

「寶貝，」我說，「我比實際年齡成熟多了。我見識過很多，很多。」

「我知道你有，親愛的。」

我們聊了一會兒，其實沒說什麼重要的，然後她睡著了。她緊抱著我，我耳中聽得見她的明顯鼾聲。

我呢，我睡不著。

我睡不著。

我跟我的性幻想——我的夢中情人躺在這裡。她全身赤裸緊摟著我。我想著她——她的人生，我對這個女人一年多來懷抱的執念。思緒在我腦中像唱盤一樣不斷旋轉，最後我睡著了。我在這女人身旁睡著。

我大概六點左右醒來，我撫摸壓在我身上的薩爾達，把自己滑入她體內。她擺動身體時，我才剛擺脫睡意。灰暗的早晨只有微光穿透百葉窗。她在我身上完事，翻身離開。我蜷縮在她身上吻她。

「抱歉我吵醒你了。」她說。

我說我不介意。我們又開始恍神，但我感到焦慮和不安。我的思緒天翻地覆，突然間我感到很愧疚。彷彿我無法忍受躺在這張床上。我不知如何是好，但我判斷我必須離開。我和薩爾達吻別，迅速穿好衣服，一路開車穿過市區參加早上七點的飛輪課。這是現在唯一感覺合理的事。我開很快，在車陣鑽進鑽出，怕趕不上。我聽著談話頭的音樂努力不去想別的事。開車時，我臉上和手上仍聞得到薩爾達的氣味。

我想打電話給別人。

我想打給我爸或史賓賽。真的。

不過現在太早了，我只能自己找事做。

飛輪課很操。我從來沒睡眠不足去參加，感覺快吐了。但我還是撐過去。教練跟我的小組一起踩，叫我待在她旁邊。她名叫肯德拉，其實是名流的訓練師。我想我們一度迷戀對方，所以她答應免費訓練我。訓練的一部分是要定期去上她的飛輪課，不必付二十幾元的費用。女星希拉蕊．史旺就在我前面三排的地方踩單車。這就是洛杉磯。

我滿身大汗活像開車掉進海裡——但我跟上了。我必須用他們的浴室洗澡，但是管他的，我準時上班而且感覺好極了。我像隻該死的公孔雀到處昂首闊步。我或許沒睡好，但我感覺酷斃了。

歡迎來到該死的洛杉磯。

我十點左右打給史賓賽告訴他發生的一切。我猜我是想向他炫耀——這他媽的很奇怪嗎？

史賓賽似乎挺佩服。「注意別受傷了。」他只對我說。

我笑了。聽起來好蠢。我是說，我當然不想受傷。

「我盡量啦。」我說。

他沒什麼可以教我的了，我對一切感覺大致滿意。我在沙龍做完整天的工作，所有罪惡感什麼的都從我腦中排除。我心想，畢竟，我做錯了什麼？

沒有。

沒有。

沒有。

什麼也沒有。

第二百八十天

薩爾達要我陪她去邦迪街參加十二步驟聚會，所以我要去那裡，接著我猜我們會回她家。我下班作準備時，打給史賓賽跟他說了今天的經過。

昨晚我看了《送信到哥本哈根》那部片。我的影評開頭句是：「比起枯坐九十幾分鐘看完吉姆・卡維佐新片《送信到哥本哈根》的痛苦，戒海洛因不算什麼。」週五會刊出。我寫每篇短評可以拿一百元。下週我要寫《刀鋒戰士3》。我好像找到完美職業了。

史賓賽很興奮地鼓勵我，接著又開始拷問我男女關係的事。

「欸，關於那個薩爾達。」他說。

我猛嚥口水，躺在床上盯著毛胚水泥天花板。我一直在等這段談話。

「尼克，」他繼續說，「首先我只想說我不會指使你該怎樣不該怎樣。那不是我的職責，反正你也不會聽我的。但是姑且聽聽，好嗎？」

「我在聽。」我說。

「這很好玩，」他說，「對你很好玩。你可以跟年長女性、還是某種名流上床。那很好玩。感覺一定很好。但是尼克，說真的，聽我勸。終究就只是好玩而已。如果你能記住，那就沒問題。如果你能把自我跟這整件事抽離，知道這只是露水姻緣，呃，那你應該沒事。聽起來合理吧？」

「是啊，不過，我是說，史賓賽，」我說，還是兩眼直盯著靜止的天花板，「你知道我愛這個人。我想要支持她，我想要幫她。」

「這很詩情畫意，尼克，我只能這麼說，但我也必須告訴你現在你對現實的掌握，唉，頂多只能說貧乏。」

「什麼？」

「聽好，」他說，「我現在跟你說，我的意思是，醜話說在前面——這不會有好結果。薩爾達不穩定，很不穩定。我不敢說我真正了解她，但我只看到對你未來的破壞。如果你願意付出代價，那就隨你高興。我只能要求你不要吸毒。要願意撐下去不碰。這是我能為你做的。」

「史賓賽，」我說，「我很感激你的努力。但我跟你說，不會有什麼壞事的。」

我想我真的相信。我是說，當然有時會懷疑，這個人救了我一命，或許我該聽他的話。但是說真的，他就是不懂。況且，我很想要這樣。我願意付我的代價。薩爾達比任何事情對我都重要。

「好吧，」他告訴我，「我不會跟你爭論。就是別吸毒，好嗎？」

「是，是，當然不會。」

我掛斷，準備開車上日落大道。

走向會場時，我至少看到教堂前面有五百人，到處流竄在聊天。我看到薩爾達站在臺階頂端，穿著黑裙，上衣，長版黑色皮夾克。她穿了絲襪和及膝黑靴。我擠過人群到她面前。

「嗨，帥哥。」她說。

我把她擁在懷裡親吻，她回吻。

「謝謝你來，寶貝，我知道這很過分。」

「不會啦，我是說，挺有趣。」我說。

她領著我進門。到處都是人，薩爾達似乎認識所有人。她介紹我，但我忘掉所有人的名字。我感覺好像成為她的臨時男伴之類的。

「這是尼克，我的男朋友。」

大家似乎上下打量我，我對我的年齡非常敏感。我知道我很年輕，更糟的是，我看起來多年輕。我是說，前幾天我去看R級電影還被查驗證件呢。那年齡下限只需十七歲。薩爾達三十七歲，我二十二歲。愛情不該有年齡的隔閡，但我忍不住對此非常在意。

然後，你知道的，我被帶著遊街時，大家必然會照洛杉磯的慣例問我，「你幹哪一行？」

我想起史賓賽關於謙虛的重要性的教誨。

我說，「我是美髮沙龍的接待員。」

薩爾達總是笑說。「對，但他也是幾家不同雜誌的寫手，對吧？」

「是啊，」我避開目光說，「對，我是。」

然後他們一定會微笑，或說些「喔，真有趣」之類的話。

整個過程有點羞辱人，但是我配合。我不知道怎麼反抗。

我們就座，靠近前方的位子。

聚會後我跟著薩爾達回她的公寓，我們做愛。在某些方面，我感覺像跟瘸子做愛。她好受傷又迷惑，帶有非常情色的特質。這合理嗎？應該不合理。我知道我真的有病。

我們切換電視上的電影臺，她停在深夜版Cinemax頻道。

「天啊，」她大笑說，「我好像演過這部片。」

那是一部軟調色情片，描述一個脫衣舞孃誘惑男人再殺掉他們。舞孃就是薩爾達。我看著她跟一個男的假裝性交，然後在她高潮時一槍打爆他的頭。

她在我們的床上笑得樂不可支。「那是我的主意，」她說，「在我殺他之後繼續做，這樣我才能高潮。」

「哇。」我說。

這部爛片我們看了一大半，最後我們都睡著了。保守地說，從頭到尾我都很不自在。我感覺比薩爾達年輕太多、經驗太少。我希望配得上她，非常希望。

第三百〇九天

我仍然跟早上六點半在二十六街和聖威尼斯路口集合的那個團體一起騎車，但我從薩爾達在好萊塢的住處開車過去。這個月來我每晚住她家，我們一起過除夕。我不知不覺已經搬家。我們沒談過這件事，發生得太快，似乎順水推舟，你懂嗎？

我生活中的每個人似乎都不以為然。朋友們都表明認為我很傻。他們說薩爾達不穩定，對我戒毒有害。此外他們都發現我跟她在一起變得很偏執。我永遠不想離開她身邊，我想把她縫在我身上。

我爸媽都表達了他們的擔憂。每當我談起這事，史賓賽只是一直搖頭。

「我愛她。」我說。

「你愛的是她的概念，尼克，」他說，「你不愛她。」

「天啊，史賓賽，你不了解我。我是說，我沒辦法解釋讓你懂。」

「對，」他說，「我猜是沒辦法。盡量開心點吧。」

我掛斷電話。我下班了，開車回家——我是指薩爾達家。I－10高速公路塞到爆，緩慢移動的車流恐龍一路延伸到帕沙迪那——如果你透過這片該死的煙霧還看得到帕沙迪那的話。我聽著談話頭的演唱會專輯。我想過打給我爸，但知道他的態度會跟史賓賽一樣，懷疑與哄騙。我媽也好不到哪裡去。但我很緊張。

薩爾達要帶我去跟她爸和繼母吃晚餐。薩爾達的生母大約十年前過世；她是復健的海洛因毒蟲，用狗繩和項圈上吊身亡。現在薩爾達只有她爸。她小時候他不常在身邊，但現在他安定下來，父女變得很親近。

我被介紹為她的新男友。她說她爸討厭麥克，但她確定他會喜歡我。

我回到公寓時，薩爾達躺在床上看電視播的《富貴逼人來》（*Being There*）。我蜷縮到她身邊。彼得・賽勒斯在一座大豪宅中被僕人推進電梯裡。「這是很小的房間，對吧？」他問道。

薩爾達和我都笑了。我們聊起今天過得如何。我們做愛。她抽完菸我們一起去洗澡。在浴室裡，她細心整理我的儀容。她刷洗我的身體，幫我洗頭撥開糾結的髮絲。洗完澡後，她給我東西抹在臉上，幫我梳頭。她問我想不想要借衣服穿。我說我會穿，她拿出一大堆不同的褲子和襯衫讓我挑。

「這是真的Prada嗎？」我問，拉拉一條黑色喇叭西裝褲。

「是啊，」她笑說，「所以要小心點。」

我穿上所有行頭，感覺挺酷挺有型的。

「妳怎麼會有這麼多衣服？」我問。

「喔，你知道的，我跟前夫在一起的時候，我可以去巴尼百貨之類的店，他們會為我淨空整家店，倒葡萄酒給我，我想買什麼都行。我的衣服太多。除了這些，我還有一間放滿衣服的倉庫。我們改天去，你可以隨便挑。他有很多巡迴用的衣服還在裡面。」

「那太好了。」我說。

我看著鏡子瞧口水。我差點不認得自己。

「現在，」她走過來吻我說，「我有點擔心你年紀太小，我不知道大家會怎麼想。但是，嗯，你不必告訴他們你是接待員，你可以說是作家。這不是謊話。」

「對，我知道。我會——當然了。」我又看看鏡子。

「好了，我們走吧。」她說。

我們開著她爸買給她的新福斯Jetta，翻過好萊塢的後山到影視城。我從未真正待在谷區這麼久，所以我不知道這是哪裡。她大聲播放凱特．史蒂文斯的歌。我認得的歌曲都出自《哈洛與茂德》。

薩爾達不停地抽菸。她開得很快，過彎毫不減速。在她的濃妝底下我看見一張被生活摧殘的臉孔。海洛因會讓人看起來像冰凍在福馬林裡面。薩爾達還不太明顯，但有時候在適當光線下，我看得很清楚。她的手臂上還有針孔的疤痕。但我不在乎。我認為她是我見過最美的人。我湊過去親她臉頰。

「寶貝。」她說。

我們跟她爸和繼母約在文圖拉大道上一家時髦的義式餐廳。我們沒託人泊車，因為我們沒錢，真的。店裡的燈光很昏暗。薩爾達向她爸揮手，他是個白髮壯漢，前臂上有陸戰隊的刺青。他用力地跟我握手。薩爾達的繼母很漂亮，微胖，染頭精心「設計」的金髮。同桌還有另一對穿著體面、貌似富裕的男女。薩爾達似乎認識他們，大家都在聊天，我安靜坐著。

終於，她爸開始拷問我的大小事——我幹哪一行，住哪裡，有的沒的。他態度不壞，但是像教育班長一樣向我低吼發問。最後我似乎獲得他的認同。或許是因為談到我的家人，我爸做過《花花公子》的藍儂和洋子專訪。無論什麼緣故，他途中轉向薩爾達說，「這個我喜歡。」

之後他放輕鬆，我們都只顧著交談。薩爾達和她爸開玩笑有一次她三更半夜打給他要他來洛杉磯接她。當時他住洛杉磯北方，八歲的薩爾達過去跟恍神疲憊的母親與眾多男友之一住了一星期。薩爾達的媽喝得大醉，想把薩爾達化妝成被虐打的樣子——黑眼圈之類的。

母親變得越來越好鬥，薩爾達害怕，偷偷打給她爸。

「你來救我了，爸爸。」她說。

「是啊，但我希望我能多做一些。」

「我知道。」

他們交換個眼色，我想這個人可能真的很體貼。

薩爾達點菜總是很囉唆，要求一切按照特定方式做。今晚她點奶油白醬義大利寬麵，但她要加豆子。大家都笑了，結果我們都分食她的餐。

至於甜點，她點了一堆不同東西，看起來很可愛又熱心。她顯得好酷，在場每個人似乎都很尊重她。我起身告退時，我們握手。薩爾達的爸給了她幾百元，說他很以她為榮。他跟我道別，我感覺好像通過某種入會儀式。

「他們喜歡你。」我們駛上好萊塢高速公路時，她點了根菸說。車輛和房屋像七彩閃爍的聖誕燈呼嘯掠過，在整座山谷排列出圖案。

「是啊，他們似乎很棒。」

她大笑。「呃，有時候可能是。我爸也有可怕粗暴的一面，所以別被他騙了。」

「是，我當然不會。對不起。」我好想保護薩爾達。我想要帶她離開她生平經歷過的一切驚恐。

「幹，小薩。」

「好吧，管他的，」她說，加快速度，「我們都有搞砸的時候，不是嗎？」

我大笑。

「〈同等受損〉（*Equally Damaged*），」我說。

「什麼？」

「那是一首歌。」

她說她愛我。

我告訴她我看見她的核心，握在手上，我絕不會放手。我說只要她同意我會一直陪她。我說我愛她。

「我不會離開妳，」我說。

她微笑，「我們走著瞧。」

我們到家之後做愛。我感覺跟她合為一體。感覺就像我了解她、可以幫她。感覺就像我能當她的救星。或許太浮誇了，但是真的，那就是我的感受。

薩爾達經歷過好多悲哀、好多痛苦。我想要救她。我自認我要娶她。我想要這樣對她承諾，似乎很適當。

如果按照史賓賽主張，人生發生的一切都有理由，那麼這段戀情肯定不是意外。我用他的所有教誨確認這些情感——去證實。我是說，如果有全知全能的上帝，那麼祂肯定安排了這件事。不然我怎麼會像這樣重新見到薩爾達？

這就是我的邏輯。

第三百五十一天

今天二月十六日，是薩爾達母親的忌日。薩爾達的母親在她二十幾歲時自殺。或許已經十年了，但薩爾達提到她母親的死還是會崩潰哭泣又生氣。

我們要去她母親長眠的福樂紀念公園。外面一片蔚藍清爽，我得戴墨鏡。谷區的山丘都是原生狀態，修整得生氣蓬勃。我們開著薩爾達的車，聽著大衛．克羅斯比的第一張個人專輯。我想到今天天氣真好——她多麼美麗——她帶我探視墓園多麼不可思議。她說過我是她繼前夫之後，第一個帶到母親墓前的人。我再次說我愛她，絕不會離開她。她湊過來吻我，沿著公路飛馳。

我們復合之後，我不曾離開薩爾達過夜。我每天去跟史賓賽騎車、游泳或跑上魯尼恩峽谷的山壁——距離薩爾達家只有幾條街。無論是否上班，我每天至少運動一小時。雖然她每天抽超過一包菸，我依然不碰菸。

史賓賽和我不再認真討論薩爾達。這好像成了禁忌話題。我們繼續一起騎車討論電影、上帝和十二步驟計畫。我跟薩爾達的關係是既成事實，跟史賓賽娶了蜜雪兒沒什麼不同。但我不再幫他們帶小孩了。我跟史賓賽相處時間減少，參加的聚會也變少。我無法忍受與薩爾達分開。我是說，她絕對是我的優先要務。史賓賽反覆提醒我這有多麼危險。他老是說我應該「享受樂趣」別把一切看得太嚴肅。

「你才二十二歲，」他說，「來日方長啊。」

顯然他不懂。沒人懂。沒人能懂。

但至少我在職場成了某些髮型師的偶像。阿尤哈不敢相信我跟明星的前妻，也是她一位知名朋友的表親交往。其實，大家似乎都很佩服，我經常談到薩爾達。前幾天她還跑來店裡探班呢。

「尼克，」薩爾達走後，阿尤哈說，「你在跟超級名模交往。」

我移開視線微笑，沒說什麼。

薩爾達的母親葬在園內大教堂附近一座簡單墳墓中。薩爾達記得曾在那座教堂裡恍神——在她母親喪禮中，躲進廁所注射海洛因。我們停車，只須走幾碼路就找到薩爾達母親的墓。

我閱讀碑文，這是薩爾達寫的。

薩爾達俯身靠近草地，把花束放到墓石上。她低聲向她媽說話，我聽不見。

那我呢？

我嘗試想像她母親。我俯身，設法找話說。

突然間我看到薩爾達小時候的影像，在我面前好清晰。我對薩爾達的母親感到強烈的感激——她生下我的摯愛。我開始感謝她，反覆向她道謝。然後我哭了起來。

薩爾達和我在草地上緊貼在一起——就這樣接吻。

我心疼地抱著薩爾達，永遠不想放開她。我會永遠保護她。這感覺在我內心深處。我們都哭了，我感到她的眼淚滴在我身上。

我屬於她。

她屬於我。

我們分享了我們的內心，我好愛她。

真的。

我非常執著。

我整天想她，驅動了我的一切。這是絕對極樂的感覺——或許比冰毒還棒。

薩爾達變成我的全世界。

離開墓園後，薩爾達和我到羅伯遜路上一家店吃午餐。她負責點餐，也很清楚自己要吃什麼。我們分食一客肉丸三明治、沙拉，還有卡布奇諾冰淇淋。太完美了。我很敬畏她。

但是今晚，我們要去試映會——我招待的。我從投稿那篇《壞教慾》之後就固定幫Nerve寫影評。不只如此，我還被指派去專訪Mr. Bungle樂團的代表人物麥克．帕頓，還有Cibo Matto樂團的作曲者本田有花。他們每篇專訪付我三百美元。對我來說是很多錢，今晚我要帶薩爾達去《無法無天》導演的新片試映會。根據間諜小說改編，雷夫．范恩斯和瑞秋．懷茲主演，片名是《疑雲殺機》，我非常興奮。

薩爾達似乎很習慣試映會這一套，我們坐下時，她靠在我肩上睡著。我就這樣看完整部片，她還在我身上打呼呢。我離場時很尷尬——向參加試映的演員們道歉。很難叫醒薩爾達，我勉強帶她回到家。我想她累了，她昏迷在床上，我用筆電寫影評。

她醒來時大約是一點鐘。我快睡著時她驚跳起來。

「什麼？怎麼回事？」她幾乎吼叫著問。

我抬起頭。她眼睛睜得好大。

「這是哪裡？」她說。

我緊抓她的肩膀。「妳在這兒。妳在這兒，妳的公寓裡。跟我在一起，尼克。」

「喔，尼克，」她說，「我愛你。」

我聽了全身似乎在顫抖。「薩爾達，」我親吻她流汗的額頭說，「我好愛妳。妳睡著了，知道嗎？」

「喔，是啊，」她緩緩說，「尼克，嗯，我有事得告訴你。我，呃，有猝睡症。你必須知道。我的支持人不允許我吃任何藥物。停掉一大堆抗憂鬱藥等等之後，醫師才透露我有猝睡症。他是個好醫生。或許改天你可以見見他。E醫生。在我記憶中一直是找他看病。」

猝睡症？我只能笑笑。難怪薩爾達有猝睡症。比起她人生中其他瘋狂與毀滅性的事不值一提。

「寶貝，我很遺憾。」我說。

「不用，不用，」她說，「沒事的。」

我們聊了一會兒。唔，多半是她在講，我只負責聽。她突如其來提到她跟一名知名龐克樂團主唱交往的事。

「你聽說過這一段嗎？」她問。

我搖搖頭。

「嗯，當時我剛戒毒，跟某些朋友出門。我離開一家夜店時，有個男的過來給我他的電話號碼，說我如果夠勇敢應該打給他。我喜歡這個挑戰，後來我才發現他的身分。」

她告訴我她如何搬去跟這個T先生同居，第一晚她回到他們家，他穿著白圍兜和高跟鞋躺在床上。她拚命忍住沒笑出來。

「我是說，」她說，「這實在太掃興了。」

我聽她說他們瘋狂性愛的故事——T先生有在吸speedball[26]之類的，而她不能吸，所以他就抹在她臉

26 海洛因混合古柯鹼或嗎啡的毒品。

上。他把日記丟在他們的床邊，翻開的那頁標題是「薩爾達：優點與缺點」。優點的第一項是她跟前夫的關係。我猜他對她有些粗魯又刻薄，總是貶抑她。他很迷戀他樂團裡的女吉他手。薩爾達說他整天老是在說她的事。

薩爾達感覺越來越嫉妒又受傷。最後，某天晚上，她破戒吸了海洛因。隔天她告訴T先生她要跟他分手。他說沒關係，但他有個條件。他要她戴上假陽具跟他肛交。

「我照做了。」她笑道，「我心想，有何不可？我拚命用力搞他，你知道嗎，我不得不誇他——他挺能應付的。」

「我的天。」我說。

我體內有股寒意，像是皮膚底下麻木發涼。我知道她講故事是在搞笑，但我只覺得迷失、驚嚇、配不上她。這只是她永遠比我世故比我酷的另一個證據。她的大多數經歷給我這種感覺。前幾天她在看相簿，她幾乎所有前男友都是，嗯，名人。她朋友都很有名，而且幾乎每位都見過。我的所有經歷無論多麼瘋狂，比起薩爾達都微不足道。

但這一切只讓我更想要她。好像如果我擁有她，那一定就表示我有點價值。如果她選擇我，那我終究能夠對自己滿意。薩爾達起身去浴室。她關上門，我聽到門鎖喀啦聲。我勉強翻身陷入沉睡。

∞

幾小時後我聽到用力敲門聲。東張西望後，我發現薩爾達一定還在浴室裡，因為門關著，門縫透出光線。我腹中緊繃，發現門外可能是誰。

「薩爾達。」我聽到麥克的聲音傳來。

我不知如何是好，大聲說，「麥克，老兄，欸，現在或許時機不太對。」

接著的沉默漫長到幾乎聽得見。我緊張得像熱鍋上的螞蟻，快被燒死了。麥克怎麼會來這裡？我以為他們分手了。

我幾乎在顫抖。我討厭衝突。

他突然大叫，「薩爾達，他媽的快開門。」

薩爾達打開浴室門，探頭出來。「誰啊？」

我告訴她。

「喔，不妙。」她飛快穿上衣服走到我面前。

敲門聲連續不停。

「聽好，」她直視我的眼睛說，「請別擔心，也別插手。」

「好。」我說，反正我不知道怎麼插手。

薩爾達開門走出去，我聽到麥克說，「怎麼，我打擾妳了嗎？我打擾你們打砲了？有沒有？」我聽到她叫他小聲點，然後一陣模糊的爭吵。

我躺在床上，縮成胚胎姿勢，有點喘不過氣。我感覺變回小孩，在我父母爭吵時摀住耳朵。我感覺體內冰火交迫，忽然很怕薩爾達會離開我。我想打給史賓賽，但我知道他在睡覺。我躺在床上，努力閉上眼睛，讓一切都消失。

這時我想到了吸毒。不知不覺間好希望我知道能上哪裡買點冰毒。一針就能消除所有痛苦，我不會再在乎。但其實，我真的在乎。我緊緊裹在毯子裡，用枕頭壓著耳朵免得聽到他們互相叫罵。

十五分鐘後，薩爾達衝回房間裡。

「我報警了，他今晚不會再來。」她大哭起來，癱倒在地上悲慘地哭哭啼啼。我抱著她，她哭個不停。我告訴她我多麼愛她，她多麼好，但似乎沒什麼效果。她只顧一直說他多麼惡劣，多麼傷人。

「都是謊話，」我說，「他說的沒有一句是真的。」

「不，」她說，「他說得對。你不了解我，寶貝。我有些部分，如果讓你看到，呃，你會馬上逃之夭夭。」

「胡說。」我說。

她還是繼續哭，不論我說什麼似乎都完全無效。我不知道具體上他說了什麼，但無論如何都打中她的痛處。

「真正愛妳的人不會那樣對待妳。真愛就是無論如何都希望對方獲得最好的。麥克跑來找妳另當別論。這樣病態又自私，肯定不是愛。」

「我知道。」她一直說，但感覺上她還是相信他說得對，有始以來，我頭次想傷害別人。我想把那個王八蛋撕成碎片。這股本能的衝動流遍我全身。

「薩爾達，他說了什麼？」

她只顧著哭。

「薩爾達，拜託，告訴我。」

她對著我肩膀說話，用臉貼著我。「他說他知道我會再吸毒，我死後他會撒尿在我墳墓上。他說我一文不值，明年就會整死自己。」

「我的天，」我說，「他太惡毒了。」

「不，」她說，「他比任何人都了解我。我是說，尼克，你必須理解我心裡有一部分還愛他。我跟他生活了三年。我無法跟你交往一個月之後就忘掉。」

這好傷人。我是說，我傷心欲絕。

「妳配得上比他更好的人。」最後我說。

「我知道，」她說，「我知道。我愛你，親愛的。」

「我也愛妳。」

薩爾達從皮包拿出一些藥丸吞下，我們躺到床上。她心不在焉，我抱著她直到她睡著。我好怕。我他媽的好怕。

第三百五十二天

我睡了一陣子，很早醒來，開車去西洛杉磯上飛輪課再去上班。我踩得很快，滿身大汗，猛力踢腿。這樣無法消除昨晚的痛苦，但有點幫助。我猜想史賓賽會叫我怎麼辦？他可能會說我該為薩爾達和麥克禱告之類的，為他們祈福。畢竟，想要助人就要拋開自己的立場。至少，那是我該用的方式。

所以我真的試了。在靜止自行車上練衝刺和爬坡時，我腦中默想禱詞。把身體逼到絕對極限時，我用某種經文讓自己分心——為麥克和薩爾達默念祈禱。實情是，似乎真的有用。我達到一種心靈與肉體上的亢奮，感覺跟所謂上帝的東西有——或可能有所連結。我突然不再是個體，而是跟某種更崇高的實體合為一體，像是大衛．歐．羅素導演的《心靈偵探社》的毯子概念。在電影中，達斯汀．霍夫曼談到宇宙是一張白色大毯子，覆蓋一切。在毯子裡有些個別存在的顯現：例如，你、我、艾菲爾鐵塔、性高潮。這些都是分開的實體，由同一個連貫的「毯子」脈絡所創造。總之，禱告加上極限運動把我帶到至福之境——感覺我重新變成宇宙萬物的一部分的高度。

很像毒品。

我是說，簡直就是。

在過去注射冰毒是我能夠跟「合一」有連結的唯一方法。在死亡邊緣——化學物質把我的血液變成毒藥，只能勉強說話或行動——在毒癮的無助狀態中，我體驗過無可比擬、跟生死本質的連接感。還有類似的，運動到我肉體能力的絕對極限，肺臟和雙腿都彷彿撕裂，同時用史賓賽的禱告法跟上帝講話，呃，非常痛快。這肯定取代了毒品對我的用處。

真是太嗨了。

從飛輪健身房上班途中，我打給史賓賽，想跟他談發生的一切事情。

他在走路送露西上學時接了電話。

「嗨，史賓賽。」我說。

「尼克——怎麼了，老弟？」

「沒事，」我回答，「你今天早上有運動嗎？」

他頓了一下。「呃，沒有。你有嗎？」

我回答有。很詭異，但我跟史賓賽對於運動這件事有種競爭意識。我總是想要騎得比他賣力。當我們一起出去騎車，我非領先不可，或在上坡打敗他之類的。我不確定那是怎麼回事。

我們發展出一種奇怪的敵對。老實說，感覺好像我跟我爸的關係。就像是——我敬仰他們兩位，但我也很想贏過他們。這種感覺鋪天蓋地。我每次跟老爸講話，我只想表現出我過得多麼好，或許想讓他嫉妒，因為，幹，我嫉妒他。我嫉妒他的寫作事業。我嫉妒他為自己建立了不包括我的完整家庭。我是說，我只想要比他強。

我變成那樣跟史賓賽講話。我把史賓賽當作我該死的老爸。這種比擬無可否認。

在某些方面我好想要成為史賓賽家庭的一員，他和蜜雪兒為露西創造的世界的一部分。我想當他的兄弟；我希望蜜雪兒像她關心女兒一樣關心我。我只想跟傑斯柏和黛西，也跟露西重新開始。

但是很遺憾，我知道那都是作夢。我必須做自己活下去，而且無論我多麼努力永遠逃不掉。所以，史賓賽送露西上學時跟他說話，我只感到想要比他強的渴望。或許有些憤怒——有些厭惡？我不知道如何把它甩掉，但一切都主動地向他湧出來。我告訴他昨晚發生的事。他說我或許該把它當作不要捲入這種鳥事的徵兆。

我不理會他說的。我不會跟他爭辯，但他顯然就是不懂。薩爾達和我的情感比任何人能理解的更強大。我們交談時我幾乎為史賓賽難過，他就是不懂。我和薩爾達這種愛情比史賓賽見識過的更不可思議。我覺得他好可憐。

史賓賽和我很快講完電話。最近我很難聽得進他的話。真奇怪，因為我曾經堅信史賓賽所說的每個字，彷彿是福音的真理。他總是說，「你以前做的沒用，那何不嘗試遵照別人的指示？」短短一個月前那正是我的作法，遵守史賓賽告訴我的一切。現在我突然覺得狀況變了，或許換史賓賽應該聽我的忠告。

上班途中，我感到好厭惡我的工作。我無聊又易怒，不知不覺間發現很難對每個人好。我也很害怕昨晚之後還會發生什麼事。我無法專心，在店裡犯了一堆愚蠢錯誤——重複登記客戶預約，接受預約卻沒記下電話號碼、人名等等。我不確定是否有人發現，但我感覺遲鈍，怎麼都無法專心。

一天好漫長，痛苦地不斷延伸。

我回到薩爾達的公寓時，發現她整天沒下床。她稱病請假。她說她覺得暈眩，要我今晚參加十二步驟聚會不用帶她。我挺擔心她不跟我去，但我心想她不舒服，那就隨便吧。外面好熱好熱，我把冷風機裝滿冰塊和水讓室內比較容易忍受。家電器材包含在她的房租裡，所以她不能用普通的冷氣機。我吻了薩爾達額頭三下，短，中，長。

「拜託，」她轉過身說，「我不舒服。」

這很傷人。她這麼說讓我有點恐慌。我內心一股冰涼驚恐，感覺像皮膚底下有針刺。無論我多不舒服，我永遠無法想像這樣子躲避薩爾達。我擔心我真的失去她了。我心思飛轉，想找正確的話說，做正確的事，挽回她。

「要我留下來陪妳嗎？」我問。

「不用，你去聚會吧。」

「要我帶什麼東西回來嗎？」

「不用，我沒事。我想我只是眩暈症之類的。我或許可以請我的醫師開點藥。別這麼害怕。不會有事的。」

我稍微放心了，或許我反應過度。

「我愛妳。」我說。

「尼克，我愛你。」

「只是……」

「我知道，我知道，」她說，「昨晚真的很難熬。」

「我好擔心妳會跟他復合。」

「尼克，我保證，我絕不回去找麥克。我以我媽的靈魂發誓。」

我只需要這份安慰。擔憂恐懼一切解除，我起碼感覺我們回復正常，或我們能做到的正常程度了。

「妳確定不用我帶東西？」我準備好出門時又問一次。

她說如果我回程方便，她想要Café 101的奶昔。她也提議讓我開她的車去聚會，就不用擔心移車。

開著薩爾達的Jetta參加聚會，我感覺好酷。我暗地盼望聚會的每個人都發現我開她的車。我好希望能夠大肆宣揚。結果，我找到向所有朋友提起的辦法。

在洛斯費利茲地區展望大道和羅德尼大道交叉口的聚會，主要功能是社交。我成功擠進一個總是坐後排靠牆的菁英團體。有賈許、凱文、幫好萊塢寫劇本的艾瑞克。有賈許的支持人伏爾泰，他是藥物諮詢師與附近夜店的守門人。我參加過的清醒之家經理莉亞也在，加上助曬噴霧劑模特兒瓦奇札。我發現有個知名男星坐在我們旁邊，還有個七〇年代龐克樂團的鼓手。我跟大家交談、開玩笑之類的時候感覺很有自信。伏爾泰稍微拿薩爾達的事取笑我，但我很驕傲。她第一次戒毒時他們就認識了。

「那女孩是個皮條客呦，我告訴你。」

我只顧傻笑，根本聽不懂他的意思。

聚會中有個主講人，但他說啥我一個字也沒聽。賈許和伏爾泰很凶猛，無情地批評每個人。他們很歇斯底里，但我還是強烈渴望被他們接納。伏爾泰認識洛杉磯的每個人，每當他參加聚會，就用黑莓機把主講人姓名輸入IMDb國際電影資料庫，讓我們大家知道這個人在好萊塢娛樂圈的重要程度。這一切似乎膚淺得有點令人反感，我盡量忽視。

聚會之後，我們一起去Café 101。那裡有個包廂牆上掛著薩爾達小時候的照片。我們人很多，必須把五張桌子併在一起。我第一次真正感覺自己是在場的一分子。畢竟我是影評人，跟明星的前妻交往中。我似乎突然在這個團體中獲得某個程度的尊重，只差我不是名人而已。我在此可以跟任何人競爭，這個感覺令我嗨到不行。我跟他們同樣都是精英。我就坐在出名性愛錄影帶的男主角旁邊，完全沒被嚇倒。其實，我幾乎壓制他。現在做我自己的體驗真令人振奮。

我點了奶昔外帶，嘆口氣告訴大家，「薩爾達要我帶給她。我發誓——她整天只吃冰淇淋。」每個人都笑了，彷彿他們都很熟悉她的飲食習慣。

永遠不會在乎我的人們現在跟我平起平坐。我是說，我的老朋友們還在擔心我的行為，但這些新朋友似乎只是佩服我。有個影星跟我談他戒毒的掙扎——問我問題，我像專家一樣回答。我說的話似乎很聰明，我讓所有聽眾全神貫注。

老實說，我希望這感覺永遠不要消失。

我終於也是個咖了。

這或許膚淺，但也是實話。

晚餐後，我開薩爾達的車回到公寓。我進門時，她蓋著厚厚的羽絨被在睡覺。電視機開著。我蜷縮在她身旁，看著瑪麗蓮·夢露和卡萊·葛倫主演的電影。她沒醒過來。想到史賓賽和他教我的一切，我感謝上帝給了我薩爾達，我的生命，還有發生過的所有事。我二十二歲，世界就在我指尖上等著攫取。我只想要抓住它——成為這個稱作「好萊塢」的奇妙、刺激、光鮮的東西一部分。沒什麼更能令人滿足了。

我親吻薩爾達發燒的額頭，她掙扎著醒來。

「嗨，寶貝。」她說。

「嗨。感覺好點沒有？」

「稍微。E醫生來過，帶了些藥。他對我真好。真希望你能認識他。」

「我也是，」我說，「他帶了什麼給妳？」

她親我臉頰，翻過身，面向牆壁。她來不及回答，陷入昏迷。我看著電視，感覺非常洋洋得意。

第三百六十八天

薩爾達這兩週都沒去上班。無論醫師開什麼處方似乎都無助於她的暈眩。我去上班，但我回家時，薩爾達還在床上。最近她似乎很疏離，但我不想面對這一點。我是說，我們仍然每天做愛。這沒有改變。

我醒來時剛過六點鐘。我跑步一小時，爬上魯尼恩峽谷再下來。在頂上的景觀好震撼。我爬上一道能俯瞰整個好萊塢的山脊，閃避占滿小徑的遛狗客、健行客。

上班時間我很難集中。此時我毫無興趣待在這裡，我相當確定也反映在我的行為上。畢竟，因為我跟薩爾達交往，現在我幾乎也是名人。我為何要在美髮沙龍當個該死的接待員？

我整天跟薩爾達互傳簡訊，調情。我每天每秒都想跟她在一起。

似乎沒有更重要的事了。

我願意為她死。

我寧死也不想跟她分開。

她是我的一切。她給了我目標感、完整感。這是我一直想要的。她是我一直想要的，她比冰毒更棒。我是說，她真的是。我會不擇手段永遠不要失去她。

沒人能夠改變我的想法，尤其是史賓賽。真的，你知道的，我只是厭倦聽他的話。畢竟，他是誰啊？住在西洛杉磯普通房子裡的半吊子製片人，老婆也不怎麼樣。我已經不仰慕他了。我怎麼可能聽他的指示？他沒有我要的東西。我的成長已經超越他了。

此外，他讓我想起以前的我——可悲、沒工作、沒生活、一文不名。誰想要想起那些？我不會。而史賓賽不讓我忘記。但我現在是個咖了。史賓賽仍是無名小卒。況且，他對我和薩爾達的戀情實在太掃興。倒不是史賓賽對我不好，但他就是不懂我的人生走向。他無法跟上。

我需要換個支持人，我確信如此。我是說，兩天前我才剛慶祝戒毒一週年。我必須清醒著繼續前進。

我現在想做的是請伏爾泰贊助我，於是我趁午休時打他的手機。

伏爾泰對賈許一向是個好支持人。他是整個好萊塢產業的一員。芭莉絲．希爾頓在他的速撥鍵上。我還需要多說嗎？伏爾泰是能理解我的人。他很清楚名流那一套。反正，我確信他會介紹我認識很多人。而薩爾達認識他。薩爾達不曉得史賓賽是誰。

聽著伏爾泰的電話鈴聲，我很緊張要跟他說什麼。我怕他會拒絕，或嘲笑我之類的。我怕他不會接納我。

他在第五聲鈴響接聽。「哈囉？」

「伏爾泰，是我，呃，尼克。」我結巴了。

「尼克．薛夫，有什麼事嗎？」

我們談了一會兒我的近況。他似乎立刻感同深受。好像他預料到我想說的每個字。

「尼克，老弟，」他說，「我認識薩爾達一輩子。如果有人能幫你度過這些狗屁，就是我了。」

我告訴他我多麼感激他接受我。他叫我下班後去比佛利山一家叫壽司咖啡的店去見他。他說我們再商量一起進行十二步驟計畫，他會考量我跟薩爾達的關係設計方法。我沒告訴史賓賽，我怕他會說什麼。即使工作中，我在蜜雪兒身邊總覺得愧疚——好像我背叛了她和史賓賽。不過，這麼做似乎才對勁。

五點左右，我在下班前打給薩爾達。我說我剛請伏爾泰當我的支持人。

「喔，寶貝，」她說，「那太好了。」

「是啊，我想可能真的有差。」

「很好，親愛的。」

「那我會盡快回家。」

「好。」

她要我幫她帶蔬菜天婦羅捲和海苔沙拉。我說沒問題。

去見伏爾泰途中史賓賽打來。我正沿著新月高地大道開車。我的鈴聲響個不停，我沒接。我不知道怎麼處理我們的關係。我們一定還能當朋友吧。

我抵達餐廳時伏爾泰已經入座。他很瘦又禿頭，留濃密的鬍鬚，不知何故很引人注目。所有女侍都認識他。他還先替我點餐。

跟伏爾泰談話與史賓賽的聚會非常不同。基本上，伏爾泰告訴我只要我保持戒毒，繼續努力傳遞訊息給十二步驟計畫的新成員，我做什麼都可以。他還給我一份電話號碼名單——他認為我或許能幫助他剛認識的新人。他準備好贊助我的條件。我必須每天電話連絡，不准中斷。我必須每天打給名單中的一個新人，告訴他我如何成功保持清醒這麼久。我必須跟伏爾泰一起練習十二步驟的每一步，但是除此之外，我自己想做什麼都可以。我沒感受到史賓賽式的懷疑，或擔心我的新生活。跟伏爾泰進行十二步驟計畫似乎一點也不像跟隨史賓賽那麼嚴格與批判性。我真心慶幸換支持人。

我到家時，薩爾達抽著菸，躺著看電視上播的布萊恩．狄帕瑪電影。她仍然不舒服。我們聊今天的經歷，我跟伏爾泰的談話。她大聲咕噥我是否該完全搬進她家，讓我們省點房租。我問她是不是認真的。

「是，親愛的。你知道，我愛你超過一切。我好感激你進入我的人生。」

「我也是。」我說，差點哽咽。我在熱戀中。

十一點半左右，她接到她朋友雅庫札的電話。我沒見過雅庫札，但我聽說過很多她的事。她三十七歲，是百億美元財富的女繼承人。她剛結第五次婚，對方是名叫賈斯汀的二十五歲年輕人。根據她的說法，他顯然在十二步驟計畫戒毒一年多後又開始注射古柯鹼。雅庫札說她需要幫忙。薩爾達毫不猶豫地起身，我們快速穿好衣服。我在日落大道上往西開，回頭看到市中心與好萊塢的燈光映照在低懸的黑暗中。

雅庫札住在布倫特伍德，一棟作為信託資產遺留給她的房子。薩爾達大概兩個月前跟她交上朋友，但她在財務上已幫了薩爾達不少，讓她或多或少借了幾次錢。她們在音樂家援助計畫機構的義演活動認識，雅庫札曾經是董事會成員。我們飆過日落大道時，薩爾達告訴我，她和雅庫札談過要創立服裝設計公司。薩爾達為廣告片做過很多造型工作。

雅庫札的家就在曼德維爾峽谷旁邊，白色的柵欄圍籬隔絕外界。房子本身像童話故事中的小屋，有木瓦屋頂和廣大後院的兩層樓房。

屋裡的氣味像狗屎似的，到處散落著繪畫、書本、奇怪的雜物。來開門的是賈斯汀。他真是個俊美的小白臉。他染黑的頭髮在頂上留長，側面剃短。他有張輪廓清晰的方臉，邊緣有些鬍碴。他講話的樣子，至少在他嗑茫時，非常痛苦，好像他只能透過咬牙的齒縫吐出話來。

「你是警察嗎？」

「不，」我說，「我是尼克。」

「我是薩爾達。雅庫札在哪裡？」

「喔，在樓上。」

薩爾達上樓，我跟賈斯汀留在樓下，設法找話說。他不斷地起身，窺探百葉窗外面。

「賈斯汀，」我說，「放輕鬆。沒人會來抓你。」

片刻後雅庫札下樓。她一頭剪短的染色金髮，厚重的毛衣底下穿著罩衫。我站起來跟她握手。從這瞬間起，呃，她一直講個不停。老實說，她說啥我一個字也聽不懂。我是說，她講英語，但她的思路太跳躍，我根本跟不上。薩爾達坐在我旁邊，我抱著她。我們交換眼色。雅庫札一直講，賈斯汀緊張僵硬。最後他告退上樓。

「我的天，」他走掉之後，雅庫札說，「他在浴室裡打針。他會死。他姊姊死於吸食過量古柯鹼。我無法應付這種事。我要登該死的作廢啟事。你們必須幫他。尼克，你跟他同年齡——拜託，救救他。」

我不確定這有什麼關係，但我還是走上樓梯去浴室。

我走上去時忽然有個感覺——突然間，我好想要吸毒。我是說，我有點希望他會有我能注射的古柯鹼。這個念頭根本沒嚇到我。我知道我可能失去的太多，但我拋開不去想。好像我切換到自動駕駛模式。但是謝天謝地，我打開浴室門，賈斯汀正把一大袋古柯鹼和兩根大麻菸沖下馬桶。

「沒事，」他抬頭說，「我不想再吸這玩意了。你可以去告訴雅庫札全沒了。我他媽的很遺憾。」

「你要跟我下樓嗎？」我問。

「好，好，老兄。你說你叫什麼名字？」

我告訴他。

「馬上來，馬上來。雅庫札打給你？」

「她打給我女朋友。」

「哇，」他站起來說，「我這下慘了。條子到了嗎？」

「沒有。沒人報警。你現在不會有事，好嗎？」

「謝謝。」

我們回到樓下。我告訴雅庫札，賈斯汀剛處理掉古柯鹼等所有東西。她又向我吐出一段不知所云的獨白。我微笑點頭，牽起薩爾達的手。

賈斯汀根本沒打算說話。其實，他幾分鐘後就昏迷了。我永遠不懂一個人打了那麼多古柯鹼怎麼可能睡得著。雅庫札心不在焉地向我們道謝。她說如果我們要結婚，她會幫我們找婚戒和訂婚戒指。她妹妹是珠寶設計師，她能拿到優惠價。

「我知道薩爾達會喜歡，尼克。我知道她會。你們是天生一對。」

我臉紅了。「薩爾達，」我說，「妳有沒有想過這個——我是說，嫁給我？」

「如果你想要。」

「寶貝，全世界我最想要的就是這個。」

我們接吻，雅庫札說我們真是可愛斃了。

「那，就說定了囉？」雅庫札問。

「當然。」我說。

「好極了。你們明天得過來，我會拿些戒指讓你們試戴。」

薩爾達竊笑。

開車回家時，我又問她是否認真。

「絕對是，我等不及告訴我爸了。」

「他會同意嗎？」

「開什麼玩笑，他會很高興。你想你父母會怎麼說？」

「喔，」我說，轉頭眺望窗外的濃密樹林。「我相信他們會很開心。」

當然，我知道這不是真的。

我猛嚥口水，好像喉嚨卡東西。我怎麼可能告訴他們這些事？我已經聽得到跟我爸對話之後的可怕沉默。我向來只希望他以我為榮，但我不能因此影響我的決定。他只能自己面對現實。大家都是。我愛薩爾達，我想把自己完全奉獻給她。沒什麼能介入我們的關係。我會娶她，我會跟她白頭偕老，無論貧病，不離不棄。我相信隨著時間，我爸媽會逐漸接納她。

不過我還是很怕告訴他們，很怕。

薩爾達嘴裡叼菸，我看著她吸了幾口。

「我可以抽一根嗎？」我問。

「當然，寶貝。」她遞給我一根百樂門，看我點燃。她笑了。

「我知道不該這麼說，親愛的，但我很高興看到你抽菸。」

「是嗎？」

「讓我覺得更加，你知道的，有共同感。」

「對啊，我也是。」

距離我上次抽菸已經一年多前，但是如今坐在車裡，我彷彿從未戒過菸。一切好自然，我根本不確定我怎麼會又抽了起來。我發誓，我不是該死的衝動派。但是，嗯，再度抽菸感覺真好。我知道我很酷，跟我的未婚妻坐在這兒，抽菸，凌晨兩點開車前往好萊塢。

第三百九十六天

我通知房東退租，把我所有家當搬去薩爾達家大約只需兩天。她辭掉在比佛利山的工作，開始當一部除臭劑廣告片的臨時服裝助理。這工作似乎比較適合她。她每天很晚回家——但是充滿活力。我睡在我們床上，但整夜我間歇醒來時，發現薩爾達把自己關在浴室裡。我要是大聲叫她，會聽到門被上鎖。幾分鐘後她會出來，過來給我一個吻，但又立刻把自己關在裡面。

她似乎已經不在晚上睡覺，老實說，我有點起疑。我偷瞄她裸露的手臂尋找針孔傷痕，但是沒有，所以我猜不是在吸毒。不過再怎麼說，她的行為很古怪。我不知該作何感想。

我問她時，她說她的氣喘嚴重發作。她必須用稱作噴霧器的機器呼吸。會發出吵鬧噪音，她說她不想吵到我。她說她以前必須常跑急診室，但現在，她買了機器之後，靠它就行了。她必須呼吸的東西含有大量類固醇，所以她變得緊張躁動，必須塗腳指甲油之類的。

上班時，馮恩告訴我她的三歲女兒也經歷過同樣的治療，她也有類似反應——充滿瘋狂的精力讓她在屋裡跑來跑去。這樣一來，我相信薩爾達，不過度質疑她。

總之，我終於跟史賓賽提起換支持人的事。他說無論我決定要怎麼進行十二步驟計畫，他會支持我。他似乎沒有受傷、生氣之類的，我很驚訝。他跟我說，無論如何，他永遠是我的朋友，好吧，我感覺一切都很順利。

伏爾泰作為支持人相當寬鬆。我每天打給他，但他似乎沒什麼興趣談我的私生活。我們專注在十二步驟，基本上就這樣。他不涉入其他事，我認為很好。此外，我們總是跟一大票人出去晚餐，或參加藝展開幕之類的。我感覺變重要了，我還能說什麼？

我下班回家時，薩爾達已從拍片現場回來。他們提早收工，她想帶我去羅伯森路那家義大利餐廳。我換衣服，但是腸胃開始嚴重抽筋，我得坐下休息一會兒。

「寶貝，怎麼了？」她問。我告訴她。

她說她很遺憾，問我是否要外帶什麼東西。疼痛得很厲害。

「妳有什麼藥？」我問她。

她過來坐在我旁邊的床緣上，雙手抱著我的頭。

「我今天好想妳。」我說。

「我也很想你。」她給我一小顆橘色藥丸，說可以治我的胃痛。

起初我想跟她問清楚，但我不想顯得比她天真或缺乏經驗。我希望隨時顯得冷靜又淡定。

我想如果她叫我跟她一起出門堵在車陣中，呃，我會照做。我沒喝水吞下藥丸。腸胃的緊繃感還在，我不確定什麼原因。

昨天薩爾達告訴她爸和繼母要結婚的事，他們非常開心。他們已經開始計畫——要在哪裡辦婚禮、請誰主婚。薩爾達想找她的舊支持人寇特妮來主持儀式，她希望婚禮辦在她爸家的後院。這都沒問題，但今天下班開車回家時，我覺得必須打給我爸跟他解釋現在的狀況。

我勉強說服自己他會恭喜我，並同意出席婚禮。我向來希望找黛西當花童。我想如果我表現自信與興奮，或許這些情緒會感染出去什麼的。結果沒效。我爸說我犯了可怕的大錯。他幾乎是求我別這麼做。我生氣地掛電話，對話結束，告訴他顯然他不在乎我的幸福。或許我腹痛跟這事有關，也可能沒有。我對腹痛並不陌生。成長過程中，每當我必須搭機往返我爸和我媽家，就會有嚴重的腹痛。我記得因此痛得站不直。有時候我出發前兩三天就開始有腹痛問題，在出發前夕總是會惡化。我腹中肯定累積了不少壓力。但我沒告訴薩爾達是怎麼回事。我假裝一切沒問題去配合她。

大約在我們走進Al Gelato時，我開始感覺怪怪的。夕陽的光線似乎突然變暗，好像我走進濃稠的糖漿裡。我們坐到桌邊時，我差點錯過我的椅子。我得扶著白石膏牆穩住身子。我感覺頭重腳輕，眼睛睜不開。

「尼克，」薩爾達搖晃我說，「尼克，欸，你還好嗎，親愛的？」

「當然。」我說，這是假話。我看向小餐廳邊緣的鏡子，看到我的瞳孔幾乎完全消失。

「薩爾達，妳剛給我什麼藥？」

「天啊，怎麼了？」她問，突然往後退。

「我感覺……像……好像剛注射海洛因。」

她看起來非常驚慌。「幹，尼克，我想我們該走了。」

「什麼？怎麼回事？」

「快點。」她牽我的手帶我出去回到車上，編了個藉口向胖女侍交代。其實我感覺挺爽的。我是說，我害怕又不知道怎麼回事，但這似乎不重要。此外，我的腹痛完全消失了。我體內的感官很熟悉，我發現自己多麼懷念這些。我向薩爾達討菸。她先點燃再遞給我，開車回我們的公寓。有一陣子我什麼也沒說，只是喘氣努力辨認環境。突然，我發現薩爾達在哭。我想到她多麼美麗。

「無論發生什麼事，」我說，「我會諒解。無論如何，我永遠不會離開妳。」

她哽咽，啜泣。「你保證？」

「對，」我說，「對，我保證。」

「呃……我——我對天發誓我不曉得舒倍生（Suboxone）會害你這樣。我猜是我服用太久，已經沒感覺了。」

我困惑地轉頭看她。

「尼克，我沒有戒毒。我服用舒倍生一年多了。就像美沙酮，你知道嗎？讓我用類鴉片藥物嗨不起來，但我猜起初感覺有點像吸海洛因。那就是你的感覺。」

這時她大哭起來，我叫她別擔心，沒關係的。

「不，」她說，「有關係。呃，尼克，我愛你，我不想騙你。」

「當然，寶貝。」

於是她告訴我。我靜靜聽著她和盤托出。

∞

顯然，薩爾達這三個月以來一直在服用苯二氮平類安眠藥、抽快克菸。她一開始是跟一個叫阿雷西的傢伙一起破戒，其實我見過他一兩次。他比我們都年長，大約兩年前曾經頭部中槍，被他女朋友碧裘打的。他們住在好萊塢，阿雷西全身黑衣，戴著黑面罩爬到臥室外的陽臺上——他以為她有外遇。她沒有，倒是有把槍，他的槍，她射擊她以為是闖空門的人。阿雷西的半個頭頂被打掉，神奇的是，他沒死。他參加了一陣子聚會，薩爾達就是那時候認識他，他後來又復發，跟碧裘搬去拉斯維加斯。不過，他仍然常來洛杉磯，我猜他終於說服薩爾達跟他抽快克。不僅如此，她的醫師——E醫師——基本上只是個藥頭，她想要什麼都能開處方籤。她說如果我想要，現在可以離開她。

「不，寶貝，」我說，「如果妳經歷過這些，我要陪妳。我要陪伴妳人生的每段旅程。」

雖然誤食舒倍生，我一說出這些話就再度感到體內緊繃。為了薩爾達真的值得嗎？我會掉回我跟蘿倫經歷過的同樣驚恐嗎？不。薩爾達不一樣。我願意拋棄生命交換跟她多過一夜。況且，我對史賓賽教導我的戒毒、上帝等等學到很多。這些教訓肯定會幫我度過這關。薩爾達和我會變得比以前更堅強。我們的愛會征服毒癮。我們的愛會征服一切。

一定會。

必須會。

「我們一起面對。」我說。

「喔，美麗的男孩，我好愛你。」

她停止哭泣，我們在等紅燈時接吻了好久。

薩爾達問我要不要去雅庫札和賈斯汀在比佛利山新公寓辦的喬遷派對。我因為舒倍生仍然昏昏沉沉，當下似乎聽到什麼都是好主意。太陽下山了，街燈接連掠過。

「薩爾達，」我問道，「雅庫札不是很擔心賈斯汀復發嗎？」

「是啊，但我猜她現在也碰了。她有時候挺瘋狂的。」

我點頭。

雅庫札和賈斯汀的家在威爾夏大道邊，能俯瞰日落大道。這是有門房和車庫的高樓公寓。我們必須靠對講機放行。大廳很寬廣，有室內棕櫚樹和小瀑布噴泉。我們上去八樓，再穿過一條走廊到左邊最後一戶。有人在門上漆了個亂七八糟的X。我們按門鈴，賈斯汀來應門。他很高——下巴動個不停。我們進去。

這裡面很大，客廳中央有正式尺寸的撞球桌，看得見日落大道。餐桌上放了一堆冰毒和古柯鹼。看到那些冰毒，我期待得幾乎無法呼吸。沒有乾淨針筒，但雅庫札讓我們用她的。她也準備了婚禮樂隊和訂婚戒指等著試用。薩爾達從未碰過冰毒，只注射古柯鹼，但我當然立刻準備好冰毒溶液。我讓她用針頭插我手臂然後打進去。

這感覺真是無法形容。

我不知道我怎麼能夠撐一年多沒碰這玩意。我點了根菸感覺好嗨。然後我們開始檢視所有戒指。我們決定在婚戒裡特別刻字，但薩爾達馬上選定訂婚戒指。雅庫札說薩爾達想要的那只價錢是七千元。我開了三百元支票給她，現在我只有這麼多，她說其餘的我可以分期付款。

我們胡說八道瞎聊兩個多小時。我手臂上注射冰毒的地方有點痛，但我不理它。雅庫札一度帶著所有毒品躲進浴室不肯出來。她在門後大叫她即將被趕出這棟公寓，她要打電話給律師控告大樓管理單位。她說了什麼關於大門的事、他們知道是她幹的，我猜想就是她在大門漆上X。薩爾達想安慰她，但雅庫札他媽的完全瘋掉了。我聽到她在裡面咕噥。賈斯汀昏迷在黑色皮沙發上。這時似乎該告辭了，我問薩爾達要不要去看看頂樓泳池。她同意，我們離開。

泳池沒有開放。這時大約凌晨三點，但我還是脫光闖入。薩爾達旁觀大笑。我成功偷到雅庫札的一些冰毒和一根大麻菸。雖然薩爾達對冰毒仍猶豫，我們當場注射——我渾身濕透。我被吸進喉嚨裡的化學煙霧嗆到。我們回家——我負責開車和講話，講個不停。

清晨六點左右我昏倒在床上。我不確定我睡了多久，但我醒來時，薩爾達拿著她的Prada包站在我面前。

「我不敢相信你做這種事。」她尖叫。她眼神迷濛又瘋狂。

「什麼？」

「別裝傻。我不是笨蛋，尼克。你撕破了這道縫線又縫回去，對吧？裡面有毒品，不是嗎？我已經在浴室磁磚裡發現那些毒品。」

「薩爾達，妳在胡說什麼？」

「喔，當然。你不知道才怪。」

「不對不對，我說真的。」

我跟著她進浴室，看到她沿著白漆牆壁拆掉所有地面磁磚。她指著一小堆白色粉末給我看。

「你說這不是冰毒嗎？」她說。

「這不是冰毒，」我說，「這是該死的油漆殘渣。薩爾達，妳一定是精神錯亂吧。妳頭腦亂掉了。」

「我根本沒在嗨，」她說，「你才在嗨——你在這間公寓到處藏毒品。」

「呃，不對，寶貝，我沒有。我是說，真的沒有。」

「說實話，尼克。」

「薩爾達，不騙妳。」

她試著拆開更多地磚。

「薩爾達，拜託，那裡面沒東西。等著瞧。唔，我跟妳打個商量。毒品不會憑空消失，等到明天——然後如果妳想要，我們一起拆開它。但是寶貝，真的，什麼也沒有。我從來不騙妳，以後也不會。」

她不相信我。她鏘掉了。

我用剩下的藥做好另一針，給薩爾達注射。這似乎真的讓她冷靜，我提議去兜風。她同意，我們跑去富蘭克林路和日落大道口的來德愛（Rite Aid）藥房。接近中午，陽光刺眼得要命。我買了一包菸，薩爾達偷了三杯冰淇淋，一盒Lucky Charms燕麥片，還有些化妝品。她直接塞進她包裡，就這麼容易。

我在臺階上吻她，一切似乎恢復正常。我們開車回家，她為了大驚小怪道歉。她說她不打算再打冰毒。我們看電視，半睡半醒。

第四百〇七天

我從上週五之後就失業了。我跟薩爾達徹夜注射古柯鹼，無精打采地出現在沙龍。她朋友把藥頭的電話號碼給我們，一個叫亞當的傢伙。大多數時候我們得跑去拉奇蒙附近的社區跟他碰面。很靠近E醫生的家，我開始跟著薩爾達去找他。他開了贊安諾[27]處方給我，還送我們幾包免費的思樂康[28]。靠他和亞當總是弄得到我們想要的任何東西。

雖然當薩爾達認為我在公寓裡藏毒，偶爾還是會抓狂，我們的關係似乎空前地好。我們很親密，做什麼都在一起。我們做愛、聊天、看電影，我還在努力寫作。不幸，前幾天我用薩爾達的工具箱拆開我的電腦，因為我想修好它。現在我的Mac只剩一堆不能用的零件。我想起以前蓋克常幹這種事。

至於職場發生什麼事讓他們開除我，呃，我真的不記得了。我只知道我回到我們的公寓之後，馮恩打來留言他們要換鎖，任何理由都不准我回去。這讓我很震撼，你知道嗎？我是說，我真的很喜歡，現在仍然喜歡那些女士們。我絕不會故意傷害她們。我不敢相信她們怕我怕到真的換鎖。我回想闖入我父母在雷耶斯角的房子。我不可能忍受再做那種事。罪惡和恥辱感太難以承受。所以在我造成實質損害之前，我被

---

27 Xanax，鎮定劑，抗焦慮。
28 Seroquel，抗憂鬱藥，控制、減少妄想。

開除或許是好事。況且，我無法忍受離開薩爾達，永遠不行。

不過話說回來，這下我不確定要做什麼賺錢。只要廣告片拍完，薩爾達每兩週就會失業，但那個收入遠遠不夠。

不只這樣，自從去雅庫札家那晚之後，我的手臂上就有個腫脹疼痛的腫塊。薩爾達說一定是針頭不乾淨造成的。這一星期內變大，變紫，還有點發黃。大概有一顆棒球的大小。我總以為它會消退，但只有惡化。痛得很厲害。

因為我們快沒錢了，薩爾達打給她朋友麗莎，看她想不想買薩爾達從來沒穿過的名牌衣服。原來，麗莎跟一個叫喬丹的小子交往，我從小就認識他。他是我的好友之一，跟我在紐約的同一棟公寓長大。

麗莎答應要買些衣服，所以我們去她在洛金翰街的家。我的手臂開始非常難受，薩爾達告訴我感染的地方開始發臭——所以我要求在聖塔摩妮卡找個急診室下車。我想稍後再搭計程車去麗莎和喬丹家。薩爾達在加大洛杉磯分校醫院急診室放我下車。我把保險卡交給櫃檯的女士。我整條手臂腫到不行，膿腫變成橘色和棕色。女士看了看，很快就把我送進去。

來的第一位醫師是個短髮鯔魚頭的胖臉男子，皺眉告訴我他認為手臂必須截肢。

我瞪大眼睛。

「你開玩笑吧。」

「不是。孩子，你為什麼拖這麼久才來看醫生呢？」

「我以為沒有那麼糟糕。」

「沒那麼糟糕？這個感染幾乎腐蝕整條手臂。我想我們先嘗試局部切除吧。」

「好啊，我相信一定沒問題的。沒有那麼糟糕。」

「小子，聽我說——這很嚴重。我會設法保住手臂，但我不能作任何保證。」

我就是不懂，你知道嗎？我不懂這怎麼可能像他說的那麼嚴重。一名護士進來給我打了嗎啡。我發誓我一點感覺也沒有。

「嘿，」我說，「我有服用叫作舒倍生的鴉片阻斷劑。你們得給我多一點嗎啡。」

護士是個憔悴的白人女性。她問醫師，但他說我不能承受更多劑量。另一名護士進來，鬍碴眼鏡男。

他壓住我的手臂在膿腫頂上劃開一個大十字。好痛，真的很痛。

他切開時，摻血的黃白色膿液流出。氣味好臭——好像腐肉或大便之類的。兩個護士擠了又擠，我痛到快要昏倒了。

他們擠光膿液之後，我手臂上留下一個裂開的巨大破洞。護士說我必須注意如何包紮傷口，之後我得自己做。他們拿來一根長棉花棒和一瓶消毒繃帶，開始填充破洞。他們一直用力塞到骨頭附近，我咬緊牙根，或許還流下眼淚。他們一直塞入這玩意，填滿我手臂被侵蝕掉的每個微小空間。花了大概十五分鐘。他們包紮好叫我站起來拉下褲子。我照做，他們在屁股上打了一針抗生素。這針幾乎比什麼都痛。

幾分鐘後醫師進來，說我很幸運骨頭沒被感染。他開給我維柯丁和抗生素的處方籤。他們給我一大堆備用繃帶和一些長木柄棉花棒。我混身是血，終於可以離開了。我走到街角叫計程車。司機來得很快，但因為血跡差點拒絕我上車。

「我的天，你怎麼了？」

「喔，呃，我剛從急診室出來。」

這話彷彿說明了一切。

喬丹和麗莎住在洛金翰街一棟封閉式圍牆附泳池的美麗房子。我從兒童時代就沒見過喬丹，但他對我真好。他付掉我的車錢，給我一個大擁抱。

他有點矮胖，留著黑色長髮和稀疏的鬍鬚。他讓我賓至如歸，問了很多我父母的事，說他很想念他們。

我們在舒適的白沙發上聊天，同時麗莎試穿不同的衣服。她很瘦，沒跟我多聊。麗莎是一對有名夫婦的女兒。她有一堆兄弟，其中一個是知名演員，但就我所知，麗莎一輩子沒幹過什麼正事。不過，她向薩爾達買了價值約五千元的衣服。

喬丹把他的電話號碼給我，擁抱我讓我隨時打給他。薩爾達和我回家，途中停在來德愛藥房買我的處方藥，順便再偷些冰淇淋。我們缺錢的問題似乎暫時緩解。即使我手臂上還有個大洞，薩爾達仍和我做愛。

第四百二十七天

那個頭上挨過槍的阿雷西提議請薩爾達飛去拉斯維加斯，幫忙布置他的辦公室。他說工作三天他會付五百元。但是沒有我她就不想去，於是他同意付我的機票錢。我們準備好離開，但阿雷西要我們去找他的熟人拿價值兩百元的快克，藥頭會在機場跟我們會合。我在航廈放薩爾達下車，再去停車。等我搭巴士回到西南航空櫃檯時，交易已經完成。薩爾達把快克藏在她的內衣褲裡。我們在售票櫃檯報到。伯班克很熱，我經過安檢時緊張得冒汗。不知何故薩爾達和我都必須經過整套「脫鞋、把手提行李掏出來」的程序。他們搜遍每樣東西。在我們身上揮動金屬探測棒。但他們沒發現薩爾達身上的快克，我們抵達登機門。

我從咖啡店偷了一包即食沙拉、兩個冰淇淋三明治。我們帶去登機門吃。我們好久沒吃東西。冰淇淋三明治是外面包巧克力碎片餅乾的那種，相當好吃。我們等到最後一刻才登機。我們一起坐在機尾，薩爾達靠在我肩上睡覺。我手臂上的洞還在，稍微癒合。

抵達拉斯維加斯機場後很詭異。阿雷西在人群中迎接我們，我們立刻抽起快克。他有支很破舊的菸管，我們輪流使用。我從未抽過快克，但我沒跟別人說過。老實說，我不懂這有什麼大不了。我們常聽說快克是最容易上癮、最有害的毒品。我在戒毒中心還聽輔導員說過，如果我復發，絕對不能碰的就是快克。她說這是最難戒的毒品，當時可把我嚇壞了。

但如今我在阿雷西的舊休旅車後座抽快克，一面駛過拉斯維加斯市中心的街區。實情是，我根本不喜歡它帶來的感覺。你會嗨個十秒鐘左右，然後立刻想要再吸。缺乏滿足感，但是同時，我欲罷不能。真的挺可怕。不知不覺間我忍不住找可能掉在地板上的快克碎屑，撿起絨線之類的小東西，以為是快克。

阿雷西單手駕車，用另一手點菸管。他有淡金髮和綠眼珠，看起來像北歐人，五官僵硬陽剛。他又高又壯，講話和動作卻性感極了——尤其對薩爾達。這讓我很不舒服，我當然忍住沒說。

我們到阿雷西家之後，薩爾達的氣喘真的開始嚴重發作，她發現她忘了帶吸入器。我們進屋發現房子很漂亮，真的。只有一層樓，漆成白色，但有很大的後院。我們在阿雷西當作辦公室的房間放下行李。然後我們一起上車去藥房。薩爾達進去，我和阿雷西在車上等。他轉過來看我，盯著我的眼睛，或許是在挑戰我。

「聽說你們要結婚？」

「我想是吧。」

他微笑，露出他的黃牙。

「你真的認為你可以下半輩子都跟薩爾達在一起？」

「絕對可以。」

「但你才二十二歲。你的一生會有很多情人。我不懂你這樣的人幹嘛這麼早定下來。」

我不知道這是什麼意思。「我愛薩爾達，」我說，「我全心奉獻給她。我想，該怎麼說呢？時間會證明我是對的。」

「是喔，或許吧。萬一她給你戴綠帽呢？」

我猛嚥口水，感到生氣又無助。「我不曉得。我會很傷心。」

他點燃快克菸管遞過來，說，「我想碧裘可能背著我偷腥。我不確定是真的——但你知道，我絕對認為有可能。」

「真的嗎？」我愚蠢地問。我沒見過碧裘，跟阿雷西也不熟。

薩爾達在藥房的時候，阿雷西開始問我一堆關於過去的問題。我有點怕他。他很有侵略性，我只希望薩爾達趕快回來。

我抽快克時，他老是大叫有人看到我。他很偏執，我不確定是毒品還是腦部舊傷讓他變成這樣，但我突然希望要是當初沒來就好了。

薩爾達終於拿著吸入器回來，她的氣喘似乎好轉，不過還是呼吸困難。我們回到阿雷西家，他立刻開始抓狂，因為碧裘快回家了，他不想讓她知道他吸嗨了。他開始吼我，因為我眼睛充血發紅，我說我會盡力表現正常。

我們點了外帶漢堡，我一點兒也不餓，但阿雷西逼我跟他去。他一直問我知不知道自己有沒有病，像是我有沒有ＨＩＶ帶原或C型皰疹之類的。他說如果我害薩爾達生病他會宰了我，我們走回他家時，我真的好想離開這裡。

我們走上去，碧裘開門幫我們拿晚餐。她看起來很保守。我不敢相信她是阿雷西的女朋友。他們都年近半百，權力關係突然非常清楚。她告訴我們她做了兩份工作基本上是為了供養阿雷西。或許她出於槍擊頭部的愧疚無法離開他。無論如何，我不懂她為何看不出他有多瘋狂。

最後，薩爾達和我躲進有折疊式沙發的工作室裡，讓碧裘和阿雷西去睡覺。我們偷偷抽了點阿雷西給我們的快克，燃燒薰香掩蓋氣味，點燃打火機時假裝咳嗽。

「薩爾達，」我說，「阿雷西真的很詭異——問了我一堆像是妳偷腥我會怎麼辦的問題。他實在挺討厭的。妳知道嗎？」

「我也發現了，」她說，「他的行為變了，我不確定怎麼回事。我知道他其實不想讓你來，或許跟這點有關係。」

「或許吧。」

薩爾達說我最好去看看阿雷西的電腦後面有沒有快克撒在那邊。她說他總是把快克到處亂放。不久我們都在地上到處爬行——像發瘋似的尋找微小的快克碎屑。我的心思似乎無法專注在尋找快克以外的事。我們一起湊出一小撮，開始繼續點菸管。

阿雷西等碧裘睡著之後走進工作室。我們抽快克直到清晨。他似乎比較冷靜了，我想或許情況好轉了。薩爾達和我在四五點左右躺下睡覺。我好歹睡著了，但薩爾達一直醒著。

隔天大約十二點時我們用光快克。我們一點兒也沒做阿雷西辦公室空間的工作，但既然我們沒毒品了，他開始大罵我們倆沒完成計畫。我不確定我該做什麼，只能盡量打掃乾淨，擦廚房地板之類的。但阿雷西罵我不該做這種事，我該在辦公室幫忙。他罵我懶惰不知感恩。他說我被慣壞，一直唸個沒完。

最後，我們開車出去晃，想要在拉斯維加斯市中心買些快克。阿雷西在這些街區不斷兜圈子。

「這些該死的小鬼為什麼都沒有電話？」

我猜他也是在找特定的人，因為他一直說，「他在哪裡？幹。」

阿雷西花了一個多小時才找到他。他是個瘦小孩，真的——或許十六歲吧。他騎著一臺舊ＢＭＸ腳踏車，阿雷西經過時，他高高舉起手。我們停車，阿雷西叫我到後座去。爬進前座的那孩子說他名叫Ｔ。

「我只有四十。」他說。

阿雷西把錢給他，小子拿出很小一包塑膠袋裝的快克粉末。阿雷西往後丟給我，大聲叫我藏在襪子裡。我照做。接著那小子跳下車，我們迅速駛離路邊。我爬回前座，第一次仔細端詳貨品，裡面幾乎沒東西。阿雷西和我都很擔心毒品用光，從我們的臉色看得出來。

「幹。」他低聲罵道。

我們一回到他家，阿雷西就躲進房間。他只給我們倆一小撮，然後開始罵我們工作不夠努力。他告訴薩爾達她沒有職業道德，完全無法信賴。薩爾達回嘴他表現得像個混蛋。他衝出去躲到地下室。

「薩爾達，」我說，「我們必須離開這裡。」

她在踱步，氣憤地咒罵。

「我無法相信他，」她說，「我從未看過他這副模樣。他完全瘋了。」

「我知道，寶貝，很遺憾。我們還能怎樣？」

「我們得離開。要阿雷西馬上送我們去機場。收拾行李吧。」

我跑進我們住的房間，同時薩爾達衝下樓。我收拾好我們的行李，突然薩爾達啜泣著跑回房間裡。

「他說他不會幫我們。他甚至不買回程機票給我們。他好惡劣。」

我抱緊她。「來吧，」我說，「沒關係。」

「可是我們沒錢了。我剛存入麗莎的支票。我的帳戶還是負數。」她在我的肩上大哭。

所以，你懂的，我別無選擇了。

我還騙我父母說我戒毒，而且，因為我不希望我爸擔心我在賭城，我告訴他薩爾達和我在討論去洛杉磯東南方的沙漠旅行。但現在我發現我得打給所有認識的人試著求助。

我到後院去打電話。我先撥我媽的號碼。我告訴她我們如何來到這裡為薩爾達的朋友工作，然後發現他在吸毒的故事。我告訴她我們被困在這裡不想復發，所以我求她：拜託，拜託，她能否幫我們買回家的機票？

她不相信。「尼克，我知道你吸毒。我已經跟史賓賽和蜜雪兒談過了。」

她就是這麼說的。

「我幫不了你。」她說。她掛我電話。

我打給戒毒計畫的同伴，叫茱莉亞的女孩，我跟她出去過一兩次。她也不肯幫我。我到處留言。我打給喬丹、賈許，甚至蘿倫。沒人接聽，我真的開始慌了。

我打給我的教父。我打給凱倫。我沒打給我爸的唯一理由是我無法承受。

碧裘下班回家時，阿雷西和薩爾達正在吵架。薩爾達告訴碧裘事情經過——但是她省略我們都抽了快克的事實。阿雷西激動起來竟然打了碧裘的側頭。

我進門時，碧裘和阿雷西正在大聲激烈地互罵。

薩爾達湊到我身邊躲到工作室，我們畏縮地聽著。阿雷西指控碧裘故意槍擊他。他一直說，「妳希望我死掉，對吧？」

這讓我想起小時候我媽和繼父吵架時我躲在別的房間裡。我體內有種感覺，我無法擺脫的內在、震撼的驚恐。我喉嚨好乾，只能抱著縮在我懷裡的薩爾達。

最後碧裘走進來叫我們跟她上車。她為我們買機票，不斷道歉。

「走吧，」她說，「我送你們去機場邊的旅館，你們明早可以去搭飛機。」

「碧裘，妳確定嗎？」薩爾達問。

「對，當然。」

我們沒跟阿雷西說什麼就上車。碧裘開一輛小奧迪，我跟行李坐在後座。

碧裘幾乎立刻說起阿雷西為何變成這樣的藉口。她一直說他的腦傷。她一次也沒提到毒品。薩爾達跳出來老實告訴她以他的行為，最好讓阿雷西作毒品測試。

碧裘說，「不，不用，如果他復發我會知道。」

我沒說話，但我有點想要罵她。

「碧裘，妳知道嗎，妳不必忍受這種事。」薩爾達說。

「我知道。」她回答，但是非常灰心絕望，讓我好難過。

她載我們跑了兩家旅館，才找到空房。她給我們一些現金，我們上樓進房，我好像終於可以呼吸了。

我洗澡，薩爾達用一部分碧裘給的錢叫了披薩。我們看電視，盡量吃點東西。

「薩爾達，」最後我說，「我們不能再這樣下去。」

「對，」她說，「對，我們不能。我們必須戒掉。」

「我知道，」我真心地說，「我準備好了。這太糟糕了，你知道嗎？」

「對，確實是。」

「我想跟妳建立生活，」我說，「真正的生活，我們可以生小孩、買房子等等的。」

「我也想要。」她吻我說。

「那我們戒毒吧？」

「好，寶貝。必須這樣。」

我抱著她，我們睡著。或許是從我跟她破戒以來第一次，我感到些許希望。

第五百五十五天

我們成功戒了三天才再度開始吸食。我們一直在服用安眠藥、贊安諾和舒倍生，不然我們會有戒斷症狀。不過，我們三天沒打任何毒品，這是將近四個月來我第一次戒毒。我們一直注射古柯鹼、冰毒，甚至一些海洛因。幾乎每次打冰毒，薩爾達就發飆罵我在公寓裡藏毒，根本無法阻止她。她和我其實經常吵架。前幾天她在看前夫的某部電影，我很嫉妒不高興，結果我們互相叫罵。

此外，我爸幾乎每天打來，求我回去復健，要求跟薩爾達講話，想說服她幫我。我媽來過一次，但我一直吼她，她沒機會說什麼話就回去了。連史賓賽也來過，要我跟他去騎車。我拒絕，叫他滾開別管我。

老實說，我在他們身邊好羞恥，別無選擇只能怒吼。我知道我曾經進步多少，我表現得多好。沒什麼能當作復發的藉口。好像重新回到舊金山。當然，差別是有薩爾達。如果我戒毒或讓史賓賽或我媽進來，我就必須拋棄薩爾達。我根本無法忍受這個念頭。所以我向想要幫我的每個人發飆，只是想嚇跑他們讓他們不再在乎我，讓我平靜地拋棄我的人生。

而且你知道的，今天狀況相對平靜。薩爾達和我三個多小時沒離開浴室，裸體坐在浴缸邊，只顧不斷注射古柯鹼。針劑夠強的時候，你的腦中像有脹滿能量的感覺。你耳鳴，幾乎暈倒，一切都無比美好。所以我調配一針給自己，但還是不夠強。我拿起另一支已經裝了薩爾達的血混合古柯鹼的針筒。我馬上打完，突然間我從浴缸邊跌落，倒在地上驚厥發作。薩爾達就站在我身旁，我即將昏迷時，她在我面前拍掌，大叫要我說句話。說來很玄，但我居然開始唱一首老電玩的歌曲。好像埋藏已久的記憶從我的童年回來，當年我整天玩任天堂。那是出自《瑪利歐醫生》的歌。我反覆一直唱以免失去意識。我規律地踢腿，眼皮猛眨個不停。

我不確定過了多久，薩爾達陪在我旁邊。我逐漸復原時，她吻我抱我，我發現我還活著真的很幸運。我們走到床上。我不知道我越接近死亡邊緣性慾越強是怎麼回事，但我們都非常興奮。薩爾達顯得比以往更美，我們做愛直到天亮——我們全身汗水淋漓。

我大約七點鐘起床，又打了一針古柯鹼。結果我竟然又發生驚厥。我在地上抽搐時薩爾達生氣地罵我。我想她是害怕，但是卻表現憤怒。

總之，我復原時薩爾達的電話鈴響。是個叫珊的女人，薩爾達的老朋友。她也整晚沒睡注射古柯鹼。她住在卡佛市，邀請我們過去，呃，陪她一起打古柯鹼。

薩爾達和我稍後上車，我們開車經過索尼片廠到了珊跟三個室友合租的二樓公寓。我們一走進門，立刻看到一個鮪魚肚的矮禿男子，自我介紹是珊的男朋友。他名叫佛雷迪。

「珊在裡面，」他說，指著陰暗木造走道遠方一扇關閉的門。「她打針的時候不准我在旁邊看。」

於是我們進去，珊正在手臂上到處挖，找血管，盤腿坐在她的床上。她膚色很白，矮小，肚子有一小圈贅肉。她非常歡迎我們。她讓我們用她的電腦查看我的電子郵件，其中有一封是我在紐約的朋友父親來信。之前我向他借過錢，他說只要我還在吸毒他就幫不了我。

我傷心又有些害怕，因為我們錢用光了。薩爾達和我一直在賣衣服、書籍、ＣＤ有的沒的，但是無法持久，我很清楚。不過我沒跟薩爾達提起這封電子郵件。我選擇最近處理一切事情的方式——如果我忽視它，它就會消失，或好轉，隨便啦。因為沒錢付帳單，我已經快失去我的手機，我的車被拖吊，因為保管費太貴我沒辦法領回。加上我還有二十幾張停車罰單在累積罰金，醫院和心理治療帳單還沒付，呃，你應該懂我已經搞砸一切到什麼程度，我們才開始吸毒一兩個月而已。

但是這些念頭迅速被拋開，因為珊給了薩爾達一大袋古柯鹼，讓我們製作幾針。我們到浴室去。

「她平白給我們這麼多古柯鹼嗎？」我問。

「我猜是吧。珊是有信託基金的小孩。」

「當然了。為什麼我們認識的每個人，除了我們，都有該死的信託基金？」

「因為我們住在洛杉磯。」

「是喔。」

因為我驚厥發作很慘，薩爾達堅持讓我先打，調製我的針劑。她給我的分量恰到好處，腦中作響，但不會讓我像條魚在地上翻滾。我們回到外面，坐下跟珊和佛雷迪聊天，他被叫回房間裡。珊的父親是住在布宜諾斯艾利斯附近的雕塑家。佛雷迪是我在紐約認識的所有人的朋友，我們聊到往事、音樂和書籍。我們真的很合得來，女士們一起去後方門廊——我猜是去打針吧。

我們待了兩小時左右，薩爾達的父親來電。我不確定她幹嘛接聽，但她接了。我立刻聽到她尖叫，我跑出去門廊上。她向她爸爆發連串尖叫，我到她身邊真的有點怕。

「不！不，那是他媽的鬼扯。」

「什麼？」我問，「什麼事？」

她掛斷之後把所有怒氣出在我身上。

「都是你！你老媽打給我爸說我們復發了。」

「賤人。」

「我的天啊，」她抱怨，「你多大了，十二歲嗎？你那個討厭老媽還得設法拯救你？她怎麼就不能別管我們？你知道接著會怎樣嗎？你知道我老爸有多瘋狂嗎？」

我伸手放到她肩上。「不會有事的。」

「別碰我！」她退開大叫，往後揮手臂好像要打我。我畏縮後退，她開始碎碎唸她因此永遠無法原諒我。我試著提醒她我們三天沒睡了，睡飽後或許一切會顯得好些。她聽不太進去我說什麼。她大吼大叫直到發不出聲，然後她崩潰哭泣，癱倒在裂開的木地板上。

最後，她向我伸出手臂，我彎腰去抱她。她說她很抱歉。她反覆說這一句。

我們回屋裡之後我向珊與佛雷迪道歉。他們似乎諒解，但薩爾達和我還是決定離開，我們走進午後的陽光下。我很餓需要吃點東西，於是我們買了In-N-Out漢堡和兩杯奶昔。這時候我們完全沒錢了。我們的銀行帳戶都透支了。我們問房東能否在我們公寓大樓外辦個車庫大拍賣，他同意讓我們在下個月初舉辦。薩爾達在谷區租了個小倉庫，裡頭有很多頗具價值的家具、衣服和尼爾．楊、傑里．加西亞（Jerry Garcia）與杜恩．歐曼（Duane Allman）等名人的昂貴照片。我們打算這個週末去。我們聯絡了雅庫札認識的一些人，他們會買薩爾達前夫給的婚戒和她擁有的蒂芬妮鑽戒。我對薩爾達必須賣掉她所有家當感到很難過，但別無他法。

回家途中薩爾達提醒我聖塔摩妮卡大道上的針頭交換處[29]開放了，於是我們左轉繞過去換了些新的針頭和止血帶。他們也有大棉球，但上次我用他們的棉球，有一部分被吸進針裡，被我注射進體內。那些棉花纖維抵達我大腦後，感覺好像有人用力把我的頭打進人行道裡。接著我開始嘔吐直到薩爾達幫我打了乾

---

29 Needle Exchange，政府支持的公益活動，讓注射者可以以髒舊針頭交換乾淨新針頭，防止疾病傳染。

淨的一針。之後我昏迷了幾個小時。

針頭交換處的女士記得我，我啥都不必說，她就在她的表格上填寫我用過的毒品。她標出冰毒欄，告訴我可以拿十支針頭和兩條止血帶。我回到車上時薩爾達在睡覺，我聽著音樂到處繞了一下。我不知道我的人生怎麼會再度崩潰——還有我怎麼會再度失去所有。原本一切都很順利。我不知道我腳下的土地怎麼會崩塌得這麼快。我完全沒發現。

或許我有？

無論如何，現在我唯一的知覺是渴望回家，用公寓裡剩下的任何毒品把一根新的針頭插進我血管。我把我們的車停進車位。

「寶貝，我們到家了。」我說，親吻薩爾達的額頭。

她眨眨眼皮醒來。

「這是哪裡？」她問。

「家。」

我們下車，上樓回公寓。

第五百七十七天

明天是車庫拍賣日，我們很早開車去薩爾達的倉庫。我們在珊的家吵架之後成功戒毒兩天。但後來我們在梅爾羅斯大道上的Wasteland二手商店賣掉一些衣服，從昨晚開始又一直注射古柯鹼和冰毒。薩爾達的化妝鏡上有個鹵素燈泡半夜爆炸，當時她正在洗澡。她到處找不到碎片，還是繼續洗。她洗頭並且刷洗全身，我在床上用筆記簿寫作。不久我聽到咒罵和求救聲。我跑進浴室時，薩爾達已經痛得哭出來。

我猜情況大概是鹵素燈泡爆炸碎片噴到她的頭髮裡。她洗身體時把小玻璃碎片揉到全身皮膚上。現在看得出她手臂、腿上、臉上和胸前布滿燈泡的碎片。

我們為了把碎片挖出來搞了七個小時。薩爾達挺拿手的，我們有毒品讓她止痛，至少是紓解一部分疼痛。不過現在，她全身布滿傷口都在流血。我們居然還決定把我們挖碎片的部分過程拍成影片，希望或許能控告燈泡製造商沒在包裝上放警示標誌。我是說，或許這是個蠢念頭，但是根本沒辦法把玻璃全弄出來。當你想把碎片拉出來，它們會在皮膚底下碎成上千個新碎片。

今天早上薩爾達打給她爸的律師告知事情經過，但如果他們沒回應我不會驚訝。我是說，他們是她爸的律師，目前她爸對我們可不太高興。

最後我們穿好衣服，即使薩爾達體內還有一大堆碎片，我們開上好萊塢高速公路到她的倉庫。谷區的天上全是褐色霧霾和黑色煙霧。光線昏暗，熱氣逼人，但我仍必須穿長袖襯衫，因為我手臂上全是針孔傷痕還有切除膿腫的疤。

倉庫位於谷區深處，我們越往內陸開，氣溫越熱。我們停車後薩爾達在大門口輸入她的密碼。她的單位是最大的那種。在地面，有個大鐵捲門，她開鎖，我們費力地推開。裡面堆著一盒又一盒的衣服、很多摩洛哥家具、一些書籍、小飾品等等。

我拉出一張大沙發和各種椅凳之類的。薩爾達一直叫我慢點，但我只想盡快搞定，因為好多東西屬於她的前夫。有舊影片、海報和大量照片。檢視每件東西讓我感覺很不舒服，只好一直走動，免得面對這些。我熱得冒汗——走路快得像抽筋。我停下腳步。這變成了嚴重強迫症。我好像精神錯亂之類的——好像我不知道自己在做什麼。我清空整個倉庫，大致啦，突然間我完全昏倒在柏油路上。我開始嘔吐，薩爾達想要往我喉嚨裡灌水。我喝下去，但又一直嗆到口吐白沫。

我不確定發生什麼事或她為何把水倒進我嘴裡。我爬到我搬出來的沙發上睡著，或是昏迷了。時間繼續經過。

我醒來時薩爾達拿著針筒在我身邊，給我打了些古柯鹼。薩爾達已經裝滿她認為我們在車庫拍賣能賣的東西，但她需要我幫忙把其餘東西搬回倉庫裡。太陽快下山了。我幫她搬沙發和大鏡子之類的東西。這時我終於直說了。

「薩爾達，如果妳願意把前夫的東西扔掉，對我會很有意義。」

她愣一下。「我不能。很多東西屬於他的製片公司，況且，這些東西是我的人生。我不會把它丟棄讓你不用他媽的嫉妒。」

我生氣了，我大罵她說，「妳也太沉迷於過去了！這裡簡直像個該死的墳墓。」

她一聽，痛哭起來。「這裡有些是我媽的東西，我根本沒看過的東西。我不敢相信你無法理解。」

我當然很歉疚，想要安慰她。「對不起，」我放軟語氣說，「我只是認為該繼續向前走了。」

「我知道，」她說，過了一會兒。「我會的。給我時間，尼克。時候會到。我知道有你在，我就能夠重新開始。拜託，對我有點耐心。」

「我會。我愛妳。這對我很難過，你知道嗎？我會很嫉妒。」

「我也會很嫉妒。」她說。

我坐進前座，吻掉薩爾達的眼淚，一面道歉。我們開車回家，我仍然很累很不舒服。我瘦得像集中營囚犯，所有部位都凹陷。我們很早在床上睡著，兩人都服用了抗憂鬱藥。你知道的，我們應該要他媽的很早起床，布置車庫拍賣會才對。

我猜大概十二點左右，我斷斷續續聽到薩爾達在慘叫。她開始用指甲挖我的側臉，把我驚醒。我想要推開她，她猛咬我的鼻梁。她又開始大叫她要報警。我只能再度推開她，因為她真的很激動把我弄痛了。我很怕，不知如何是好。

我跑進浴室甩上門，但她追過來。我躲在裡面，她用力捶門，說我若不出來她會報警。我說她必須冷靜下來我才出來。她用不明物體敲打浴室門，想把它打破，我一直求她住手。我不確定鬧了多久，但我在浴室裡蜷縮了好久才終於聽到她滑坐在地上啜泣。

我緩緩開門，她崩潰在原地，哭個不停。我抱她，她開始道歉，說她不知道自己在幹什麼。她真的哭得很慘。我吻她額頭再抱她。她一直問我會不會原諒她，我當然說會。我愛她，我告訴她。我們回到床上繼續睡覺。我被她的指甲刮出了一些血。

第五百七十八天

翌日我們睡了一整天，完全錯過車庫拍賣。

大約六點時薩爾達把我叫醒，我因為昨天發生的事還是挺虛弱的。我們還剩一點點古柯鹼，我們注射，開始努力思考我們沒錢了該怎麼辦。外面一片蒼白的灰色，炎熱的太陽已幾乎沉入被污染的洛杉磯海洋中。我們吃了些冰淇淋，薩爾達打給麗莎。麗莎同意出六百元買下薩爾達的杜恩．歐曼照片，她說她會把支票留給喬丹，等我們去交照片。我們一起洗過澡才上車。我穿了燈芯絨喇叭褲和薩爾達為前夫設計的外套。我穿他的衣服感覺很彆扭，但是隨便啦。薩爾達沿著日落大道開車去曼德維爾峽谷的麗莎和喬丹家。路況人車擁擠。我們連轉彎都必須走走停停。

雖然我臉上的疤還在，我們兩人都沒提起昨晚她抓狂的樣子。

我們停進喬丹和麗莎家的車道時，天色已經很暗。薩爾達帶了一件她希望麗莎會買的皮革大衣。喬丹迎接我們。他還是老樣子，長髮綁在後面、有點胖、穿著褪色T恤。他對我們超親切，請我們吃東西。他很喜歡那幅照片，也接受了大衣，說他會設法說服麗莎買。他問我最近都在忙什麼。我們聊了一會兒。最後，我問他有沒有海洛因可以讓我們跟他一起。他說他不抽。

「對不起，」我說，「是我擅自假設。」

「不，不，」他用溫馴的聲音說，「你猜得沒錯。只是我戒了。」

接著他帶我們出去看他新買的重機杜卡迪，他告訴我們這是唯一還能真正讓他快樂的東西。我們看了一眼假裝很佩服。其實我真的喜歡騎機車，一直想要買一臺這樣的賽車。

「它帶給我好多樂趣，」他說，「無與倫比。」

薩爾達和我開車回家。她幫我安排明天跟《Flaunt》雜誌的主管面試，所以我知道今晚真的不該吸安非他命。何況，我們都沒錢。但薩爾達在市中心有門路——如果我們想要，可以賒借我們一些快克。他名叫卡洛斯，在街上販毒。

我們進了市中心打電話給他。他同意借我們價值八十元的快克古柯鹼。我們停在加油站買了一枝裝在玻璃管裡面的花，基本上只是買來吸快克用的。我知道我們不該再吸毒，這玩意真的害死人，但這時戒毒的念頭簡直令人難以忍受。

我們沿著市中心一條街行駛。卡洛斯從車窗伸出手臂遞出一大包快克粉末。薩爾達說他一直很迷戀她，才給她這麼好的交易條件。這傢伙是個骨瘦如柴的西裔小鬼，很帥，但一臉鏘掉的表情，或許比我還糟。

我們回家途中開始抽快克，我已經感覺好些了。我得扶著方向盤讓她抽菸管。快感很短暫，但我猜我們只需要這樣，畢竟明天還要面試。我們回到公寓。

我們走進庭院時，我們的樓下鄰居是南方某地來的男同志化妝師，看我們的眼神好像我們噁心得言語無法形容。我們走上去經過他，輕鬆地說哈囉，然後關在我們的房間裡。我們抽了一會兒快克，然後做愛。

我們根本沒睡，天亮時我們還在抽快克與注射最後的古柯鹼。我畫了張複雜的圖，用我拆開的那臺電腦零件拍下來。薩爾達站在浴室裡抓她的皮膚好久好久。我用耳機聽音樂。最後我把薩爾達從抓臉恍神狀態中拉出來，一起洗澡。我吃了些麥片，然後我們煮咖啡。

跟雜誌社的人面試之前，我想我應該去Kinko's印刷店把所有作品和試寫樣本印出來。薩爾達和我開車去日落大道那家，我們正要進去時，薩爾達打給麗莎問她有沒有興趣買那件皮大衣。這時下起雨了，悶熱的髒雨。宛如天上的霧霾流血滴在日落大道沿線的毛胚水泥建築上。我關著車窗抽了根菸，薩爾達拿著手機聽鈴聲響。我不知道是誰接聽，但薩爾達反覆一直說「什麼？」然後，「老天。」她掛斷之後轉向我。

喬丹死了。他騎機車撞樹掛掉。

我們面面相覷，不約而同地哭了起來。

我嚎啕大哭停不下來。我不知道該怎麼辦。我打給熟識喬丹的紐約朋友們，但是所有人都沒接電話。我打給我爸留言給他。我想或許他能聯絡上喬丹的媽——我知道喬丹的父親去年死了。接著我打給我媽，她接了。我想要說明發生什麼事，但我來不及說她就大罵我——說她知道我吸毒了。

「媽，喬丹死了——妳在胡說什麼？我沒有茫掉，我只是他媽的很激動。我以為妳可以連絡上他媽媽或誰。」

「我對喬丹沒興趣，我有興趣的是你。我幾個月沒聽到你消息，現在你卻打給我哭訴。你到底有什麼毛病？」

「媽，」我說，在前座把雙腿縮到胸前，「喬丹死了。我跟妳說，喬丹發生機車事故，就這樣死了。」

「你茫了，對吧？我聽你聲音就知道。你必須求助。你跟那個女人正在拋棄你們的人生。」

「媽，那不是重點。重點是喬丹。但是無論如何，我很清醒。我兩星期沒吸毒了。」

她不相信。她幾乎向我大吼。接著薩爾達突然發飆，開始透過我大罵我媽。她罵她愛管閒事的賤人，說她沒心肝。她不爽我媽打給她家人說我們又吸毒了。她告訴我媽（再度透過我）她老爸有多麼瘋狂，我媽沒有權利把他們扯進來。

「你不了解他是怎樣的人。你不了解他會做出什麼事。」

我轉達訊息——不過我知道我媽聽得見薩爾達的話。不知怎地喬丹的事在這陣混亂中沒人再提。我在大叫，薩爾達在大叫，我媽也在大叫。混亂中薩爾達的手機響了。雜誌社的人打來，重新安排我們的面試，在目前情境下，這似乎是好事。我們停下車子，但是爭吵繼續進行。我好累，我有點希望薩爾達能閉嘴讓我自己向我媽大叫。最後，我乾脆掛電話，然後哭了一會兒哀悼喬丹，還有一切多麼絕望。

我們打給藥頭跟他約在拉奇蒙碰面，反正我們已經到附近。我們買了很多古柯鹼和冰毒還有些藥丸。我們基本上沒錢了。我不確定我們要怎麼付房租或吃飯等等。我抱著希望或許我能設法找到工作，但希望渺茫。

我已經沒什麼事能夠確定了。我愛薩爾達，這我知道。但我們常吵架，而且老實說我一直害怕失去她。我就是不知道還能不能相信她。我看過她說謊太多次。

然後還有毒品問題。我們在車上注射，我手臂上都是傷疤，我不知道該怎麼戒——如果我還想戒的話。我感覺好像每天活在死亡邊緣，喬丹車禍更加深我的惶恐。

我好怕。

我必須振作起來，我知道。我必須重新開始工作。但我沒有電腦，不可能寫影評或做任何事。

對，我心想。工作會解決所有事。我需要電腦。

我們回到公寓，花了幾小時打毒品，談錢的事，我們到底該怎麼辦。我們談到我媽和她這樣對待我們，我們多麼生氣。我說到我對繼父對待我和我媽的方式多麼生氣，真的。

我們打完毒品，現在凌晨三點，我們像籠中動物在公寓裡踱步。

「薩爾達，」我說——我忽然想到。「去我媽家吧。我知道怎麼闖進去，我可以偷陶德的電腦。」

「太好了，」她說，「你需要一臺電腦。」

我們花了很多時間穿衣服。我們上車，我負責開車，我們很嗨，音響傳送阿蒙・托賓的歌。漆黑的清晨好冷，我閉嘴很久，太久了。我是說，超出正常。我很生氣地談論我媽和我繼父，講個沒完。

我們抵達我媽的社區，太平洋懸崖之後，我們決定先停車，在我媽家街上的超市買些東西。現在才，嗯，清晨四點。我們停在停車場，注射更多冰毒。

漫步在雜貨店過度明亮的走道上，我們傻笑、調情，我懷疑有誰看我們，又作何感想。我有點偏執，我一直盯著地板。畢竟，店裡只有我們兩人。

總之，我們拿了些冰淇淋和麥片，我們想買瓶葡萄酒，但他們直到六點才能賣給我們，我告訴薩爾達我馬上回來——我要去拿電腦。她跟我吻別，我開車去我媽的房子。

我到達他們的車道之後陷入恐懼。我把車停很遠，慢慢走過去。我忽然想起我媽的狗，如果我發出任何聲音，他們會狂吠。我真的很怕。我感覺所有鄰居都在看我，盯著我。電腦在車庫裡，我心想我進得去，沒問題。但是不知何故，我決定爬上車庫屋頂，我想或許我可以打破屋頂木板。我開始拆木板。

但是並不順利。

木板硬得要命很難拆。我滑落到樹上，手臂很痛，我跑進車庫，鎖上門。

我不確定這時候發生什麼事。我猜我大概稍微喪失現實感。車庫放滿箱子、吊掛的衣服、堆在地上的衣服，到處都是東西。我迅速清空一個箱子，把電腦放進去。但接著，唔，我腦筋不太清楚，因為我開始搜索所有東西。我清空一些箱子把東西丟進去，爬到屋椽上。我再度拆開屋頂，耗了很久卻只是爬來爬去而已，收集東西堆成小堆，完全昏頭。

我找到兩部我相當確定是繼父的A片，用腳踩爛。我感覺像隻巨大脫水的昆蟲，或許蠕蟲或蝸蝓之類的，天曉得什麼鬼，到處亂爬。然後，在支撐屋頂的交錯屋椽上，我像隻長腳蜘蛛在陰影中疾走。更多時間過去。

我又熱又渴。

這時中午了。陽光從屋頂的裂縫中照進來。幾道黃色光線穿透車庫裡灰塵瀰漫的混濁空氣。我避開這些光柱。我感覺或許光線會把我像吸血鬼那樣變成灰燼。

我腦中千頭萬緒，快要瘋掉。突然間我找不到門，我發現被困住出不去。我陷入夢境中看到我自己是個小孩，瑟縮在同一個車庫裡，逃避爭吵時怕得發抖幾乎嘔吐。我媽和陶德在互罵，我又小又驚恐。我媽一直想帶我去住旅館，但我太害怕了。我不想背叛陶德。

我想起有一次，開車走高速公路去聖地牙哥。我媽和陶德在吵架，我在後座裝睡。陶德開車時我媽抓住方向盤想讓車子轉彎。

我躺在後座，感覺好歉疚，好像那是我的錯。

另一段回憶開始爬進我的腦海。昏暗模糊到我看不清發生什麼事。我感覺噁心，在角落嘔吐出一些泡沫液體。

過了五個多小時，有人來敲門。不知怎地我回過神來去開門。史賓賽站在門口，我相當確定這是真的，不是幻覺——尤其他一開口就跟我談十二步驟計畫的事。我媽也在，看起來相當激動。我不太確定她怎麼沒去上班。我大哥朗站在她旁邊，他是我媽第一段婚姻的兒子，我只見過一兩次。

他們三個同時開口說話。他們告訴我因為我把薩爾達丟在雜貨店，呃，整整半天她非常生氣。她打給我媽，還有其他一百萬人，她被迫向雅庫札借錢搭計程車回好萊塢。薩爾達告訴大家，她要我進戒毒中心，別再胡搞瞎搞。史賓賽要我去戒毒中心。我媽要我進戒毒中心。連朗都說我需要幫助。

我不確定我們談了多久，但很快有個洛杉磯警局的條子出現要寫報告。我挺確定是我繼父報警的。我猜陶德待在屋裡，不想見我。那個方臉理平頭的條子威脅要逮捕我，但只要我願意進戒毒中心，我媽同意不提告。

我不想去坐牢，所以我說他們想聽的話。他們允許我回好萊塢收拾行李之類的。我開車回家，生平第一千次邊咒罵邊思考，「這次我該怎麼脫身？」

我進門後薩爾達痛打我一頓。

我的所有細軟都收在房間中央的一個紙箱裡。她又哭又喊，我想抓住她的手臂阻止她打我。我想讓她了解，雖然沒有任何解釋能夠改善情況。我是說，因為我遭遇毒品引發的精神崩潰，把她丟在超市五小時。

幾分鐘後我好不容易讓她冷靜下來。我編謊話說聽到我弟在外面必須躲起來，被困在裡面。她似乎接受我的藉口，但還是要我去求助。我們討論時又打了些毒品。

稍後薩爾達的電話響起，是我爸打的。他和薩爾達談了一會兒，內容我不清楚。薩爾達對我爸端出整套「負責任的關係人」角色。她突然成了理性與成熟的一方，成功切割自己與我吸毒的關係。我不確定我爸相信多少，但她確實很會演。

電話最後傳到我手上，我爸聽起來關切又擔憂。他很嚴厲，講話很快。顯然他們跟律師談過。基本上我面對九十天勒戒，他們還可能把薩爾達當共犯抓去。那就表示我們倆必須在牢房裡勒戒，沒有舒倍生、贊安諾與克洛平，可能讓我們陷入癲癇，甚至喪命。

我對自己真他媽的生氣。我沒有選擇只能同意我爸說的一切。他告訴我奧勒岡州有個治療中心有空床位。他安排了跟他們面談。大約一小時後他們會打到薩爾達的手機。我掛斷。

「寶貝，」我說，「他們要我去奧勒岡州。」

「什麼？你為什麼不能待在洛杉磯？」她穿著小短褲和背心。她看起來可愛極了，而且突然非常黏人，怕我離開。我吻她，心裡好想死，真的。這一切太令人洩氣。薩爾達和我太茫太衰弱。我的身體已經停止產生糞便，醫師稱之為「緊實化」。我體內的糞便好像堅硬石化的岩石。我必須在浴室花好多時間，名符其實用手把這些小塊挖出來。我眼窩凹陷，我皮膚發黃剝落，我的汗水有化學藥味。這時我已經瘦得皮包骨。

我們做愛直到電話響起。

我接聽，有一陣子變得模糊。我知道治療中心打來的人是女性，但我記不清楚對話內容。我好像談了很多薩爾達和我多麼不想離開她生活的事。我猜那女人聽了有點嚇到，因為我進不了奧勒岡那個中心。我是說，他們不肯收我。他們就是不讓我去。我不確定具體理由是什麼，反正，我必須想出別的辦法。

我爸對我非常不高興。我想他覺得我是故意的吧。好像我騙了那位面談的女士，故意說些不會被接納的話。但是並非如此。我可是誠實回答她。

這下我又在等待，跟薩爾達一起注射毒品。

晚上九點左右我爸又打來。他說谷區有家戒毒中心願意收我。他說我最好去，否則我會馬上被逮捕。我不知道真的假的，但我不想賭運氣。

所以我去了。

呃，首先我洗澡，薩爾達替我打包。她也準備了一本有很多她的照片的相簿。此外她寫了一封長信保證絕不拋棄我。我們終究還是要結婚。我們接吻，哭泣，反覆互相傾訴我們愛對方。

我猜想戒毒頂多十天，然後我會清醒著跟薩爾達一起生活，重新寫作，一切都沒問題。不過，我怕失去薩爾達。

她開車到戒毒中心，我打呼，注射，抽菸，吞下我弄得到的任何該死的藥物。我嗨翻了，對戒毒的恐懼紓解了一些。我打扮像個搖滾巨星出現在那兒。當時大約凌晨兩點，但我戴著大墨鏡，穿喇叭褲，有流蘇的外套，還有誇張的名牌設計師彩色帽子。薩爾達跟我吻別，我給她一些東西，我的皮夾之類的，因為我不確定戒毒中心會有多糟糕。其實這是我去過的第一家專門戒毒醫院。其他設施總是跟二十八天計畫有關。蘿倫和我算是就地戒毒過之後。對於冰毒和古柯鹼，你只要多多睡覺就行了。至於鎮靜劑和舒倍生，呃，我不知道會怎麼戒。

總之，薩爾達道別，她開車離去時我好想哭。我感到嚴重挫敗。但我嗨到不行，所以我說服自己一切不會有問題。

這家教會社區戒毒中心是醫院，呃，看起來像醫院。整個設施非常整潔，有閃爍的日光燈和白磁磚。床上有塑膠防塵罩，隨時都冷到不行。兩間電視廳裡有錄放影機和很多錄影帶。有個小廚房設置了裝滿廉價垃圾食物與難吃三明治的冰箱。有個留山羊鬍穿夏威夷衫的西裔矮子幫我辦報到手續。有個矮胖得像泰迪熊的女士幫我量血壓。但她真是親切善良極了。他們兩個都很和善，有禮貌又溫柔，似乎沒被我體內的毒品數量和種類嚇到。偶爾不需要說謊讓我鬆了口氣。我全都告訴他們——冰毒、古柯鹼、海洛因、贊安諾、克洛平、索馬斯[30]和舒倍生。他們微笑點頭，替我拍照和抽血。

那個男士帶我到外面，在溫暖的谷區空氣中抽菸。然後他們給我一堆藥物讓我好睡。在我睡覺時他們搜索我的衣服。唔，首先我把窗戶亂搞一通，畫了些圖。不過他們給我的藥很快生效，我幾乎馬上睡著。

我半夜只醒來兩次，每次都有個高大空洞、眼神渙散、可能比我年輕的小子溜進我房間。他剃光頭，身材像籃球選手，穿運動衫。我想他手上拿著盥洗用品。或許是毛巾。

「老兄，你在幹什麼？」我勉強說出。

他愣住。大眼睛睜得更大。

「我好怕，」他說，「我可以跟你睡嗎？」

「當然不行。去找他們拿點安眠藥什麼鬼的。」

這時有個護士，非常男性化、好像用小腳趾就能把我折成兩半的黑人女性，叫嚷著走進我房間。她頭髮直豎，大罵那個小子別來煩我。他跳起來大概十呎高，然後跑掉了。

她向我道歉眨眼。我說，「給他點藥讓他好睡吧。」

然後我只能這麼做：睡覺。

---

30 Somas，抗精神失常藥。

第五百八十一天

基本上我連睡三天。他們必須定時叫醒我，讓我服藥。我吃不下——不想吃飯也不想動。有個臃腫、長鼻、白鬍鬚的醫師想要說服我吃飯，或許起來走走，但我只叫他別煩我。我有種感覺，一心希望我不必存在。我希望一切麻煩都消失。

我倒是不會主動做任何事，宛如真的死掉一般。不，我只想消失——單純成為精神的一部分。我不知道自己是誰，我的身體感覺無法修復，幾乎已枯萎到消失。

另一個肥胖女護士一度叫醒我，為我量血壓。是電子式的機器，我看到數位電子數字跳動：六十三跟什麼的。她不太滿意。他們叫我站起來，唉，這好困難。

「拜託，」我說，「讓我死了吧。」

「不可能，親愛的，在我任內不行。」

接下來的指數還是很糟。

「好吧，小可愛，你得跟我們合作。廚房裡有水果盆。我會陪你去那裡。我也需要你喝點果汁。我們必須把你的血壓增高。」

於是她幫助我蹣跚穿過走道。她也拿掉我肩上的可樂定貼布。我猜這玩意能夠讓人血壓降低吧。

他們讓我服用的另一種藥苯巴比特魯錠（Phenobarbital）應該能幫我避免癲癇，但讓我感覺好像走過，呃，泡沫世界之類的。也可能只是我神遊天外而已。我講不清楚我的想法，也無法理解別人。

總之，我確實吃了點水果籃裡的甜瓜和其他東西。我勉強吞下，但我好暈。我立刻蹣跚回到床位睡覺。

戒毒中心的主管，長相猥瑣、活像汽車推銷員、名叫吉爾的傢伙，有一次逼我出去跟他談我的出院計畫和未來要去那裡。我勉強和薩爾達歇斯底里哭哭啼啼通過幾次電話。我獲准隨時可以打電話，這裡基本上沒有行程表。這醫院是設計用來短期居留，幫你熬過肉體戒毒之苦。每天四到六點是探訪時間，週末整天都可以見訪客。薩爾達某天本來要來探訪，但她因為注射古柯鹼太嗨，半路折返。她說週末會再來。

吉爾把我挖起來叫到外面。我們抽菸，他說我看起來像伍茲塔克音樂節的創辦人。我想我不介意。他問我私人問題，我向他透露一點。我說了些我找不到自我認同之類的話。我也告訴他一點薩爾達的事，面談差不多就這樣結束。

還有些戒毒中心的其他人跟我們在戶外。我跟其他病患沒說太多話。基本上我只想回家去找薩爾達。我只在乎這個。有個又高又胖，留山羊鬍沒頭髮的傢伙走過來。我猜他偷聽到我跟吉爾說我是作家，至少想要當作家。

他說，「孩子，我寫了二十年的電視劇本。趁還來得及，回頭吧。」

我想討好他，就說我想要寫本書。

「唉，」他說，「我們一開始都有遠大夢想，結果我們只能寫馬會講話的卡通故事。」

我馬上喜歡這傢伙。他憤世嫉俗又結巴，腋下夾著一本亨利·米勒的書。他名叫巴比，雖然我身體不適，還是勉強跟他聊了一會兒。原來我們認識很多共同的朋友。他認識（也鄙視）薩爾達常找的E醫生，他的老婆莉亞正是我去過的清醒之家經營者。

「我操，」我說，「巴比。大約一年前你是不是寫給莉亞兩頁沒有標點符號、全部小寫字母的信表示你還愛她？」

「嗯，好像是我。」

「老兄，我讀過那封信。」

「你看過我的信？」

「是啊，老兄，她拿給我看。」

「那個賤人，」他開玩笑說，用典型作家的方式問，「你覺得寫得怎樣？」

「寫得很好。」

這是實話。

「而且，呃，你知道嗎，」我繼續說，「我想她對你還有些感情。」

他點頭，用拇指和食指抓抓他的下巴。「莉亞，她與眾不同。我知道她有點——呃，老了，但她以前很狂野，小子。我告訴你。」

「我想也是。對啊，我永遠忘不了她。」

這時我們必須回去了，我說服自己繼續緊張地睡覺，但我感覺和巴比成為盟友，我他媽的等不及要告訴薩爾達我認識他。我是說，他是超級名人。至少莉亞說的故事讓他聽起來是。

我醒來時已經是晚上，我打了幾通電話。薩爾達很想念我，明天會來。顯然她週一也要去戒毒。她跟我爸商量很多，他說他會幫她進加大洛杉磯分校醫院。我媽會負責載她去。

跟薩爾達談過，護士們也試過讓我吃點東西之後，我打給我爸。他聽起來鬆了口氣。但我只想說服他讓我離開這裡。

「爸，」我說，「現在我很慶幸能夠清醒。我絕對不會再吸毒了，所以我想或許我可以回家，或許明天吧。」

「不行，尼克，絕對不行。你媽和我正在設法讓你加入一個更長的計畫。我們必須想清楚哪個地方最適合你。」

「爸，算了，我不需要那樣。」

他嘆氣。「不，你需要。尼克，目前你就像個小嬰兒，剛開始學爬。或許還更倒退，剛開始能抬頭。你不會要求新生兒跑馬拉松，對吧？」

「如果我是虐待狂或許會，我並沒有說我不是。」

「唉，討論這個沒意義。如果你離開會被逮捕。」

「我可以留在洛杉磯嗎？我可以在這附近治療吧？」

「我想不行。不，洛杉磯沒有地方能處理你的問題。」

這下我生氣了。「還有什麼鬼問題？」

「毒品和你的兩性關係問題。」

我說我沒有什麼兩性關係問題，他說他不要跟我討論這個。我要是不照他說的做，就要坐牢。他媽的，我爸真是愛操弄別人。我好希望他別管我。

「呃，我不想吸毒了，」我繼續說，「我只想回家跟薩爾達躺在床上看電影。」

一陣山雨欲來的沉默。

「你知道我聽起來的感覺嗎？就像注射海洛因。你不想要能重新真正活著嗎？」

「我不知道。」我回答，這是實話。

我爸叫我要有耐心。他安撫我他和我媽正一起全天候設法找到適合我的地方。我想像他們的目標至少有一半是讓我的地理位置離薩爾達越遠越好。或許我會被送去挪威的戒毒中心。

於是我爸和我結束通話。我很不舒服，但我不打算睡覺。我蹣跚走進交誼廳。巴比昏迷在沙發上。他施打海洛因太久，所有血管都崩潰了。連醫師和護士都找不到血管給他抽血。他只剩手臂上的一個洞，壘球大小的裸露傷口。肌肉和一切組織都被侵蝕到骨頭。這真是我見過最噁心的景象，我忍不住一直盯著看。我盡量坐得離他遠一些。

除了巴比，還有一個新病患每二十分鐘左右就晃進來。他有三百磅重[31]，臉孔是鮮紅色。他的褲子通常脫到腳邊，球莖狀的舌頭從他的大嘴巴伸出來。他的眼神像隻小狗充滿無助的困惑。他幾乎隨時身上都有排泄物。此外，我猜他長期酗酒把腦子搞壞了，因為他只會說：

「午餐時間到了嗎？」

或是：「走廊在哪裡？」

他通常在走廊上問走廊的問題。有一次他找不到湯匙認為我這裡一定有，差點踩死我。這傢伙食量很大。他會把醫院伙食打包帶走。

總之，巴比在睡覺，我開始檢視錄影帶庫存。他們的收藏挺爛的，但我發現一部拉斯．馮．提爾的電影《破浪而出》。至少這部我一直想看。我把帶子塞進去，聲音吵醒巴比。其實他睡覺時用一本詹姆斯．弗雷的書蓋住臉。

「你這混蛋，」他用《夏綠蒂的網》裡面老鼠坦伯頓的語氣說，「真不敢相信你看過我的信。你在看什麼片？」

我告訴他。

「好電影，兄弟。或許有點沉重。」

巴比說得對。這是部好片，但是他媽的，如果我以前算是憂鬱，花三個小時看完甜美純真的小艾蜜莉．華森把自己變成四肢癱瘓丈夫的妓女之後，呃，我真的好想死。聽說自殺是暫時問題的永久對策。呃，身為人類的問題其實沒那麼短暫，有時候永久的對策似乎是最佳的出路。

電影的大半時間巴比都在打呼。偶爾他會翻過身來說些艾蜜莉．華森是多棒的女演員，或我這麼年輕很幸福之類的話。我點頭，看著螢幕。三小時過去，最後我吃了點麻醉藥進入夢鄉，作了巨猿開飛機的惡夢。

31 約一百三十六公斤。

第五百八十三天

薩爾達昨天來看我，帶了In-N-Out連鎖店的漢堡，是我時隔多日吃到的第一頓固態食物。其實她的古怪言行讓我有點尷尬。我猜從我離開後她一直在打古柯鹼，然後她來之前又服用一堆藥想要抑制藥效。

結果造成她跟我坐在交誼廳裡談話時一直打瞌睡。更糟糕的是他們已經開始削減我的苯巴比魯特藥量。我再也無法靜坐。我不斷蠕動，全身皮膚感覺像有蟲子在爬，好像我體內有一場電子風暴。我的腸胃也痛到不行。感覺像腹中有胃酸火焰在狂燒，或像電視上伊拉克的油井大火。

這一切狀況讓我很難在她靠到我身上睡覺時安坐。但是今天，她似乎清醒些了，偷塞了些索瑪斯和舒倍生給我，我應該很快就會好過一點。此外，她跟一位坐過幾次牢的朋友談過。據他的說法，我犯的罪頂多會關三十天。那表示我頂多只會關五天。如果我說我是同性戀，他們會把我跟一堆變裝癖關在隔離牢房，我可以看電視，處境絕對安全甚至還有點好玩。或者，我們可以躲在薩爾達的朋友茱麗葉家。

我想離開，我猜他們不能阻止我，所以我拿了我的行李就跟薩爾達走。我戒夠了。我們可以進入某種外宿病人計畫。這時候她似乎挺清醒的。

於是我跟薩爾達走進我的房間開始打包。

她緊張地踱步。「你知道嗎，」她說，「或許我明天還是會去戒毒。我們可以一起戒掉，對吧？我是說，或許我該扔掉我車上剩餘的古柯鹼。」

我停下動作抬頭看著她。「妳在車上放古柯鹼？」

「是啊，昨晚我住在珊的家。她給我好多古柯鹼。但如果你要回家，我會全部扔掉。」

我只默默盯著她。我突然醒悟我不能跟薩爾達走。我只會再犯，這些天來戒毒的痛苦就白費了。我也看到一個很清楚的影像，薩爾達和我一起坐在她的車上，穿著我們的名牌服飾，手機貼在耳邊，兩人都用藥過量死掉，冰冷的屍體發紫。

我根本不認為我真心想活下去，但我猜我想要。

「薩爾達，寶貝，」我說，「我愛妳，但如果妳嗑了一整夜，我不能跟妳走。」

她愣住。「嗯，是啊，當然。我……呃……這很合理。」

「我愛妳，全世界我最想要的就是跟妳在一起。但我們都必須戒掉。如果我們想要一起生活就必須做到。」

薩爾達的眼眶泛淚。「我知道，寶貝，你說得對。」她抱著我伏在我肩上大哭。

我不確定這個頓悟從何而來。有點奇蹟式突然發生。或許這幾天來我獲得一點微弱的希望。我沒有要求。史賓賽可能會說這是上帝之類的，但我就是無法再相信那一套。

無論如何，我沒跟薩爾達離開。我再度請求她去戒毒。她答應我她會去。然後有位女護士帶我們出去跟訪客們抽菸。薩爾達塞給我的藥在戶外陽光下開始生效，我忽然感覺好多了。我是說，差很多。一切似乎沒問題，好極了。我幹嘛擔心這麼多？我跟薩爾達道別，然後上樓睡覺。

「你認為快樂自信一切順利，對吧，小子？」巴比說，「等你到了四十五歲手臂上有個葡萄柚大小的洞就知道，寫馬兒會講話的電視卡通劇本。我還有個小孩呢。我怎麼了？時光飛逝，他媽的太快了。」

第五百八十六天

我爸媽強迫我住進亞利桑那州一家專做雙重診斷病患的治療中心，除了精神疾病還有成癮症的人。我絕對不想去，但這可由不得我選擇。

通常療程是一個月，但因為我感覺好像必須從我皮膚裡鑽出來，翻出內臟，把我的血管扯掉，唉，他們要我多待兩週。起先我參加一個命名為寧靜的計畫，但完成後我加入一個更深入的小組。院方顯然在治療創傷，還有藥物依賴問題。我不太認為我算是創傷倖存者，但總比坐牢好。至少我希望如此。

這兩晚真夠嗆。我的身體已經不知道該如何自行入睡，這裡的醫師停掉我的所有藥物。我全身好像有電流脈衝流竄。感覺仍然有蟲子在爬，我還患了嚴重的下痢。

即使如此，早上六點半我媽幫我把行李搬到電梯。所有護士跟我道別，老樣子，他們真的好親切。他們一直叫我沒事就打電話回去。我知道我絕不會，但還是說，「喔，當然，很感謝你們。」

我媽在我身邊很體貼，不過有點緊張。她肯定表現挺奇怪，還會輕鬆地說些冷笑話。

上車之後，她說我就像灰燼上的蟲子。我不能停止前進。我的身體運作失控中，真的很尷尬。

我告訴我媽我對一切很抱歉，不過我確信這話沒什麼意義。這個節骨眼我說什麼都不可能改善任何事。我搞砸到無可挽回的程度，或許永遠不行。我媽肯定不相信我。她還堅持空服員要有特殊醫療資格以便確保我上飛機。

我媽說薩爾達昨晚進了加大洛杉磯分校醫院戒毒中心。實在難以置信。我用我媽的手機發簡訊給她，說無論如何我都會回去找她。

航程糟透了。我很怕必須跟別人一起坐在這麼擁擠的空間——我的身體在顫抖。此外，飛機上有一大堆幼童。我花了一會兒才想通，但我終於發現三天後就是感恩節。這下可好，又要在戒毒中心過節。至少我不必跟我討厭的家人在一起。

我一直坐立不安，我必須上廁所，呃，五百次吧。我快瘋掉了，所以必須盡力閱讀分心。我還搞丟一枝筆，無法畫圖之類的。我手上的書是薩爾達給的，叫做《彩繪的鳥》（*The Painted Bird*）。不知不覺間我再度回到看《破浪而出》的相同境遇。書寫得很好，但是黑暗殘暴到有點難以下嚥。我是說，我一向喜歡這類作品，但這本書還是讓我難以消受。

看到農民用湯匙挖出他老婆仰慕者的眼睛，我終於忍不住放下書。這讓我想起麥克和薩爾達，我一定還在妄想，因為我有點把自己代入故事中。等到飛機在鳳凰城降落，我只能緊抓座椅扶手忍住不慘叫。我在冒汗但也好冷，一切感覺都超乎現實。

鳳凰城機場讓我陷入強烈的文化震撼。首先，這裡很小而且到處都是軍人。因為全身電流暴衝的感覺我很緊張，我差點錯過舉牌來迎接我的人。但他根據我媽的描述認出我，喊我的名字。

我停下來，我們談了一下。他很親切又輕聲細語讓我想打他臉頰。他長得有點像吉米．史都華，但有白髮、戴著厚眼鏡。他名叫傑隆。他溫和又冷靜，我不認為我當下忍受得了他。

雪上加霜的是他說他曾經住過洛杉磯。他參加我即將加入的計畫之後才搬來亞利桑那州。他說洛杉磯的步調對他來說太快。我只想回去找薩爾達。我完全沒興趣進入另一家戒毒中心。我跟傑隆談話只會充滿挫折，而且，即使目前狀況不佳，我感覺我比他好多了。我想跟他說，「你不知道我是誰？我認識什麼人？」不過我默默坐著，盡量禮貌地回答他的問題。

亞利桑那又荒涼又醜陋。一切都是褐色、滿布灰塵、單調、被風侵蝕。傑隆和我開車沿著兩線道公路，他跟我談我的目的地是多美妙的地方。我感覺像來到荒野。靜坐在車上跟飛機上差不多糟糕。只有我和傑隆，我像個瘋子一樣震動。我好想念薩爾達。少了她我感覺失去方向。

「安全通道中心」位於亞利桑那山脈的高山上，離鳳凰城約一個半小時車程。基本上只是個土堆上的拖車停車場。有我們睡覺用的假木材小屋和兩棟舉行團體活動的大樓。

第一件困擾我的事是在我自我介紹時，大家因為「不准接觸」的規定拒絕跟我握手。還有，半數女性不能跟我說話，因為她們不准跟男性說話。然後搜查我行李的傢伙好老、好猥瑣又拐彎抹角，我連看著他都無法忍受。他穿著臀部寬鬆醜到爆的牛仔褲。而且，我因為全身發癢動個不停。如果清醒就是這麼回事，我不認為我做得到。我室友問我來此的理由，我說，「毒品。」

他微笑，這個刺青小子很有龐克味──或許比我大一兩歲吧。「是啊，」他說，「我剛來時也以為是這樣。但這只是開始而已。」

我累得無法想出諷刺傷人的話說。況且，我得填一堆入院表格文件，現在靜坐對我簡直是不可能。

我室友詹姆士帶我到處參觀，然後做了條有我名字的項鍊給我。晚餐的菜色看起來比醫院好多了，我吃太多結果吐了一夜。我隨時覺得好冷。我四天四夜沒睡覺，該死的蟲爬感覺就是擺脫不掉。有些我應該要整天參加的不同聚會與小組，但我無法想像我能靜坐捱過任何活動。我走進輔導員的辦公室要求送我去醫院。一位明亮藍眼睛的奧地利白髮婦人提議，「你何不躺下來放鬆點？體驗一下蟲爬的感覺。跟蟲子合為一體。」

我告訴她我想這是個餿主意。

我沒吃感恩節晚餐，因為還是很不舒服。我打不通薩爾達待的戒毒中心的電話，心寒深入刺骨。我向所有找我說話的人怒吼。

我想我肯定來到鬼地方，我猜想我互動過的少數幾位輔導員應該也認為我來錯地方。我不知道他們幹嘛讓我進來，但是除了撐過去別無選擇。

第五百八十九天

我在安全通道中心度過的週末基本上只是看電影並且祈禱沒人來煩我。我終於見到一位女性精神醫師，她開了些助眠和防癲癇的藥給我。我猜電流感就是這麼回事，我全身上下的輕微癲癇。總之，她是這麼跟我說的。但他們讓我吃一種叫鎮頑癲（Neurontin）的抗癲癇藥，讓我冷靜下來。他們也開了分量足夠放倒該死的河馬的抗憂鬱藥給我。

週末最好的事情是他們有個叫阿賓的廚師。我是說，他的菜真好吃。窯烤雞，烤法國吐司，墨西哥餡餅，玉米肉湯，凱撒沙拉，現做荷包蛋，摩札瑞拉起司，番茄，還有羅勒沙拉，肋排。他太棒了。他也是很好的聊天對象。他說他是舊金山來的，在全市各地工作過，甚至在我三歲時住過的格倫艾倫區開過一家小麵包店。他的臉像拳擊手凹凸不平，我猜想他人生坎坷。他鼓勵我好好撐下去。他溫柔到不行，我想我真的可以跟他溝通。

這裡的例行事務很簡單。我早起，吃早餐，然後到午餐前參加晨間小組。下午參加關於藥物依賴、人際依賴、性愛依賴或各種男性問題的不同小組課程。有一堂課叫做活在身體裡，我們必須照規定動作運動，有點像瑜珈。他們也有飲食失調小組和身體形象小組，但我沒參加。

除了這些，我跟薩爾達談過了。她戒毒的進展還不錯。我有個朋友艾瑞克是戒毒常客，在戒毒中心陪她，所以我對於復發感覺好點了。

薩爾達仍然挺嗨的，聽到她甜美的聲音讓我好難過。我不能講太久。真糟糕。我好想要戒毒離開，只需跟她躺在床上看電影、做愛，隨便什麼。我感覺很孤單。我寫了封長信給她表達我對她的承諾，但是寫得好累。

我再度被這個事實震撼，其實，我摧毀了我人生的一切。我感覺好沉重。我一直想到我如何曾經擁有一切卻把它拋棄。嘗試重建似乎是不可能的任務。我根本不確定怎麼開始。我猜光是待在亞利桑那這裡就是起點。

我終於跟我的主要治療師安妮見面。這裡的運作方式是你有個精神醫師負責開藥，然後有些人管理你的晨間小組，每個人花些時間討論困擾他們的任何事情。我的小組稱作寧靜組。然後有不同治療師管理下午的小組。

除了這些小組，每個人都有一位主要治療師處理他們的個案。他們單獨跟你見面，不過所有你告訴他們的事都會跟全部員工分享，沒有保密這回事。加上有些到處都是的輔導員全天候協助現場人員，不斷聯絡你的個人治療師，告訴他們你做錯的所有事情。

總之，很複雜。

我的治療師安妮很像大型農場動物，具體地說就是化大濃妝的豬。她大笑時會打呼，屁股比全部上半身還寬。她邀我進她辦公室，我坐在不舒服的辦公椅上。牆上有些激勵標語和幾張私人照片，主要是個十或十一歲的小男孩。她自我介紹，然後叫我告訴她我的經歷。我設法盡快結束。

我講完後她開始構思我的治療計畫，告訴我她要我參加哪些下午小組。

「我要你每週參加兩次藥物依賴和性愛依賴小組。還要你加入憤怒小組還有幫你發現心靈的小組。」

我試著告訴她我以前全都試過了。

「是啊，顯然沒效，所以你這次最好設法有不同的收穫。這個治療計畫重點在於你怎麼做。如果你對復健投入很多，就能收獲成果。如果你隨便敷衍，那麼，你不會有所改變。」

我好厭倦這套復健十二步驟的心理鬼扯。我不可能撐得過另一輪的戒毒。從來沒用，我對這套流程感到好絕望。

「嘿，」我說，「我做過很多次。我不認為有什麼幫助。我無法保持清醒。」

「不，」她說，「你可以。或許你『不肯』，但你絕對『可以』。你知道嗎，光看著你我就發現你的肢體姿勢多麼封閉。如果你要心胸開放地做這件事，必須採取願意的態度。我希望你放下雙腳平貼地面，坐直身子，安靜呼吸一會兒。」

安妮對我說的一切聽起來就像狗屁老套，但我照做省得麻煩。我放下雙腳，駝背坐著。我閉上眼睛呼吸。似乎稍微讓我專心一點了。

「現在，」她繼續說，「我跟令尊談過，我們都同意並希望你至少待三個月讓自己完全融入這項計畫裡。你覺得怎樣？」

我一想到離開薩爾達這麼久，真的感到全身湧現恐慌。我想像三個月後她會完全忘記我。我必須趕快回她身邊。我記得她跟我發生外遇時，她躺在我的床上。她的手機響個不停，最後她終於接了。我聽到她告訴麥克她在支持人家裡。她的謊話很有說服力。我是說，我名符其實抱著裸體的她，她還能跟麥克講電話——跟他說「我也愛你。」然後掛斷。

況且，我擔心她戒毒後，她終於會發現我是個大魯蛇。我總是認為她遲早會醒悟自問她跟我在一起攪和什麼鬼。我必須盡快回去找薩爾達。

然而，我了解戒毒中心和他們常談到的這套人際依賴理論。我參加過的每個計畫都有聚焦治療人際依賴的小組。我知道如果我談到對薩爾達的感情，安妮會視為我們關係不健康的確定跡象。我也知道如果我抗拒她叫我待三個月，她會說我上癮的自我只想再吸毒，我一天也不可能提早出去。我希望這次戒毒遊戲玩得完美，我想我也能做到，因為這種鬼地方我待過太多家了。

「我不確定我必須待那麼久，」我說，「但我肯定願意討論。」

「很好，」她說，「我只要求這樣。現在呢，我收到幾位觀察到你的性能量過剩的治療師和輔導助理的報告。」

「什麼？」我有點生氣地問。

「他們只說他們認為你算是非常喜歡調情。你也有種非常性感、雌雄莫辨的造型。你有沒有想過要理髮？」

這些話突如其來，真的惹毛我了。

「聽好，就因為我不是什麼該死的熱愛足球的混蛋，對自己的陰柔面不介意，並不表示我有什麼毛病。」

「就是這樣，」她告訴我，「你對自己似乎不太自在。我想你用你的性魅力企圖控制與影響別人。你作為性工作者就是做這個，不是嗎？」

我幾乎想大罵我對她太失望了。

「胡說八道。你只是個阿婆治療師，連醫師都不算，因為你看過書上一些該死的統計數字，自認為懂一點成癮症。但是，我不是統計數字，也絕對不會在這裡喝Kool-Aid[32]，妳就別麻煩了。我這輩子認識過

32 一種貧民喝的化學成分果汁味沖泡粉，衍生俚語「喝Kool-Aid」意指不動腦就輕信別人的可疑說法。

一些大好人，啟發我想要改變，但妳決不會是其中之一。」

她發笑，嗤之以鼻。「很好，我早知道你內心有些怒氣，」她說，「現在，令尊向我透露，你除了待下來沒別的選擇，所以，除非你想一路搭便車回洛杉磯，我建議你服從這裡的規則。為了測試你的意願，我會在合約中規範你不得接觸女性。意思是如果你被發現跟任何女人交談，就必須去見治療師委員會。如果你再犯，會被勒令離開。我要你去藝術室畫些圖表達我們的會談帶給你的感覺。我希望你畫出你的怒氣，好嗎？」

我不知道該說什麼。我全身發熱。我充滿挫折感。安妮說她兩天後會再找我，我上樓去抽菸，想要放聲尖叫、大哭然後回家，回家找薩爾達。

第五百九十天

今天早上，我參加核心小組時，注意到有一大堆不同的填充動物、人偶、玩具，滿地亂丟。小組的兩名助手韋恩和梅莉莎問我是否想要玩稱作動物農莊的遊戲。所以我必須站起來走進這堆玩具中間。

我真的不想待在這裡，我很抗拒，但是同時，我心裡有一小部分確實想要改變。我只是怕行不通。我也擔心若真正接受這裡的程序，我會被迫放棄薩爾達。我是說，我討厭安妮昨天跟我說的話，但她的話確實讓我懷疑自己的不安全感跟我表現招搖有多少關係。我甚至開始猜想我當性工作者的經歷是不是我渴望被接納而非缺錢的結果。我的心思整夜轉個不停。我感覺，從我進來之後，至少我還是暫時配合一下比較好。況且，安妮說得沒錯。我沒有選擇餘地。

總之，梅莉莎和韋恩坐在一起，叫我彎下腰去挑選代表我人生事物的不同品項，像是我的家人、我的不同癮症、創傷、我自己、我的男女關係，有的沒的。梅莉莎又胖又可愛，有酒窩，粉紅臉頰，親切得有點過頭。韋恩很遲鈍、慎重又溫和，我想他一定很笨——但我越專心聽他說話，越發現他挺有觀察力的。他有尖長的鼻子，講話永遠像在耳語。昨晚竟然下雪，但現在陽光照進窗子裡來。當然，牆上還有些愚蠢強迫的十二步驟標語。

首先，韋恩「邀請」我走進玩具堆，選出代表我在舊金山和洛杉磯兩個家庭的東西。我到處翻找，但他打斷我。

「盡量別想太多。只要憑直覺選。」

我點頭，拿出一隻硬塑膠鱷魚當作我繼母，還有兩顆拋光石卵當她的子女。我讓她背向我保護她的小孩。我爸像是隻熊——柔軟又毛茸茸，站在我和凱倫和小孩之間。我是隻戴著安全帽的填充貓咪，薩爾達則是一隻絨毛狗，跟我一起躲著。陶德是隻滿嘴利牙的塑膠暴龍。以此類推。

我選完後，小組的眾人被鼓勵指出他們發現關於色彩相似性與相對位置的地方——有的沒的。有個剃光頭的女生發現我用同樣的動物代表薩爾達和我媽。它們也躺在同樣的位置。另一人指出它們還有相同顏色。這只是巧合，但確實令我深思。

韋恩問我有沒有注意到我媽和薩爾達在現實生活中有什麼關聯。其實這對我似乎很明顯。

「當然，我是說，她們都是我一直怕失去、難以獲得的女人。此外我一直想把我媽從她老公身邊救出來，至於薩爾達，我算是挺擅長的。我是說，我把她從男朋友麥克手中救出來，他很多地方讓我想起我繼父。」

「那麼，」梅莉莎問，「你認為或許你跟薩爾達是在重演你跟令堂的關係嗎？你認為或許從你媽搬走後，你從小就害怕被她拋棄，轉變成害怕失去薩爾達嗎？」

這很合理，也不算是多麼驚人的啟示。我從小就接受心理治療。我不認為我認出自己人生中這些模式有什麼困難。

「是啊，」我說，「我是說，這挺明顯的，但我該怎麼辦呢？」

「承認這點就好，」韋恩說，「希望改天你會夠愛自己，選擇一個為你帶來平靜而非恐懼的伴侶。但目前只要試著感受。感受你可能因為她的情感難以獲得，就像令堂，所以下意識地選擇你女朋友。試著體驗你體內的這種感覺。把腳平放在地上，呼吸，讓你自己靜下來。如果那是你會選擇娶的女性類型，你一定不會對自己很滿意。」

我蜷縮在椅子上，我試著坐直。韋恩說話的時候我感覺生氣又抗拒，但當我坐直把腳放到地上，我只感到哀傷多過一切。

「但我最愛的就是薩爾達，」我說，「我們注定要在一起。」

「沒錯，」梅莉莎說，「但前提是你願意一直把自怨帶進這段關係中。如果你要變健康，對自己的本質感到滿意，我不認為你們兩個會再這麼合適。」

「這讓你有個有趣的選擇，」韋恩說，「你要犧牲自己的幸福與平靜感去維持這段關係，或是開始改善，選擇一個或許沒有薩爾達的真實人生呢？」

我覺得這些話很有壓力，我希望他們改談別人的案例。我沒看任何人，但我感覺得到他們盯著我。

「我很幸福，」我說，「只要我能讓薩爾達幸福。」

眾人沉默。最後梅莉莎開口。

「如果真是這樣，那你怎麼會淪落到差點用毒品害死自己呢？」

「而且，」韋恩說，「根據你說的薩爾達點滴，聽起來好像讓她幸福是不可能的任務，所以你已設定終究會失敗，老實說，還有悲慘的一生。」

「但這是你的選擇。」梅莉莎說。

我想跟他們爭辯，但梅莉莎叫我先聽完。

「你何不針對今天在小組中的感受畫些圖呢。」

這似乎是他們對一切的解答。我試著回想他們說的話，但對我太難承受。我現在根本無法去參加。我只想要抽根菸不再面對這些狗屁。我確實希望能愛自己，不必尋求別人的贊同，但感覺就是不可能。我永遠到不了那個境界。如果所有其他戒毒中心都無法幫我，那這裡憑什麼會不同呢？

不是。也不會不同。

我無法改變。

嘗試很可怕，我知道我只會失敗。但我真的希望有所改善。真的。如果我要活下去，那就必須在安全通道中心這裡找到一些能幫我的東西。這是我唯一的機會。我很清楚。但會是什麼呢？我好怕。我怕再度抱持希望。

第五百九十六天

我終於脫離寧靜小組，調到全是男性的賦能核心小組。其實安妮認為我進步很多，我也同意，你知道嗎？我是說，我決定要嘗試，那是一大步。我不確定是什麼讓我開始接納。我猜內心的求生慾比我以為的還要強大。

帶領賦能小組的是完全相反的兩個人。男組長老雷比較年長——看起來像飆車族之類的，有長馬尾和陸戰隊刺青。他又高又暴躁，還算親切。另一位共同小組長是女性，克莉絲，嗯，我挺喜歡她。

我坐到小組教室裡一張磨損的藍色沙發上。牆上到處是包含**賦能**（empowerment）這個字的彩繪標語。小組除了我還有五個人，有詹姆士和吉姆，比較年長的名叫賈斯提，大約十八歲的小弟名叫亨利，還有個高大、戴護膝的愛爾蘭人布萊恩。我們輪流報到。因為我是第一天加入小組，我有半個鐘頭必須講述自己的經歷，解釋我為什麼接受治療和我經歷過什麼。這個時候我真的想要盡量誠實。我對這裡仍然很懷疑，但我已經來了，也不希望像以前那樣再犯。我盡力說明自己的經歷。

我講完後我們休息一起去抽菸，然後回教室讓大家給我回應。我緊張地坐在沙發上，盡量不看任何人。克莉絲馬上要求我坐直，輪流跟每個人眼神接觸。我剛告訴這些陌生人我發生的事，感覺很暴露，而且不知何故，必須看著他們的眼睛讓敘述感覺更真實。我看到賈斯提的時候，發現他眼中含淚，害我哭了起來。我又低頭看著地上，但克莉絲說我必須繼續輪流看著每個人的眼睛。這好難。我只想消失，但我照她的指示做。

「很好，」老雷用沙啞的聲音說，「尼克，你講話時真正困擾我的是，你似乎跟發生過的事很疏離。你只是描述一些相當可怕的事，你講得彷彿是別人發生的事。很高興看到你終於感受到了。」

「還有，」克莉絲說，「你的人生總是被名人包圍顯然很有趣。你述說的方式，嗯，感覺有點像在吹噓。我懷疑你對名聲和名人的執念對於你這麼執著目前的男女關係有多少影響。」

她說這話時我感覺想抗拒，也很尷尬。

「我不是那種人。」我有點生氣地說。

「好吧，」克莉絲說，「那麼，我們來嘗試個小實驗吧。往後你待在這裡的時間，我會把你設定成不准說名字的條件。現在呢，各位，我要大家幫助尼克進行。如果你們注意到他談起他認識的任何名人，請你提醒他遵守條件。」

眾人點頭同意。我感覺被羞辱，但我努力把腳留在地板上，雙臂不抱胸。老雷發現我很激動，鼓勵我接受這件事帶來的情緒。事實上，至少內心深處，我一向知道薩爾達有一部分只是地位象徵。我跟她在一起感覺有身價。跟名流朋友廝混時我總會感覺很重要、很酷之類的。但在表象底下，現在我懂了，是深刻的自慚形穢。用名人包圍自己能幫我隱藏我內心不斷擴大的裂縫。薩爾達也是其中一個嗎？我想這很合理。但我沒有她又算什麼？我不可能靠自己立足。門兒都沒有。

小組討論後我們上樓抽菸。大家告訴我，他們對我表現這麼坦誠非常欣賞。他們說他們支持我。

詹姆士和吉姆後來成為我的好友。這些人真是超搞笑的。詹姆士其實很酷。他閱讀喬治．巴代伊[33]的傳記，近兩年住在布魯克林。我喜歡跟他聊天，我們常一起打牌之類的。

休息時間結束後，我得走過一條灰塵飛揚的小路回到小組教室。我預定跟一名叫喬治亞的女士上一堂叫做ＳＥ的課。ＳＥ是指身體經驗創傷療法（Somatic Experiencing），但我只知道這點而已。喬治亞又高又瘦，白髮活像童話小精靈，戴圖書館員的古板眼鏡，穿精心配色的小套裝。她用的色調是褐色。為了進行接下來的課程我得簽免責同意書。我們握手，我簽字。巴布・狄倫在他的歌裡是怎麼說的？「當你一無所有，就沒什麼好怕的。」

一點也沒錯。

我坐到她對面的椅子上，她露出微笑。

「好了，現在，」她開口說，「你先把雙腳放到地上、張開雙臂吧？」

我沒發現我雙手抱胸，但我照她說的做。接著她問我過去的事。她問我都專注在做什麼。我跟她談到不同的事情，最後提到我在街頭賣淫時被毆打的部分。

「好極了，」她有點失禮地說，「你在體內的哪裡感受到？」

「什麼？」

「進入體內。你感受到什麼？是羞恥？驚恐？或憤怒？」

「或許都有。」我說，猛嚥口水。

「你在體內的哪裡經驗到這件事？」

我努力自我探索。

「我猜是在胸腔和肚子吧。」

「你的胸腔和肚子有什麼感覺？」

---

33 Georges Bataille（1897-1962），法國哲學家，著有《情色論》。

「我胸腔緊繃，或許肚子有點作嘔。」

她跟我交談回顧那一夜。她要我描述給她聽。「發生什麼事？」

「我不太記得了，」我說，「我是說，一切都很模糊。我在市中心一家酒吧認識他，當時他和男朋友在一起。」

「你記得他們長什麼樣子嗎？」

「不記得。呃，我想那個男朋友或許是東歐人。他有口音，唔，還留長髮。第一個人很壯，外型像健美選手。他剃了光頭。」

「他們對你做了什麼？」

「我肋骨斷了，」我說。接著，我忽然想起那個壯漢壓在我身上的恐怖回憶與感官。我感覺快吐了。我好像無法控制我的呼吸，有點喘不過氣。我忽然嗆到——好像有異物塞進我喉嚨裡。我無法呼吸，我哭了起來。喬治亞幫我回過神，腳踏實地，感到雙腳貼在地板上。

我無法停止流淚。我感覺非常失控。我真的感覺到體內的異物，我寧可繼續隱藏的回憶被釋出。據喬治亞的說法，身體會把創傷記憶困在內部。世界上的動物都會發抖，直到創傷被釋放，但人類沒有學會這個本領。我們需要導引。就本身來看，我猜這個概念很合理。療程只有半小時，但是到後來我必須跑上山丘。我對我讓自己經歷的事由衷感到哀傷。我是說，我真的感覺得到，跟以前不同了。真正開始了解發生過的一切，真是詭異。

而派崔克的外表讓這件事變得更加深刻。

派崔克以前來過安全通道中心，但是我猜效果並不好。派崔克讓我立刻想起我在街頭鬼混時認識的某人。我是說，我知道我從未當面見過這傢伙，但我根本無法忍受跟他待在同一個該死的房間裡。他長得像

《冰血暴》裡的史提夫．布希密，歪扭的黃牙，濕厚的嘴唇。他皮膚白得像麵團，刻意掩飾禿頭。他的眼神變態又奇異。他老是哭哭啼啼，像被遺忘的小孩般嚎啕大哭。他會流鼻涕和躁動，沒人清楚他為什麼在這裡。但我無法忍受看到他。我逃避可能必須跟他發生的一切互動。

我向詹姆士和吉姆說明狀況。他們設法把我們隔開以舒緩衝擊，但是沒這麼容易。

在共依存症小組裡，我們必須角色扮演以幫助我們學習如何堅持自己立場。這發生在，呃，我跟喬治亞回顧性工作者時期之後的十五分鐘。而且當然，我是被隨機安排跟派崔克搭檔。所以這是我面對過去戰勝恐懼的機會。我以前寧靜小組的成員韋恩跟名叫艾蜜莉的女士共同帶領小組。很詭異，這裡幾乎所有女性治療師都長得很像。她們都又胖又壯，穿著雷同。好像她們是從同一個基因庫培養出來的。

今天韋恩和艾蜜莉叫我們專注在界線上。界線就是你練習堅持自己立場，說出你願意或不願意去做、或接受的事。我們必須角色扮演示範。例如，派崔克想跟她老婆離婚，她用關於錢的愧疚困住他。我應該要扮演派崔克的老婆，他要設下界線，不能再給她更多。

「所以，」他用過度親切又虛偽的語氣說，「你當我老婆，我會告訴你我不欠你別的東西。你沒意見吧，尼克？」

跟他坐得這麼近，我幾乎說不出話來。我熱得冒汗，我想要尖叫逃出這個房間。更糟的是，我應該要保持眼神接觸。我真的開始認為我他媽的快昏倒了。我就是受不了。

「對不起，」我咕噥說，「我得……我得走了。」

我東倒西歪地走向門口。

「你還好嗎？」艾蜜莉在我背後問。

「我會回來。」我說。

我一直沒回去——至少，直到下一堂課。

我走進我的小屋，突然感覺好冷。我鑽進被窩裡發抖。我抖得很厲害，好像剛逃離掠食者的小動物。幾乎持續一個半小時。我試著哼歌。但是沒什麼幫助。

第六百三十五天

現在是聖誕節後一天，我開始真正珍惜在安全通道中心度過的時光。核心小組組長老雷幾乎扮演了我跟其他男生的代理父親角色。他好堅強，又溫和，非常體貼。他體現敏感的男性特質，陰陽調和，我從來不知道能夠做到這樣。他不知怎地能夠讓我們經歷的一切顯得不那麼可恥。他藉著他的完全接納和包容幫我們更愛自己。

這裡的焦點其實是愛自己。這是我認識老雷之前從未了解的概念。他對我們誠實地談他本身與自怨的搏鬥——覺得自己不夠好。老雷分享時，我看出我們的經歷有很多相似處。或許是我的自怨與不安全感讓我表現成這樣。這對我算是神奇的領悟。我從來沒想過為了保持清醒我必須學習如何真正關心自己。我總以為重點在於學習如何關心別人。例如，我該為了傑斯柏和黛西、我爸，史賓賽、朋友們、女朋友們保持清醒。我從未理解我必須真正想要做自己、為自己而活，而不是當別人。如果我能對自己身分滿意，就不必一直逃避自我。我猜，聽起來簡單，但似乎不可能。我根本不清楚怎麼開始。或許待在這裡、參加小組等等就是起步。至少，我開始感覺到差異，變透徹之類的。

基本上我剛開始真正相信這裡的流程。我希望它有效。我想要改變，我真心希望這事可能做到。一大部分理由是他們這裡提供的一些比較激烈的另類療法，像是身體經驗創傷療法。透過這些療程我能夠想起在記憶中完全壓抑的童年事件。其中有個事件我透過這些療法能夠面對。他們說在十二步驟計畫中唯一無法保持清醒的人，就是本質上無法對自己誠實的人。以前我不知道，但我就是本質上無法對我自己誠實。如今我發現一些關於自己的真相，受到幫助克服它，我的心智不再是那麼可怕的地方。

他們在這裡常談到哀悼過程，引述伊麗莎白．庫伯勒—羅斯（Elisabeth Kübler-Ross）的著作《論死亡與臨終》。她在書中描述一個人為了放下親人之死，繼續前進必須經歷的哀悼階段。這裡的人說同樣的哀悼階段必須應用在我們生活中發生的任何創傷。壓抑痛苦、忽略它、隔絕它或吸毒讓我不必感受到它——那些應付方法就是行不通。我相信。我心裡總覺得是在自我消耗。我無緣無故恐懼，以驚慌回應日常狀況，當然，還有控制我人生的可怕強烈的自怨。

在安全通道中心我被帶領回顧創傷，重新體驗以便讓我終於能用健康方式哀悼。或許這些聽起來很誇張。但即使看似新奇與感情過剩，我真的看到我的人生改變。我接受我的本質。我不再隱藏了。

今天他們要我做一種稱作呼吸療癒（Breath Work）的療法。他們要我很早起以便在上午小組討論前進行。今早很冷，我必須穿著詹姆士給我的軍用夾克。我喝了點咖啡，走到另一間小組教室。我從未跟帶領呼吸療癒的女士配合過，但我在治療中心看過她。她既年邁又削瘦、白髮、素顏。她看起來很酷，穿藍色牛仔褲和大靴子。

她在辦公室地板上用靠枕打造某種看似十字架的東西。讓我聯想他們給死囚執行毒針注射時綁在你身上的東西，或像《越過死亡線》電影裡的樣子。

總之，這位葛楚德女士叫我脫鞋，躺在靠枕上。

「現在，」她說，「淨空你的腦袋。完全別想控制你的思想。完全放手。」

我盡力照她說的做。我想盡量把他們這裡提供我的一切做出成效。這些復歸式療法一向很嚇人。通常我都會回到流浪街頭，或我小時候發生的其他性事件的時間。總是很痛苦，所以我很緊張。

葛楚德把蠟紙色皮膚的手放在我胸口。她叫我快速深呼吸——不要停。她不要我講話。我應該會過度換氣，而她會帶我克服。

於是我開始。

起先我注意到吸氣吐氣時，嘴唇感覺很乾。我感覺暈眩，肚子和腿開始抽筋。我的心思飛越過很多不同的事物，但沒在任何一段回憶停留。接著突然間，我無法停止想起有一次在薩爾達家我注射古柯鹼陷入驚厥。我的身體僵硬。我想起我為了保持意識唱的歌。我全都記得，但我體內也感覺到了。我好怕。我怕我會死掉。真是嚇死人了。我從來沒有這種感覺，你知道嗎？我從未感到過這麼接近死亡的恐懼。現在我感覺到了，我不停發抖，我不得不突然停下來往旁邊的垃圾桶嘔吐。沒吐出什麼東西，但我一直乾嘔。

葛楚德揉我的背告訴我不會有事的。這麼強烈地感受一切真辛苦，讓我更難遺忘這個經歷。現在顯得好真實，以前從來不曾這樣。而且，感受這一切雖然困難，我相信這是我真正痊癒的唯一機會，有個安全的通道，這就是這家治療中心的承諾。

做完呼吸療癒之後，我還有點時間打給薩爾達，她剛離開戒毒中心，搬進清醒之家。我想跟她分享這些新體驗。我想要相信她能當個更健康的人融入我的生活。這裡的治療師沒人同意我，但我仍想試試看。我跟薩爾達的關係是我人生的一部分，我還沒有完全信服這個流程。這是我唯一仍堅持的事，不過老實說，我開始懷疑我能否真正跟薩爾達在一起。

薩爾達戒毒吃足很多苦頭。她經歷兩次癲癇大發作，必須切除膽囊。是我們注射的一堆毒品害她脫水之類的。這導致她體內形成結石，我猜一定很痛。

她接電話時我聽著她的聲音，並不像以前讓我充滿同樣的瘋狂熱情。她聽起來很疏離，仍然深深困在我離開的那個世界。她告訴我雅庫札、賈斯汀和我們所有毒友發生的一切事情。我無法跟她講太久。我得去參加小組。

「我愛妳。」我告訴她。

「我知道，」她說，「我聽到了。我只是根本不知道我是誰。很難想像有人愛我。」

我感到電話彼端有深刻的空虛，我以前也感到過，但隨著一天天過去正在減輕的空虛。我突然很清楚地發現愛薩爾達就像愛一個黑洞。我不是說我願意因此採取行動，但這是我想在核心小組分享的領悟。

我抵達教室時，他們說老雷今天不會來，真令人洩氣，因為我很想跟他談這些事。我只能告訴克莉絲與其他組員。我講得結結巴巴。

「你知道嗎，」我說，「今天上午我跟薩爾達談過，我很怕我會無法跟她在一起。」

大家似乎很震驚，克莉絲例外，她說，「哦，你認為？也該是時候了。」

我大笑。「只是，你們知道的，我在這裡有很多機會痊癒，而她回到清醒之家，基本上做我們兩三年前在那兒做過的同樣事情。不是她的錯，但我很難想像她會改變。不是說不可能，但我現在有種跟薩爾達在一起時缺乏的獨立感。」

「嗯，」克莉絲說，「無論她是否改變，你必須學習靠自己，不依賴別人幫你圓滿。在你做到之前，你什麼都不是。所以，我建議你跟薩爾達分開。不一定永遠分開。但老實說，可能必須如此。」

我不確定該說什麼。我知道我還沒準備好。至少我不認為我可以。我只想要擱置不理。

小組課程後，克莉絲告訴我們今天有一場緊急社群聚會，當然，我立刻假設我有麻煩。聖誕節天氣意外地溫暖，不過我患了支氣管炎，必須打抗生素什麼的。我們假日其實沒幹什麼事，我倒無所謂。這是我在戒毒中心過的第三個聖誕節。肯定比跟家人相處輕鬆。

我是除了工作人員之外最早到的人之一。我跟韋恩眼神接觸，我的內臟差點掉出來。

「出什麼事了？」

我看到韋恩眼中含淚。我坐到他旁邊。

「老雷死了，」他告訴我，「昨晚他因為心臟病猝死。」

我有點呼吸困難，忽然哭了起來。其他病患與治療師在室內就座，我只顧著哭。

老雷之死對吉姆打擊最大。老雷真的就像吉姆的父親般，他們兩人都承認。吉姆因為此事的衝擊，生病了。他痛哭流涕，我聽到他跑到浴室去吐。那些認識老雷的人輪流說出他對我們的影響。克莉絲也哭了，氣氛似乎充滿濃厚的悲傷與哀戚。

吉姆粗壯的身體癱倒在我身上。我親了他額頭後才深思熟慮阻止自己。聚會一結束他立刻跑回他的小屋關上門。我走去抽菸。我沒跟任何人交談。我試著去參加下一個小組，但是怪異寒冷的感覺讓我一直全身發抖。我真的無法控制。又抖又抽筋。我的身體反應似乎完全獨立於我之外。我被迫告退，回我的小屋躺下。

持續好幾個小時顫抖發作。我好冷，好像寒冷鑽進我的存在深處。我雙腿不由自主地抽動，我的腦子似乎發燒欲嘔。我床邊設置用來跟室友隔開的木屏上浮現臉孔。木頭紋路的瘤與線條變成我無法眨眼甩掉的各種形狀。現在能夠真正感受事情挺神奇的。我不確定他們在這裡具體對我做了什麼，雖然辛苦，但我好慶幸真正能夠跟自己的狀況有連結。安妮說這是第一步：投入，感受我的感覺，掌握我的過去。我真的很投入，認知我對愛我的人，也是我愛的人造成的痛苦與傷害。

總之，安妮希望下個月我跟我爸媽一起過家庭週末。雖然我已經五年多沒跟他們一起相處，他們還是同意過來。我當然很緊張。我有好多話想跟他們說，但言語似乎永遠無法充分表達我的哀傷和悔恨。連只是說對不起都感覺好沒意義，好像我想在散彈槍傷口上貼ＯＫ繃。修復我對他們造成的傷害似乎不可能。其實，重建我的生活也似乎不可能。我一直反覆想著我怎麼會再度搞砸一切。我拆毀了我的世界，然後蓋回來，又把它拆毀，然後蓋回來，不斷循環。感覺好壓迫。

不過實情是，每當我認為我快放棄，我不可能做得到，我會獨自蜷縮在某處慢慢死掉，呃，我總是繼續嘗試。我是說，不知何故我總是能撐過一天又一天。我不確定我內心有什麼東西讓我能夠一直把石頭推上山。我猜我成功維持住一絲希望，而且下次，**這一次**，我可以爬高一點然後再高一點。這次我不會跌回來，或滑落那麼多。我心裡有個求生意志，雖然有時很軟弱，但能推動我前進。我在這裡待越久，就變得越有決心。

病友們超過我跟治療師們的關係，是他們真正讓我作出最大的改變。

這裡的大家都很好而且，呃，我跟他們相處不會感覺自己像怪胎。大家都跟我一樣慘，甚至更慘。我們大家的感情很融洽。在某方面，我在這裡的日子是我生平的高峰。我們沒上小組課程時就在「抽菸坑」裡打混，聊廢話瘋狂大笑。我真的開始信任這些人，當他們說些關於我自己的事，我會注意聽。我尊重他們，也尊重他們在這裡做的努力。所以我猜想：我何不聽聽他們關於薩爾達的忠告呢？我為何這麼怕失去她？我忽然感覺如果我不開始誠實，好像在欺騙這個機構、這裡交的所有朋友和老雷等所有人。我自問這個問題：我能跟薩爾達保持清醒，回復我的生活嗎？

我想到我出院後我們的生活可能是怎樣。我會回去清醒之家，沒汽車，沒手機，沒工作，沒有任何前途。我能想像薩爾達跟著我經歷這一切嗎？老實說，我不能。況且，比起她我感覺完全配不上。在她身邊我唯一能感到自信的方法是吸毒。沒有毒品，呃，日常生活中面對我自己的人生就夠難了。我想在薩爾達身邊對我來說絕對不可能。我是說，光是努力在治療中心外面生活幾乎已經難以想像。我大概寧可整天躲在床上。

腳。

但我成功讓自己站起來了。顫抖退去，我想要洗掉身上的汗水。我在浴室裡脫衣服時，低頭看看我的腳。

我想或許我的腳趾在戒毒昏迷時撞到東西。指甲褪色，像是死掉的黃色，這一個月來完全沒生長。我一直在等指甲脫落，但是它持續惡化。它變色而且底下有綠白色的膿液。我猜那裡一定被感染了。

我在戒毒時只洗過一次澡。那是薩爾達要來看我的第一天。我想在她面前顯得好看點，你知道的，肯定是那時候我讓該死的黴菌跑進腳趾。看著它讓我覺得有點噁心，但整件事似乎有種諷刺。

我用我能忍受的最高水溫洗乾淨，穿好衣服走過泥土小路到安妮的辦公室。我抽了根菸。我抵達後有很多話想說，但我太急著表達我的想法。安妮必須提醒我好幾次要呼吸，這挺難的。

我開始談到薩爾達時，安妮問我一個很簡單的問題。「如果你感覺很配不上她，為什麼還留下？」

我看著坐在狹小辦公室裡我的對面，妝容斑駁有朝天鼻的安妮。我想我知道答案，但我不好意思說出來。我猜我一直都知道，但是說出來就變成真的。它成真之後，我該怎麼收回來呢？

我跟薩爾達在一起是因為我認為，如果她接受我，我終於就能對自己滿意。

我向安妮這麼說。

我第一次大聲說出來。

「為什麼？」她問，「因為她的身分嗎？」

我好丟臉，但我點頭。承認這點挺可悲的，我只想要消失，蜷縮起來，像是往內爆炸。安妮不允許。她要我張開雙臂雙腿坐直身子。她要我保持眼神接觸。

「我靠自己不夠好，」我說，「我是說，我只是無名小卒。」

這時我哭了起來，臉上有灼熱的淚水。

「你不是無名小卒，」她說，「跟我們待在這裡，尼克。相信這個流程。我們可以教你如何對自己的身分感到自信。你再也不必藉著毒品、性愛或任何事物逃避。別否定自己復健的好處。這是你應得的。你有權利愛自己。」

「當初妳認為我該待多久？」我問。

她微笑。

「至少三個月。」

我低頭看著渦旋紋花呢地毯。

「好吧……嗯……沒關係。」我說。

安妮擁抱我，我沒有退開。

第六百四十二天

再過兩小時，就是我父母預定來參加家庭週末的時間。我必須說，我他媽的挺緊張。我從我媽開車送我到機場就再沒見過她，而從我復發之前就沒見過我爸。我媽告訴我繼父她要來看我時，他大發雷霆，說他要絕食抗議。我覺得挺荒謬的。我跟繼父的關係感覺完全無法修補。真悲哀，因為他娶了我媽，他永遠會跟我的人生有關。即使陶德反對，我媽仍決定來，我非常感激她。隨著每天過去我逐漸更加相信安全通道中心，我想像這裡的家庭週末會很有效果。

當然，我知道家人會懷疑地看待我的復健，尤其是我爸。他已經在別家戒毒中心看過這類計畫，從來都沒什麼用。不過我還是覺得亞利桑那州這家很特別。

我在這裡改變了——也可能不是改變，而是跟我的自我，我已經迷失很久的那個身分重新連結。我跟過去的生活分開。好幾星期沒跟薩爾達講話，我已經感覺能夠逃出和她的情感糾葛。

我父母預定來的這天我很早起床，非常早，甚至還沒日出。我到社群廚房煮咖啡。幾位病患也起床了，讀報之類的。我們互道早安。

接下來的三小時，我一直抽菸，猛灌咖啡。我不確定要跟我爸媽說什麼。九點半我們跟安妮有一堂療程，其餘週末時間我們要進行家庭計畫。會有兩名治療師輔導整個過程。通常參與的家人只有三人，不過這週末會有四人。第一天，我們寫下週末的目標，然後每位家人作藝術療法練習。第二天，每位家人輪流坐在圓圈中央，在其他人面前作一小時的諮商。觀察諮商的人在這一小時內不能發言，但事後我們都可以提出意見。第三天，我們作運動練習，然後作些幫我們計劃未來的練習。我確信一定會很辛苦，所以，唉，我好怕。

今天早上很冷。沙漠山脈的風讓我冷到骨子裡。好像我永遠暖不起來。我只能一直抽菸。

我看到我爸開著租車早於我媽抵達。他開一輛大型藍色廂型車，在我抽菸的位置旁邊停車。他下車後我只是望著他。他變老了。他頭髮變稀薄，幾乎全白了。他看起來頗疲倦，穿著相當保守，單排釦襯衫塞進褲腰裡。

他馬上看到我，舉步走來。我只能看著地上。我感覺好抱歉，充滿後悔。我爸說，「喔，尼克。」然後緊緊擁抱我。我聞到他的氣味。我一直記得我爸的氣味。現在我說不出話來。我想哭，但我或許太害怕不敢哭出來。

「你還好嗎？」他問。

我搖頭說，「我不曉得。我猜算好吧。我是說，以所有狀況來說。」

「是啊，」他說，「你看起來不錯。你的眼神又有活力了。」

我擁抱他。「謝謝，爸。來吧，我帶你參觀。」

我們一起走過整個設施，我向他介紹各式各樣的人。我問他傑斯柏和黛西的事。他說他們很好，但是似乎不太想談。我們倆都沒提起凱倫。

我帶我爸去安妮的辦公室。我媽還沒出現，但是不意外。安妮迎接我們，告訴我爸因為他們經常通電話，她感覺已經認識他了。其實安妮跟我談過我爸來電的事，他或許有點過度控制慾之類的。我叫我爸別打來，但他不太理我。

總之，我們坐下，安妮向我微笑。

「那麼，」她說，「再度見到你爸感覺如何？」

我看著她，而非我爸。「感覺很難過。但是，我是說，同時也很高興。我想念他。他是我的朋友。」

「那你的感覺呢？」她問我爸。

他看我，再看地板，再回到我。

「我感覺相同，」他說，「我想念尼克。他是我朋友。但我有一大部分也完全跟他隔絕了。我不相信他，也不想接納他，因為我不想再被傷害。我甚至不確定我還有能力接納他。老實說，我對整套週末計畫存疑。我感覺似曾相識，而且從來沒什麼效。」

我吞口水。當然，我早料到而且完全理解，還是很難過。

「我早知道你會這麼覺得，」我說，「你知道嗎，我不知道該跟你說什麼。我想你會看出我正在改變。希望你能給我一個機會。」

「尼克，」他說，「我給過你太多次了。」

「但是你來了，」安妮向我爸說，「你來支持你的兒子，這表示你還有希望，即使只有一點點。」

「對，」我爸說，「對，我想這麼說沒錯。」

有人敲門，安妮起身去開門。一位輔導員助理，名叫蘿拉的女孩，帶著我媽來到安妮的辦公室。我媽進來，向我們說很抱歉遲到。我站起來給她一個擁抱。她戴著墨鏡和針織披肩，牛仔褲塞進一雙長筒靴子裡。她看起來很年輕漂亮又時髦。我不知道我爸在想什麼。

我媽就座後，安妮補充告訴她，我們剛才在談什麼。

「尼克他爸剛才表示他擔心這個週末只會浪費時間，尼克無法改變。對此妳有什麼感覺？」

我媽嘆道。「我同意。我也有同樣的擔憂。尼克，我愛你，我說真的，但我們經歷這樣很多次了。」

「我知道。」我說，不敢看任何人。

「我不認為，」我爸說，「我不認為你真的知道。我有我必須過的生活。我必須當傑斯柏和黛西的父親。我必須當凱倫的丈夫。我必須工作。但是你吸毒時，我的生活完全因為擔心你而被占滿。我無法運作。所以我必須與你隔絕。我必須對你封閉自己讓我活下去。這很不公平。」

我悠長地呼了口氣。我腹中感覺作嘔。我講話時聲音在發抖。

「爸，媽，我真的知道。我了解。我告訴過安妮根本不希望你們來，因為我不想再給你們希望。我怕這份責任而且，嗯，我無法跟你們保證任何事。但我們都有很多傷害，你知道的，或許光是說出來就能幫我們療癒之類的。我是說，安妮是這麼告訴我。我也不知道我們能否再次建立關係。我想要。至少我認為是，但我知道我無力控制。」

「沒錯，」安妮說，「這個週末的重點是有個機會面對過去，開始療癒過程。沒人能預料會帶來什麼結果。」

我媽一直在椅子上動來動去。「那，」她說，「如果我們要誠實討論過去，那麼目前我想說，我相信如果尼克回到洛杉磯一定會死掉。我就是不認為他跟薩爾達在一起有機會成功。」

「我同意，」我馬上說，「這是我在這裡逐漸領悟的事情之一。我知道我對這種病態關係上癮，我正在這兒努力。」

「對，」安妮說，「尼克一路上進步很多。」

「很好，」我媽說，「因為我不放心尼克住在洛杉磯。」

「還有，」我爸說，「我對尼克搬回舊金山也不放心。他會太接近凱倫、我和孩子們。」

「好吧，」安妮說，「這些都是你們可以在家庭週末第三天處理的事，到時你們要計劃未來。」

我什麼也沒說。我父母不想要我跟他們住同一個城市。

我們大約在午餐時間完成跟安妮的療程。我帶我父母去食堂，告訴他們在哪裡吃飯等等。我讓他們留在室內，出去抽菸。詹姆士看到我，給我一個擁抱說，「欸，怎麼樣？」

「老兄，不太順。這比我猜想的還要辛苦。」

我戴上耳機聽音樂，設法冷靜。我邊抽菸，邊聽丹尼爾．強斯頓[34]的歌，聽到他唱，「當我低潮時，什麼都不重要。什麼都不重要。請聽我求救的呼聲，拯救我逃離自己……」

抽完菸時我竟然哭了。我關掉音響去洗臉，走回食堂坐到我父母身邊。從我高中畢業後，我們一家三人就沒聚在一起過。即使在當時也並不只有我們三人，凱倫、傑斯柏和黛西都在場。我不記得生平有哪次只和親生父母獨處，坐下來一起吃午餐之類的。我聽我媽和我爸互相說過好多傷人的話。我夾在他們中間總覺得很分裂。跟我媽待在洛杉磯時我向她效忠。跟我爸全家待在舊金山時我向他們效忠。我一向只想要讓大家開心，但我又搞得大家很撕裂。我的好意怎麼會變成這麼爆炸性的噩夢呢？全是我的錯。我周圍的壓力不斷累積，我感覺好像要被四面八方壓扁。

在我們抵達教室前，另外三組跟我們同個家庭團體治療的家庭已經坐定。兩位治療師迎接我們。她們都是穿長洋裝的矮子，看起來非常新浪潮之類的風格。較矮有淡金色頭髮的名叫派翠西亞，另一個是泰瑞莎。泰瑞莎較高較瘦，黑色短髮戴厚眼鏡。

我坐在我爸媽中間。我們做的第一件事是事倍功半地陳述我們在本週末的目標。輪到我爸時，他複述

---

34 Daniel Johnston（1961- ），美國Lo-Fi作曲家。

在安妮辦公室說過的話。他對我一肚子不滿，對整個流程很懷疑。

「但我真的愛尼克，」他哽咽地說，「我好愛他。我只是害怕。我真的很怕。」

他哭了，我也跟著哭，我偷瞄到我媽也在哭。我討厭看他們哭。太令人沮喪了。感覺好像我體內所有生命力被抽乾。

我頹坐在椅子上。我爸講完，這時輪到我講我的目標。我困難地邊哭邊說話。

「我，呃，我不知道我想從這一切獲得什麼。我是說，我被父母傷害過，但我也反過來嚴重傷害他們。我猜我想利用這個週末當作表達我對爸媽某些怨恨的機會。但我也想要讓他們看看我多麼抱歉。我不認為他們能了解我對自己傷害他們的事多麼後悔。我很抱歉，但那根本無法表達我的感受。我希望他們了解這對我也多麼辛苦。做我自己非常難受。我吸毒時並不只是享受快感，然後向每個人說『去你的』。那是痛苦。我是說，或許四年前剛開始時我覺得很好玩，但現在只剩窘迫和可悲。我曾經完全失控，那是全世界最糟的感覺。我並不是想說，呃，『我好可憐』什麼的。我想要為我做過的事負完全責任。但我需要我父母了解，這對我也很辛苦。我們都吃了好多苦頭。」

我爸伸手放在我肩上，讓我哭得更慘。他還在哭，這時我媽準備好發言。

「你們知道嗎，」我媽說，「我對尼克很生氣。他傷害我，整個過程糟糕透頂。但我知道我犯了很多錯誤，尼克的爸也是。我希望我和尼克的爸雙方都努力並且承認這些年來我們對待尼克的方式有些不公平。我們都對尼克自私，把他捲進一些跟他無關的事情。雖然我不喜歡，我願意面對這點。還有，尼克，我希望你知道你什麼都可以跟我說。我不希望你擔心保護我的、你爸的、陶德的或任何人的情感。你小時候總是想讓每個人開心。然後好像某天你突然爆發了。我不希望你再把所有事情都藏在心裡。這不適合你，也不適合我。我只希望你健康，尼克。我只希望這樣。」

我牽著她的手一會兒。我好感激所有她說的話。好像生平頭一次爸媽和我能夠真正互相坦誠。安妮在這裡教我，我內心的所有怨恨終究會潰爛，然後從表面爆出來。我只想要去除這些年來我心裡累積的所有怒氣。我想要用不會反過來傷害我自己的方式去除。我媽理解這一點對我意義重大。她說她想要為一切負起部分責任對我意義重大。以前我從未聽我媽這麼說過，給了我很大的希望。我牽起她的手，我們一起哭了。

我們做的藝術療法練習很簡單。一張紙分成三段，我們各自在自己的療程中畫圖。我們坐在地上，我爸用彩色粉筆，我媽用水彩，而我用彩色鉛筆畫。

起先看著我媽的圖畫浮現時，我有點擔心。她畫了一片有雲的漂亮藍天與日落。這似乎是我媽的風格，只想逃避任何困難的事情——用快樂的表象掩蓋。我懷疑她怎麼能夠轉變這麼快，幾分鐘前她剛在團體中發言呢。接著烏雲出現了。旋轉的暴雨雲遮住藍天，天色變成威脅的黑色。在黑暗的中央有顆紅氣球往上飄，幾乎小得看不見。我猜那是她的希望，在懾人的風暴中看來很微不足道。我看了很難過。

我爸畫了看似大血管的東西，有很多紅色、橘色和血滴。看起來像壓力、衝擊、憂慮和痛苦。他用力把粉筆戳在紙上，在他手裡一直折斷。我設法專心畫我自己的圖。

我不太清楚我在畫什麼。我素描了一顆有血管、大動脈、不同心室等等的心臟。接著從心臟畫幾張同時冒出來的臉孔，向上延伸——尖叫的臉，驚恐的臉，焦急的臉。然後，我還來不及想到，我已經寫下「我很抱歉」。

我不停地寫。文字填滿畫面。我一抬頭看到我爸望著我的圖畫。他又哭了。

「我很抱歉。」我對他說。

我爸給我一個擁抱說，「我也很抱歉。很抱歉讓你經歷這些事。我說真的。我忘了有時候這對你有多辛苦。」

我讓他抱著我，沒有避開。

「我愛你，爸。我也愛你，媽。我說真的。」

我現在百感交集好想暈倒。我感到愛，憂傷，傷害，感激，恐懼，希望，絕望，悔恨——好多衝突的情緒。我們結束團體活動後，我知道可以跟我爸媽外出吃晚餐，但我決定不去。我需要這裡的社群和朋友支持。我可以跟他們搞定一切，他們讓我感覺有人相挺。我跟詹姆士和吉姆聊天。我們去參加十二步驟聚會。

稍後，我和一群人坐在電視廳裡看大衛・鮑伊演的《魔王迷宮》。大家都在說笑話，我笑得好用力——好真誠。我以為我可能失去這種感覺。

我邊笑邊吃爆米花，喝熱巧克力。

好久沒這種感覺，比我所知任何事情都像活著。我了解明天會有多辛苦，但是目前，我很感激我身在此地。我感到獨立。我感覺像我自己。

詹姆士看著我說，「天啊，我朋友變成大人了。」

這似乎很貼切。我對自己的模樣很自在。我感覺能夠做我自己了。至少我起步。我在學習如何自立。

後記

再過幾天就是新年，這裡天氣變冷了。我已經跟一位朋友在沙凡納住了將近一年。其實我跟她開車橫越全國兩次才安頓在這個她上學的地方。我們途中停留在黃石公園，我第一次看到野生灰熊和黑熊。我們在俯瞰海洋的懸崖上露營，在卡利斯托加一起泡溫泉。

沙凡納肯定不是我想像過會落腳的地方，但也沒那麼糟糕。目前很安全，我在這兒能過簡樸的生活。這是我重視超過一切的事情——單純。

我坐在這兒寫作，依然抽許多菸也喝大量咖啡，不過我猜還有更糟糕的事。我們的公寓很小，但我在角落設了一張小書桌，用能忍受的最大音量聽Fantômas最新專輯。我大腿上躺著一隻可能討厭這類音樂的黑白大貓。他幾乎整天在我工作時賴在我身上不走。幾個月前，我從人道學會領養了一隻小貓，他正在地上追逐一顆彩色閃亮球。

我室友的家人收留我。他們住得很近，我剛跟他們一起過完聖誕節。他們好開放，讓我感覺賓至如歸。我在南方這裡真的很突兀，但她的家人毫無保留地接納我。我對他們只有滿心感謝。

我花了四個月才完成在安全通道中心的治療，之後就沒碰過毒品。現在吸毒被完全排除在我生活之外，我想永遠不會生變。我以前常有的空虛感真的消失無蹤。我是說，我還在跟憂鬱、瘋狂之類的搏鬥，但是我猜我不像以前那樣自怨。其實我很喜歡現在的生活，我很努力活得誠實正直。

現在我朋友在上班，所以我獨享兩隻貓咪。冰箱裡有些剩菜炸雞，我切碎後放在碗裡餵小貓。她愛吃炸雞。

我寫這本書寫了一年多，也一直設法安排其他的寫作計畫。我剛寫完描述殭屍占領戒毒中心的電影劇本，還有根據我為傑斯柏和黛西塑造的角色寫的童書。我在此地的朋友有個才十四個月大的小表弟。他太小還聽不懂我的經歷，但我仍然經常跟他相處。聖誕節我做了一張我最愛的童年歌曲合輯給他。

很有趣，因為寫回憶錄對我迄今認識的大多數南方人其實很陌生。在這裡家醜不外揚很重要，大致上絕對不會承認任何尷尬或可恥的事情。至於我呢，我逐漸發現堅守我身分和出身的祕密反而有害。我的祕密會害死我。如果我不對自己的人生誠實，我不可能復原。我從十二步驟計畫，也從自己的經驗學到這個教訓。我必須承認我做過的事，曾經變成什麼樣。這樣我才能夠生存下來。

雖然我做過很多可恥的事，我並不以自己身分為恥。我不以自己為恥，因為我知道我是誰。我試過掏心掏肺坦承一切，接受我的弱點和優點，不想要當別人。因為那樣永遠行不通，對吧？

所以我的挑戰是當個真誠的人。今天我相信我是。我相信我是。

其後

今天早上遛狗時，我忽然想起一段完全封印的回憶。你知道的，有時候就是會這樣——不過，是在我戒毒兩年多之後。

這段回憶出自我住在拉布雷亞公寓的時期。

我跟我女朋友在富蘭克林路的套房公寓裡整夜沒睡，注射古柯鹼。隔天我得上班，但我在凌晨時分昏迷了，我猜我女朋友叫不醒我。

我突然驚醒恢復意識，看到她低頭望著我，明亮的藍眼睛銳利又迷濛。

「你還好嗎？」她結結巴巴地問。

「啊？什麼？幹嘛問？」

「我叫不醒你，所以給了你一針古柯鹼。你要去上班嗎？」

我看看我的手臂，有一條血絲流出來。

「要啊，」我告訴她，「我感覺挺好。我們去洗澡吧。」

這就是我對那天早晨的記憶——步行穿過葛瑞菲斯公園，眺望永遠盤踞在市中心天際線的褐色霧霾。

我腹中感覺緊繃欲嘔，一路滿到我的喉嚨。

我去過哪裡，我從哪裡來——我永遠無法擺脫。我是個毒蟲。這就是我。我曾經在六年間斷斷續續注射古柯鹼、海洛因和安非他命。我嗑過成藥、蘑菇、迷幻藥、K他命和液態搖頭丸。我還抽過快克。毒品就是我一輩子生與死的故事。毒品代表一切，也奪走了我的一切。或者應該說，這不是實話。問題不在毒品，在我。我拋棄了一切。我是個懦夫，不在手臂上打針就害怕到無法面對人生。

那麼，我是怎麼走過來的？我怎麼前進？

我猜這就是該死的關鍵問題，對吧？

從我有記憶以來，我心裡就有個痛苦，有個空虛，很大的破洞。我總是感覺孤單，好像我是毫無價值的垃圾。我猜我在世界上最大的恐懼就是有人會看穿我的內在，發現我其實是多麼醜陋、噁心、糟糕的人。所以我花了很多時間想要盡我所能逃避我內心翻攪的那些情緒。我逃避自我，吸毒，強迫性運動，想要透過性愛與人際關係找到認同。沒有一項管用，我還是我。

但是，成長過程中，真的有助於我覺得不那麼孤立與瘋狂的一件事情就是閱讀——尤其是作者無畏地檢視與暴露他們不完美的私生活。像是三島由紀夫的《假面的告白》、亨利．米勒的《南回歸線》、丹尼斯．庫伯的《嘗試》，當然，還有布考斯基、沙林傑、赫塞、巴代伊、苗條冰山與村上春樹等作者的著作。這些作家揭露存在於大多數人似乎安全自信的表象底下之事。閱讀他們的作品之後我忽然發現，我並不獨特，我的懷疑、恐懼與不安全感比我想像的更加普遍。他們的文字給了我力量。他們讓我能夠開始嘗試去接受我的缺陷、我的黑暗面、我的瘋狂。他們讓我知道無法融入其他人，當個敏感的人也無妨，別人也像我一樣掙扎。當我終於開始了解這一點，真是如釋重負。或許世上頭一次，好像我可以呼吸了。

所以閱讀成為我的執念，我致力於發現新作家，設法自學寫作方法。我最早是在赫曼．赫塞的書裡讀到藝術作為一種對話的概念。根據赫塞的說法，每個人的作品都是對別人作品的回應——是延伸幾十年甚至幾百年的對話。當我看著埃貢．席勒的畫作，它會影響我。所以當我寫作時，就像是我對人生中對我有意義的藝術作品的回答。這個概念很酷，我相信它。

總之，我受閱讀啟發，用我自己的作品回應，而且不斷在嘗試參與那個對話。撰寫這本書對我就是這樣。我想要說出我的故事，向對話作出貢獻。這也是我的人生，所以我知道會有些洗滌作用，就像小野洋子那首歌只是反覆大喊「為什麼？」，要釋放出一切。

現在本書完成也給大家看了，我對自己的行為有些矛盾的情緒。一方面，寫出一切分享人生經歷的過程就像執行驅魔儀式，只是沒有嘔吐物亂飛，我的頭也不會旋轉。其實，這好像清洗之類的，對我肯定是一種治療。

去巡迴打書跟人群談論我的經驗，也聽別人的故事，就像是這個過程的延續。朗讀與交談，感覺就像在戒毒中心的小組討論。跟我分享的誠實與私密程度大到嚇人。我認為暴露我們的痛苦、不安全感與恐懼讓別人也這麼做，這樣非常美好。那個程度的連結感覺比我人生大多數人際互動有意義多了，一切都很棒。

為了培養力量與自我的信念，學習應付批評與負面、有時敵對的意見對我超級重要的。回顧起來，呃，我想我很難妥協的一件事就是，我在寫作中暴露了別人的生活。我當然設法隱匿他們的身分，但他們心裡有數。我不確定他們的故事該不該由我來說。我寫我自己，卻也揭露他們。當我在書中描述稱作薩爾達的前女友時更是如此。她受了很多苦，對吧？我很後悔給她添加更多苦難，忍不住覺得對我的行為有點愧疚。

而且，我撰寫本書時比現在還不成熟。當時我不懂分享別人的祕密，即使匿名也是侵犯他們講述自己故事的權利。我真的沒有其他辦法得知這一點。透過本書出版過程，我才開始懂得自己行為中的錯誤。

其他作家當然也這麼做過。亨利．米勒和查理．布考斯基是我最欣賞的兩位作家，他們不斷撰寫他們生活中的人，暴露他們最私密的祕密。我非常尊敬他們倆，我猜也用了一部分他們的範例來幫助描述我書中其他人的故事。

我說過，現在我對此舉感覺相當矛盾。

我並不是說我要收回來。我只能說我決心不再這麼做。我希望聚焦在只寫我自己。

或許收錄後記是件很奇怪的事，但我覺得承認我認為犯錯的地方很重要。這已經成為我復健整合的一部分。

呃，話雖這麼說，本書出版後我又復發了。很短暫也完全不涉及硬性毒品。我吃了自己設法合理化的藥，但很快發現執念又控制我了。其實，我在事態惡化失控前去接受治療就挺奇蹟的。我想最重要的是，現在我了解如果我一直逃避我的情緒，永遠不會成長，而且遲早會他媽的害死自己。現在如果我不想通我是誰，學習接受自己，我永遠不會有任何生活。總有一天我必須面對我的問題。我拖得越久，就越困難。

所以我又戒毒大約一百天。我跟一個朋友住在東好萊塢。我加入每週兩次的門診計畫，而且有個很厲害的治療師。我正在服藥對抗憂鬱症，還有躁鬱症的過程中。我養了一隻史上最棒的狗。情況不錯，唔，大多數時候啦。

老實說，我每天都很掙扎，但我有在進步。

本書開頭我引述了約翰．藍儂，最近，我也反覆播放一首他的歌。有時候害我他媽的哭出來，有時則讓我充滿希望。

約翰的聲音好美，唱著，「撐住，約翰。約翰，撐住。一切都會沒事的。」

我必須這麼相信。

一切都會沒事的。
我知道一定會。

尼克・薛夫筆
二〇〇八年，好萊塢

致謝

謝謝你，Ginee Seo。我是說，非常非常感謝你。
你真的很棒又有啟發性。
謝謝你，賓奇。感謝一路陪伴我。
謝謝你，黛比、喬治、昆西、傑克、卡麥隆和連恩。
感謝我的爸媽、凱倫、傑斯柏、黛西、喬、馬克、珍妮、貝嘉、阿熊、南西、唐、蘇珊、露西、史提夫、馬克、黛比、瓊和桑納。
謝謝你，藍迪、蘇珊、蘇菲亞和卡邁。
謝謝你，希勒、香儂、凱蒂和史賓賽。
謝謝你，詹和傑斯。
謝謝你，阿密斯泰德、泰瑞和佩姬。
謝謝你，ＤＢ。
謝謝你，尚。
感謝聖約翰柯詮非裔東正教教會。
感謝葛萊德紀念教會。
感謝我在ＬＨＣ的朋友們。

推薦文

生命在轉彎處尋找出路

張淑慧（臺灣大學兒少暨家庭研究中心執行長）

翻開作者尼克自傳體的上癮回憶錄，就好像在回答許多毒癮者父母的詢問「戒毒那麼難嗎？為什麼我的孩子無法離開毒品？」從尼克混亂失序的生活、多次貼近死亡陰影的過程中，可以看到吸毒生活的痛苦、破碎。尼克在「懷疑、恐懼、哀傷、痛苦、頹廢、無助、絕望的七個火焰」中燃燒，在吸毒與羞恥、逃避中擺盪，陷入可怕的惡性循環。毒品使一個年輕的孩子變得偏執且具有破壞性，這份破壞力造成周遭朋友及家人的放棄，流落街頭的受創無助，陷入毒品群體次文化的價值觀和人際網絡，所造成的空虛與自我毀滅感，讓孩子逃避現實且放縱在吸毒的漩渦中，難以自拔。

十一歲時第一次喝醉、十二歲開始抽大麻，從此在安非他命、古柯鹼和海洛英裡浮沉。為了毒品，尼克竊取家人的財物、連幼小弟妹的零用錢也偷，他失去工作，淪落街頭賣淫、幫毒販工作，在「一生都沒想過會成為他們中的一員」的街友群中找食物。他和朋友一起沈淪、女友用藥過量瀕臨死亡，他自己甚至差點因針孔感染而失去一隻手臂，也曾休克昏迷與死亡擦身而過。這麼多的苦難難道無法讓尼克回頭嗎？他嘗試給自己一個生命出路，多次自我掙扎，多次參與戒毒團體，努力要執行十二步驟的戒毒方法，也經歷了多次失敗。透過這本真實且深刻的書籍，尼克記錄了他用毒、戒毒、復發和復元之路，這場毒品戰爭是一個戒毒出發點，也是持久戰，是要用一生一世的勇氣持續面對。

家長常詢問「是我管教問題？還是孩子交友不慎？」毒癮不能單一責難孩子本身或家人，使用毒品常有內在與外在環境的議題，要先瞭解行為背後的原因，是病理還是環境影響？確實有些家庭及學校發生問題，導致童年創傷，影響孩子身心發展。尼克父母的衝突讓他有害怕被拋棄的情緒，父親及再婚家庭讓他無法自我定位、失去自我價值感，透過毒品的使用來逃避不安全感，透過同樣染毒的年長女友來滿足依附渴望。一旦毒癮與憂鬱症等精神疾患有共病現象時，脆弱的處境讓戒毒過程更艱辛。需要家庭、社會、心理及醫療團隊整合性協助，提供以實證為基礎的醫療或輔導處遇計畫。

戒毒不是一件容易的事，毒癮像是一種慢性疾病，從動機戒癮、維持戒癮、復發警訊、復發、到重新有動機要戒癮，復元是一場反覆且充滿內在衝突的歷程。這種令人沮喪的周期性行為有痛苦的生理戒斷、難熬的心理離毒，在尼克所稱的「戒毒地獄」中，只要缺乏自我肯定與生活目標（寂寞又無聊）、抱持僥倖心理（這次過後就戒毒）、缺乏問題處理能力（無法處理孤獨撕裂感）、失去親友及社會正向維繫連結（親友拒絕提供協助）、毒品同儕或親密伴侶相互影響（癮君子女友的親密控制），上癮者便可能在某些因素的促進下又渴癮再度進入吸毒的循環中。尼克一次次下定決心戒毒，也在一次次軟弱逃避中再次復發，每次的復發循環並沒有抹滅尼克的自我省思與成長，他仍然為戒毒的信念而努力，為復元而嘗試當個勇敢面對自我「真誠的人」，這段路血淚斑斑，卻又希望無窮。

家人的支持是戒毒者重要的支柱，但毒癮者的家庭常在憤怒與無助中放棄，這些拒絕讓毒癮者失去信心與希望。這本書彰顯出家庭工作的重要，尼克因家庭受到傷害，也用毒品摧毀自己生命的行為展現對父親的反抗，處於失望與社會污名批判壓力下的父母因為愛而不放棄，盡所能幫助他，了解影響孩子的疾病，安排戒毒中心，強迫他參加康復計畫。一人戒毒、全家共輔，尼克不知道自己對家人造成痛苦，父母跟尼克一起參加戒毒團體，透過分享與接納，讓孩子知道毒品差點摧毀了父親和家人的生活。父母盡力幫助尼克戒毒，也盡力保護其他的小孩，幫助尼克的弟妹了解他們正在經歷的事情，避免受到創傷。

這本書以貼近生活原始面貌寫出生命的波瀾與轉折，年輕的孩子面對生命的挑戰與痛苦，試著用毒品讓自己感覺更好，最終被毒品所奴役。在戒毒與復發的羞恥循環中，讓被毒癮拉扯的孩子知道自己不孤單，提供適切的社會、心理及醫療團隊整合性協助，以及家人的理解與支持，受苦的生命將會在轉彎處有了出路，將湧出力量面對毒癮、真誠看待自我，在愛與和解中迎向光明、希望與復元。

藍小說286

無處安放：吸毒逃家的日子去了哪裡？

作　者—尼克．薛夫
譯　者—李建興
主　編—嘉世強
編　輯—張瑋庭
企劃經理—何靜婷
封面設計—徐睿紳
內頁排版—極翔企業有限公司

發 行 人—趙政岷
出 版 者—時報文化出版企業股份有限公司
10803台北市和平西路三段二四〇號三樓
發行專線—（〇二）二三〇六—六八四二
讀者服務專線—〇八〇〇—二三一—七〇五
（〇二）二三〇四—七一〇三
讀者服務傳真—（〇二）二三〇四—六八五八
郵撥—一九三四四七二四時報文化出版公司
信箱—台北郵政七九～九九信箱
時報悅讀網—http://www.readingtimes.com.tw
電子郵件信箱—liter@ readingtimes.com.tw
法律顧問—理律法律事務所　陳長文律師、李念祖律師
印　刷—勁達印刷有限公司
初版一刷—二〇一九年一月二日
定　價—新臺幣四〇〇元
（缺頁或破損的書，請寄回更換）

時報文化出版公司成立於一九七五年，
並於一九九九年股票上櫃公開發行，於二〇〇八年脫離中時集團非屬旺中，
以「尊重智慧與創意的文化事業」為信念。

無處安放：吸毒逃家的日子去了哪裡？ / 尼克．薛夫著；李建興譯 .
– 初版 . – 臺北市：時報文化, 2019.01
面；　公分 . –（藍小說；286）
譯自：Tweak: growing up on methamphetamines
ISBN 978-957-13-7629-5

1. 回憶錄

785.28　　107020788

ISBN 978-957-13-7629-5
Printed in Taiwan